9급 계리직 공무원 동형모의고사

한국사·컴퓨터일반
우편상식·금융상식

3회분 + 2022년 최신기출문제

서울고시각

**Stand by
Strategy
Satisfaction**

새로운 출제경향에 맞춘 수험서의 완벽서

머리말

우정 9급(계리) 공무원이란 응시지역(시·군) 소재 우체국 또는 모집단위 우체국(도서지역)에서 우체국 금융업무, 회계업무, 현장창구업무, 현금수납 등 각종 계산관리업무 및 우편물 통계업무 등을 담당하는 공무원을 말하는 것으로 최근 관심의 대상이 되고 있는 직업군 중에서도 단연 돋보이는 직군이다.

그러나 매 회를 거듭할수록 선발인원은 감소하고 있으나 지원자는 급증하여 4만여 명에 이르고 경쟁률이 200 : 1을 상회하고 있다.

이는 취업대란 시대에도 늘 평판이 좋아 선망의 대상이 되고 있는 9급 공무원으로서 급여나 신분보장이 되면서도 시험과목은 4과목으로 단출하여 시험공부에 부담이 적기 때문이다.

이러한 공무원 시험의 특성을 잘 파악하여 차분하고 세밀히 준비한다면 어려운 시기에 안정된 직업을 의외로 쉽게 선택할 수 있는 절호의 기회가 될 것이다. 그러나 시험도 엄연한 시험인지라 철저한 준비를 하지 않고 막연하게 시험에 임한다면 낭패를 보기 십상이다. 아무리 시험과목이 단출하고 시험준비 과정이 단순하다 하여 대책 없이 시험을 볼 수는 없는 노릇이다.

이에 서울고시각에서는 2023년 1월 17일에 수정 개시된 「우편상식」 및 「금융상식」 학습자료를 완벽히 반영하여 수험생의 위치에 서서 최단 기간 내에 최소의 시간투자로 합격의 영광을 누릴 수 있도록 [우정사업본부 계리직 동형모의고사]를 발간하게 되었다. 이는 짧은 시간 내에 실질적인 도움이 되는 것은 문제집만한 것이 없기 때문이며, 다양한 문제를 접해 봄으로써 수험생들 스스로 출제의 난이도와 향후 출제경향을 파악하여 대비할 수 있는 안목이 생기기 때문이다.

수험생들은 이 책을 기준으로 삼아 대강을 세우고, 세밀한 부분까지 정리하면서 살을 붙여나가는 공부를 하기 바란다.

끝으로 어려운 출판환경 속에서도 이 책이 출간되도록 관심을 보여 주셨던 김용관 회장님과 김용성 사장님, 그리고 편집부 여러분들께 감사의 말씀을 드린다.

편저자 씀

Contents

문제편

제1회 계리직 공채 대비 동형모의고사	2
제2회 계리직 공채 대비 동형모의고사	22
제3회 계리직 공채 대비 동형모의고사	43

정답 및 해설

제1회 동형모의고사 정답 및 해설	2
제2회 동형모의고사 정답 및 해설	17
제3회 동형모의고사 정답 및 해설	32

부록

2022년 최신 기출문제	2
2022년 정답 및 해설	22

계리직 공채 대비

동형 모의고사

제1과목 한국사
　　　　(상용한자 포함)
제2과목 우편상식

제3과목 금융상식
제4과목 컴퓨터 일반
　　　　(기초영어 포함)

문제편

제1회 동형모의고사

일시 / 시험시간 80분 / 맞은개수 / 80

제1과목 | 한국사(상용한자 포함)

01

(가) 시대에 살았던 사람들에 대한 설명으로 옳은 것은?

> ___(가)___ 유적의 밀집 지역은 대동강 중하류 지역, 한강 중류 및 상류 지역, 낙동강 하류 지역과 그 지류인 남강 유역, 두만강 중류 지역 등의 강 유역과 서해 중부 도서 지역 및 남해안 전역, 선봉에서 청진 사이의 동해안 북부 지역 등의 해안 지역이다.

① 가락바퀴와 뼈바늘로 옷을 만들었다.
② 미송리식 토기를 사용하여 조리하였다.
③ 사람이 죽으면 돌널무덤에 장사지냈다.
④ 몸돌에서 떼어 낸 격지로 석기를 만들었다.

02

다음 자료에서 제시된 (가), (나), (다) 국가에 관한 설명으로 옳은 것은?

> (가) 나라에는 왕이 있고, 벼슬로는 상가·대로·패자·고추가·주부·우태·승·사자·조의·선인이 있다. 신분이 높고 낮음에 따라 각각 등급을 두었다. 왕의 종족으로서 대가는 모두 고추가로 불린다.
> (나) 후(侯), 읍군(邑君), 삼로(三老)의 관직이 있어서 하호(下戶)를 통치하였다. …… 풍속은 산천을 중시하며 산과 내마다 각기 구분이 있어 함부로 들어가지 않는다. 동성끼리는 결혼하지 않는다.
> (다) 구릉과 넓은 못이 많아서 동이 지역 가운데서 가장 넓고 평탄한 곳이다. 토질은 오곡을 가꾸기에는 알맞지만 과일은 생산되지 않았다. 사람들의 체격이 매우 크고 성품이 강직 용맹하며 근엄하고 후덕하여 다른 나라를 노략질하지 않았다.

① (가)는 수렵 사회의 전통을 보여 주는 것으로 12월에 영고라는 제천 행사가 있었다.
② (나)에서는 시체를 안치했던 목곽 입구에 죽은 자의 양식으로 쌀을 담아 항아리를 매달아 놓았다.
③ (다)의 특산물로는 단궁, 과하마, 반어피가 유명하다.
④ (가), (다)는 5부족 연맹체였으며, 도둑질한 자는 12배로 배상하게 하였다.

03

다음은 어떤 두 나라의 유물이다. (가), (나) 유물을 제작한 나라의 문화에 대한 설명으로 옳은 것은?

(가)　　　　(나)

① (가) - 중국 남조의 영향을 받아 벽돌무덤을 축조하였다.
② (나) - 『유기』, 『신집』 등의 역사서를 편찬하였다.
③ (나) - 선종의 유행으로 9산 선문이 성립되었다.
④ (가), (나) - 모줄임 천장 구조의 무덤을 축조하였다.

04

다음은 어떤 나라의 시조 설화이다. 밑줄 친 '이 나라'에 대한 설명이 아닌 것은?

> 시조는 이진아시왕이고, 그로부터 도설지왕까지 대략 16대 520년이다. 최치원이 지은 『석이정전』에는, "가야산신 정견모주가 천신 이비가지에게 감응되어 뇌질주일과 뇌질청예 두 사람을 낳았다. 뇌질주일은 곧 <u>이</u> 나라의 시조인 이진아시왕의 별칭이고,……"라고 하였다.
> — 『신증동국여지승람』 —

① 국제적 고립에서 벗어나기 위해 신라 법흥왕과의 결혼 동맹을 추구하였다.
② 문화적으로는 가야금을 제작하고 음악을 정리하는 등 높은 문화 수준을 보유하였다.
③ 9촌(村)의 장(長)이 있어서 각 촌을 다스렸다.
④ 농업에 유리한 입지조건과 제철(製鐵) 기술을 바탕으로 새로운 문화중심지로 떠올랐다.

05
밑줄 친 '왕' 대에 있었던 사실로 옳은 것은?

> 왕 즉위 9년, 다음과 같은 교서를 내렸다. "사람은 상하가 있고, (그에 따라) 호칭이 같지 않고 의복도 다르다. 그런데 풍속이 점점 경박해지고 백성이 사치와 호화를 다투게 되어 오직 외래 물건의 진기함을 숭상하고 도리어 토산품의 비루함을 혐오하니, 예절이 거의 무시되는 지경에 빠지고 풍속이 쇠퇴하여 없어지는 데까지 이르렀다. 이에 감히 옛 법에 따라 밝은 명령을 펴는 바이니, 혹시 고의로 범하는 자가 있으면 진실로 일정한 형벌이 있을 것이다."

① 장보고가 적산촌에 법화원이라는 사찰을 건립하였다.
② 시장 감독 관청인 동시전을 설치하였다.
③ 사방에 우역(郵驛)을 두고 관도(官道)를 수리하였다.
④ 불교의 공인을 위해 순교한 이차돈을 추모하여 백률사 석당을 건립하였다.

06
밑줄 친 '그들'에 대한 설명으로 옳은 것은?

> 그들이 고구려의 옛 땅을 차지하겠다고 주장하고 있으나 실상인즉 우리를 두려워하고 있는 것입니다. 그러므로 지금 그들의 병력이 많은 것만을 보고 갑자기 서경 이북을 떼어 준다면 이것은 올바른 계책이 아닙니다. …… 성상께서는 수도로 돌아가시고 저희들로 하여금 적과 한번 담판을 하게 한 후에 다시 논의하여도 늦지 않을 것입니다.
> ─『고려사』─

① 강조의 정변을 계기로 대군을 이끌고 쳐들어왔다.
② 철령위를 설치하여 철령 이북의 땅을 차지하려 하였다.
③ 일본 원정을 준비하기 위해 정동행성을 개경에 설치하였다.
④ 한때 말갈이라 불리면서 오랫동안 고구려에 복속되어 있었다.

07
다음 자료의 글과 관련성이 깊은 승려의 활동으로 옳은 것은?

> 전에는 제가 공(公)의 문하에 있었지만, 지금은 공이 우리 절에 왔으니, 공은 불교의 유생이고, 저는 유교의 불자입니다. 서로 주인이 되고 스승과 제자가 되는 것은 옛날부터 있었던 일입니다. 불교와 유교는 그 이름만을 생각하면 아주 다르지만 그 실지를 알면 유교와 불교가 다르지 않습니다. 부처님이 말씀하시기를, "나는 두 성인을 중국에 보내어 교화를 펴라고 하셨는데, 한 사람은 노자로 그는 가섭보살이요, 또 한 사람은 공자로 그는 유동보살이다."하였습니다. 이 말에 의하면 유(儒)와 도(道)의 종(宗)은 부처님의 법에서 흘러온 것이니, 방편은 다르나 진실은 같은 것입니다.

① 자신의 잘못을 진정으로 참회하는 법화신앙에 중점을 둔 백련결사를 제창하였다.
② 돈오점수와 정혜쌍수를 주장하였고, 독경, 선 수양, 노동을 강조하였다.
③ 화엄사상을 정비하고 보살의 실천행을 가르쳤다.
④ 심성의 도야를 강조하여 성리학 수용의 사상적 발판을 마련하였다.

08
밑줄 친 '왕'이 실시한 정책을 〈보기〉에서 모두 고른 것은?

> 왕이 원의 연호 지정의 사용을 중단하고, 교시하기를 '생각건대 우리 태조께서 창업하시고 여러 성인들이 계승하여 다 능히 선대의 업을 지켜왔다. 그러나 요사이 나라의 풍속이 일변하여 오직 권세만 추구하게 되어, 기철 등이 군주를 전율케 하는 위협으로 나라 다스리는 법을 흔들어 관리의 인사권이 그의 손아귀에 있고 정령이 이로 말미암아 신축되어 토지와 노비를 함부로 탈취하니 이는 과인의 부덕 탓인가 아니면 기강이 무너져 통제할 방법이 없음인가. 깊이 이 연고를 생각하니 매양 슬프게 되노라.' 하였다.

┤ 보기 ├
㉠ 정방을 혁파하였다.
㉡ 박위로 하여금 대마도를 정벌하게 하였다.
㉢ 이인임 일파를 몰아내고 왕권을 회복하였다.
㉣ 내정을 간섭하던 정동행성 이문소를 폐지하였다.

① ㉠, ㉢
② ㉠, ㉣
③ ㉡, ㉢
④ ㉢, ㉣

09

밑줄 친 '이 시기'의 일반적인 사회 모습에 대한 설명으로 옳은 것은?

> 이 시기 사람들의 삶에 영향을 끼친 사상은 유교와 불교였다. 정치 활동에서는 유교 이념이 영향을 미치고 있었지만 일상생활에서는 불교의 영향력이 더 컸다. 특히 정치 활동을 할 수 없는 여성의 정신세계를 지배한 것은 불교였다. 상례와 제례는 주로 절에서 지냈으며 승려가 의식을 집행하고, 자녀는 행사 비용만 지불하였다.

① 미륵 신앙에 기반한 매향 활동이 행해졌다.
② 서얼은 무과 시험을 통해 관직에 진출할 수 있었다.
③ 풍수지리설이 유행하여 산송 문제가 자주 일어났다.
④ 제례를 지낸 후 조상의 신위를 집안의 가묘에 모셨다.

10

다음 자료와 관련된 전세 제도에 대한 설명으로 옳은 것을 〈보기〉에서 모두 고른 것은?

> 모든 토지는 ㉮ 등급으로 나누었다. ㉯ 년마다 토지를 다시 측량하여 양안(토지대장)을 만들어 호조와 해당 도, 고을에 갖추어 둔다. ㉰ 1등전의 척(尺, 자)은 주척으로 4척 7촌 7분이며, 6등전의 척은 9척 5촌 5부이다. …(중략)… 항상 경작하는 토지를 정전(正田)이라 하고, 경작하다 때로 휴경하는 토지를 속전(續田)이라 부른다.
> ─『경국대전』─

─┤ 보기 ├─
㉠ ㉮는 9, ㉯는 20이다.
㉡ ㉰는 인조 때 등급에 따라 사용하는 척을 같게 하는 방식으로 바뀌었다.
㉢ 당시에는 조세 액수를 1결당 최고 20두에서 최하 4두로 차등 부과하였다.
㉣ 1등전의 1결과 6등전의 1결은 그 생산량이 같았다.

① ㉠, ㉡
② ㉠, ㉢
③ ㉢, ㉣
④ ㉡, ㉢, ㉣

11

다음 사건의 직접적인 결과로 옳은 것은?

> 『성종실록』이 편찬되자, 실록청 당상관이 된 이극돈은 선비를 싫어하는 연산군에게 김일손이 사초에 삽입한 김종직의 「조의제문」이 세조가 단종으로부터 왕위를 빼앗은 일을 비방한 것이라고 고하였다. 연산군은 김일손 등을 심문하였고, 이는 김종직이 선동한 것이라 하여 김종직을 부관참시하였다.

① 동인이 남인과 북인으로 갈라졌다.
② 영남 사림 대부분이 정계에서 축출되었다.
③ 전례 문제를 둘러싸고 예송이 발생하였다.
④ 왕실의 외척인 척신들이 정국을 주도하였다.

12

다음 사건의 결과로 가장 알맞은 것은?

> 난병들이 대궐을 침범하여 민겸호 등을 피살하였다. … 고종은 그 소문을 듣고 급히 대원군을 부르니 대원군은 난병을 따라 입궐하였다. 대원군은 통리기무아문과 무위·장어 2영을 폐지하고 5영의 군제를 복구하라는 영을 내려 군량을 지급하도록 하였다.
> ─『매천야록』─

① 조·청 상민 수륙 무역 장정이 체결되어 청 상인에게 통상 특혜를 허용하도록 하였다.
② 한성 조약이 체결되어 일본 공사관의 경비병 주둔을 인정하였다.
③ 러시아의 남하 정책을 막기 위해 영국이 거문도를 점령하였다.
④ 독일 영사 부들러와 유길준에 의해 한반도 중립화론이 제기되었다.

13

다음의 자료들을 일어난 사건 순서대로 바르게 배열한 것은?

- (가) 본래 관을 파오려고 했으나 너무 지나친 짓이라 생각되어 그만두었다. 우리에게 석회를 팔 기구가 없었겠는가?
- (나) 평양 주민들은 화승총과 대포로 이양선을 공격하였다. 주민들은 강 상류에서 불을 붙인 뗏목을 떠내려 보내고 칼과 창으로 육박전을 벌였다.
- (다) 양헌수라 하는 사람이 서양인이 강화에 쳐들어온 지 한 달이 가까운데 보국할 장수가 없음을 보고 분을 견디지 못하여 자원하여 부원수가 되었다.
- (라) 적의 괴수가 성과 돈대를 포위하였다. 그러므로 광성진에서 일제히 조총을 쏘아대어 한바탕 혼전을 벌였는데 한참 뒤에 광성진은 붕괴되었다.

① (가) - (나) - (다) - (라)
② (나) - (가) - (라) - (다)
③ (가) - (라) - (나) - (다)
④ (나) - (다) - (가) - (라)

14

(가), (나)를 주장한 인물에 대한 설명으로 옳은 것은?

- (가) 내정 독립이나 참정권이나 자치를 운운하는 자 누구이냐? 너희들이 '동양 평화', '한국 독립 보전' 등을 담보한 맹약이 먹도 마르지 아니하여 삼천리강토를 집어먹힌 역사를 잊었느냐? … 민중은 우리 혁명의 대본영이다. 폭력은 우리 혁명의 유일한 무기이다.
- (나) 나라는 없어질 수 있으나 역사는 없어질 수 없으니 그것은 나라는 형체이고 역사는 정신이기 때문이다. … 정신이 보존되어 없어지지 않으면 형체는 부활할 때가 있을 것이다.

① (가) - 대한민국 임시 정부에서 처음으로 대통령을 역임하였다.
② (가) - 조선 불교 유신론을 통해 새로운 사회의 방향을 추구하였다.
③ (나) - 최남선과 함께 조선광문회를 조직하여 고전 간행에 힘썼다.
④ (나) - 낭가 사상을 강조하여 민족독립의 정신적 기반을 만들려고 하였다.

15

다음 (가)와 (나) 사이의 시기에 있었던 사실에 대한 설명으로 옳은 것은?

- (가) 경신년에 왜병이 내습하여 31명이 살고 있는 촌락을 방화하고 총격을 가하였다. 나도 가옥 9칸과 교회당, 학교가 잿더미로 변한 것을 보고 그것이 사실임을 알았다. 11월 1일에는 왜군 17명, 왜경 2명, 한인 경찰 1명이 와서 남자들을 모조리 끌어내서 죽인 뒤 … 남은 주민들을 모아 일장 연설을 하였다.
  - 『무장독립운동비사』-
- (나) 북만주와 동만주 일대의 항일 무장 독립 운동은 한국 독립군의 활동으로 대표되었다. …(중략)… 그때는 만주에 전운이 감돌고 일제는 군사 행동을 일으켜 북만주 지역까지 마수를 뻗치므로 한국 독립군은 항일 중국군과 제휴하여 쌍성보 전투에서 승리하였다.
  - 오광선 녹취록-

① 중국 정부의 협조를 얻어 조선 의용대를 편성하였다.
② 미쓰야 협정으로 독립군 기지의 유지가 어려워졌다.
③ 동북 항일 연군이 결성되어 항일 전투를 전개하였다.
④ 국내 조직의 지원을 받아 국내 진공 작전을 감행하였다.

16

지도에 표시된 (가)와 (나)에 관한 설명으로 옳지 않은 것은?

① (가)는 연통제를 통하여 독립 운동 자금을 모금하였다.
② (가)는 중국 공산당과 제휴하여 항일 투쟁을 전개하였다.
③ (나) 조직의 일부가 한국 광복군에 합류하였다.
④ (나)는 조선 의용군에 흡수되어 중국 공산당의 팔로군과 함께 항일전에 참여하였다.

17

다음 한국역사 속에 등장한 토지소유와 경영, 그리고 토지개혁론과 관련된 설명이다. 그 순서로 바른 것은?

> ㉠ 생계유지에 필요한 최소한의 토지를 영업전으로 정하고 그 규모 이하로는 매매를 제한하는 토지개혁론이 등장하였다.
> ㉡ 일반평민은 연수유전답을 소유하고 경작하였다.
> ㉢ 나라 안의 대가는 농사를 짓지 않고 앉아서 놀고먹는데 그 수가 1만여 명이나 된다.
> ㉣ 노비가 지주의 작개지와 사경지를 경작하는 농업경영이 등장했다.
> ㉤ 국가는 지계 또는 관계의 발급을 통해 지주의 토지 소유권을 인정했다.

① ㉠-㉡-㉢-㉣-㉤
② ㉢-㉠-㉤-㉡-㉣
③ ㉤-㉢-㉠-㉣-㉡
④ ㉢-㉡-㉣-㉠-㉤

18

다음 밑줄 친 '위원회'의 활동에 대한 설명으로 옳은 것은?

> 이 위원회는 국회의원 10명의 조사 위원 아래 제1·2·3 조사부로 구성되어 있었고, 각 부에는 조사관 5명과 서기관 5명이 딸려 있었으며 각 도마다 도 지부가 있었다. 조사관들에게는 야간 통행증·무기 휴대증·정부 문서 열람증이 주어졌고, 극장, 숙박업소 등지에 대한 현장 조사권과 군사 시설 통행권도 부여되었다. 각 부 조사관들이 주요 행적을 조사해서 넘기면 특별 검찰부가 기소하고 특별 재판부가 판결하도록 되어 있었다.

① 처음부터 이승만 정부의 지속적인 지원을 받았다.
② 제헌헌법을 근거로 제정된 법률에 의해 보장받았다.
③ 친일파가 소유한 가옥, 토지 등을 국유화시켰다.
④ 좌·우익의 대립과 분열이 시작되는 계기가 되었다.

19

밑줄 친 단어의 한자 표기로 옳지 않은 것은?

> 현대에서 세계의 ㉠ 패권을 ㉡ 장악하고 있는 나라는 무엇보다도 과학이 발달한 나라다. 현대전은 과학전이라는 말도 있거니와 전시 아닌 평시에도 과학에서 ㉢ 경쟁이 날로 얼마나 심해져 가고 있는지를 우리는 ㉣ 목도하고 있다. 과학의 목적은 그의 실용성에 있다.

① ㉠ : 覇權
② ㉡ : 場握
③ ㉢ : 競爭
④ ㉣ : 目睹

20

밑줄 친 단어의 한자 표기가 모두 옳은 것은?

① 방대(莫大)한 우주 계획이 예산 부족으로 무산(無散)되었다.
② 그것은 구차스러운 변명(辨明)이요, 약자의 궤변(詭辯)일 뿐이다.
③ 독재 정권(正權)에 대한 불신이 국민들 사이에 팽배(澎湃)해 있다.
④ 휴전을 반대한다는 우리의 확고(確固)한 결의를 반복해서 천명(闡明)했다.

제 2 과목　우편상식

01

우편사업의 보호 규정에 대한 설명으로 옳지 않은 것은?

① 우편을 위한 용도로만 사용되는 물건은 압류할 수 없다.
② 우편물과 그 취급에 필요한 물건은 해손(海損)을 부담하지 않는다.
③ 우편을 위한 용도로만 사용되는 물건은 제세공과금의 부과 대상이 되지 않는다.
④ 우편물의 발송 준비를 마치기 전이라도 우편관서는 그 압류를 거부할 수 있다.

02

우편사업이 제공하는 선택적 우편서비스에 해당하는 것은?

① 중량이 800g인 서류를 송달하는 경우
② 중량이 25kg인 쌀자루를 송달하는 경우
③ 중량이 20g인 서신을 내용증명으로 송달하는 경우
④ 중량이 2kg인 의류를 배달증명으로 송달하는 경우

03

다음 중 괄호 안에 들어갈 우편물의 배달기한으로 알맞은 것은?

- 통상우편물(등기 포함)과 일반소포우편물은 접수한 날의 다음 날부터 (㉠) 이내
- 익일특급과 등기소포는 접수한 (㉡)
- 당일특급은 접수한 당일 (㉢) 이내

	㉠	㉡	㉢
①	3일	당일	20시
②	4일	다음 날	18시
③	4일	당일	18시
④	3일	다음 날	20시

04

〈보기〉에서 국내우편물 제한 부피 및 무게에 관한 설명으로 옳은 것을 모두 고른 것은?

┤ 보기 ├

㉠ 통상우편물의 최대 무게 : 8,000g
㉡ 통상우편물의 최소 부피
  • 평면의 길이 14cm, 너비 9cm
  • 원통형은 '지름의 2배'와 길이를 합하여 23cm (단, 길이는 14cm 이상)
㉢ 소포우편물의 최소 부피
  • 가로·세로·높이 세 변을 합하여 35cm (단, 가로는 17cm 이상, 세로는 12cm 이상)
  • 원통형은 '지름의 2배'와 길이를 합하여 35cm (단, 지름은 3.5cm 이상, 길이는 17cm 이상)
㉣ 소포우편물의 최대 부피 : 가로·세로·높이 세 변을 합하여 1m 이내(단, 어느 변이나 90cm를 초과할 수 없음)

① ㉠, ㉡　　② ㉠, ㉣
③ ㉡, ㉢　　④ ㉢, ㉣

05

계약등기 우편물의 부가취급 서비스에 대한 설명이다. 수수료로 옳은 것은?

> 등기취급을 전제로 우체국과 발송인이 별도의 계약에 따라 수취인을 직접 만나서 우편물을 배달하면서 서명이나 도장을 받는 등 응답이 필요한 사항을 받아 발송인이나 발송인이 지정하는 자에게 회신하는 부가 취급제도

① 500원　　　　　② 1,000원
③ 1,500원　　　　④ 2,000원

06

특급취급에 관한 설명으로 옳은 것은 모두 몇 개인가?

> ㉠ 당일특급우편물이 접수한 다음 날 18시에 배달되었을 경우, 국내특급수수료를 지연배달 배상금으로 지급한다.
> ㉡ 국제특급(EMS)우편물은 당일특급에 준하여 배달처리한다.
> ㉢ 익일특급 취급지역은 우정사업본부장이 고시한다.
> ㉣ 당일특급우편물은 2회째부터 통상적인 배달의 예에 따라 재배달한다.

① 1개　　　　　② 2개
③ 3개　　　　　④ 4개

07

우편서비스에 대한 설명으로 옳은 것을 〈보기〉에서 모두 고른 것은?

> ─── 보기 ───
> ㉠ 인터넷우표는 반드시 수취인 주소가 있어야 한다.
> ㉡ 민원우편은 우정사업본부장이 정하여 고시하는 민원서류에 한정하여 취급한다.
> ㉢ 우체국 축하카드는 배달증명, 내용증명, 상품권 동봉 서비스, 예약배달 서비스의 취급이 가능하다.
> ㉣ 모사전송 우편서비스의 이용 수수료는 내용문 최초 1매 500원, 추가 1매당 200원이며, 복사비는 무료이다.

① ㉠, ㉡　　　　② ㉠, ㉢
③ ㉡, ㉣　　　　④ ㉢, ㉣

08

국내 우편요금 제도에 대한 설명으로 옳은 것은?

① 요금별납은 우편요금이 같고 동일인이 한 번에 발송하는 우편물로 최소 접수 통수에는 제한이 없다.
② 우편요금 체납금액은 「국세징수법」에 따른 체납 처분의 예에 따라 징수하되 연체료는 가산하지 않는다.
③ 요금수취인부담의 취급 대상은 통상우편물, 등기소포우편물, 계약등기이며 각 우편물에 부가서비스를 취급할 수 있다.
④ 요금후납은 1개월간 발송 예정 우편물의 요금에 해당하는 금액을 담보금으로 제공하고, 1개월간의 요금을 다음 달 20일까지 납부하는 제도이다.

09

국내우편물 손해배상에 관한 설명으로 옳은 것은?

① 손해배상금은 손해배상금결정서가 청구권자에게 도달한 때로부터 기산하여 3년간 청구하지 아니할 때는 소멸된다.
② 손해배상 청구는 당해 우편물을 접수한 관서 및 배달관서에서 발송인이 신청하는 경우에만 가능하다.
③ 손해배상액은 한도액 범위 내에서 실제 손해액을 배상하는 것이며, 보험취급(안심소포) 시는 신고가액을 배상하는 것이다.
④ 손해배상 청구기한은 그 우편물을 발송한 다음 날로부터 1년이다.

10

우편사서함에 대한 설명으로 옳지 않은 것을 모두 고른 것은?

> ㉠ 사서함에 배달된 우편물을 정당한 사유 없이 30일 이상 수령하지 않을 때에는 사서함 사용계약을 해지해야 한다.
> ㉡ 사서함번호와 주소가 함께 기록된 우편물 중 국내특급(익일특급 제외), 특별송달, 보험등기, 맞춤형 계약등기, 등기소포 우편물은 주소지에 배달해야 한다.
> ㉢ 사서함 신청을 받은 우체국장은 국가기관, 지방자치단체, 일일 배달 예정물량이 100통 이상인 다량이용자, 우편물 배달 주소지가 사서함 설치 우체국의 관할구역인 신청자 순서로 우선 계약해야 한다.

① ㉠
② ㉡, ㉢
③ ㉠, ㉢
④ ㉠, ㉡, ㉢

11

우편물의 발송에 관한 설명으로 옳은 것은?

① 우편물의 발송순서는 별도로 정하지 않으며, 일반우편물을 담은 운송용기는 운송송달증을 등록한 뒤에 발송한다.
② 당일특급우편물은 국내특급우편자루를 사용하고 다른 우편물과 구별하여 해당 배달국이나 집중국으로 별도로 묶어서 발송한다.
③ 부가취급우편물은 덮개가 있는 우편상자에 담아 덮개에 운송용기 국명표를 부착하고 필요시 묶음끈을 사용하여 봉함한 후 발송한다.
④ 운반차에 우편물 적재 시 여러 형태의 우편물을 함께 넣을 때에는 작업을 쉽게 하기 위하여 등기소포 → 일반소포 → 등기통상 → 일반통상 → 중계우편물의 순으로 적재한다.

12

국제우편 기구 및 법규에 관한 설명으로 옳은 것은?

① 만국우편연합(UPU) 총회는 최고 의결기관으로 2년마다 개최되며 전 회원국의 전권대표로 구성된다.
② 만국우편연합(UPU)의 상설기관은 관리이사회, 우편운영이사회 및 집행이사회가 있다.
③ 만국우편연합(UPU)의 화폐단위는 SDR(Special Drawing Rights)이고 공용어는 영어이다.
④ 국제특급우편(EMS)의 교환은 우리나라와 해당 국가(들) 사이에 맺은 표준다자간 협정 또는 양자 협정에 의해 이루어진다.

13

K-Packet에 대한 설명으로 옳은 것을 〈보기〉에서 모두 고른 것은?

─┤ 보기 ├─

㉠ 월 최소 계약물량은 제한이 있다.
㉡ EMS와 같은 경쟁서비스이며 고객맞춤형 국제우편 서비스로서 평균 송달기간은 7~10일이다.
㉢ 온라인으로 판매되는 소형물품(2kg 이하)의 해외배송에 적합한 서비스로 1회 배달 성공률 향상을 위해 해외우정당국과 제휴하여 수취인 서명 없이 배달하기로 약정한 국제우편서비스이다.
㉣ 미국행 K-Packet은 상대국가에서 제공하는 종추적 정보 외의 행방조사, 손해배상 등 기타 청구를 할 수 있다.

① ㉠, ㉢
② ㉠, ㉣
③ ㉡, ㉢
④ ㉡, ㉣

14

국제우편 종류별 접수방법에 대한 설명으로 옳은 것은?

① 보험소포우편물 취급 시 중량이 '8kg 883g'인 경우, '8,900g'으로 기록한다.
② 우편자루배달인쇄물 접수 시 하나의 소포우편물로 취급하며, 우편요금과 별도로 통관절차대행수수료 4,000원을 징수한다.
③ 국제특급우편(EMS)은 내용품에 따라 서류용과 비서류용 2가지로 구분되며, 비서류는 세관표지(CN22)를 작성하고 서류는 세관신고서(CN23)를 작성한다.
④ K-Packet의 발송인란에는 통관, 손해배상, 반송 등의 업무처리를 위해 반드시 한 명의 주소 및 성명을 기재해야 한다.

15

국제우편 요금별납 및 요금후납 제도에 대한 설명으로 옳은 것은?

① 국제우편 요금별납 및 요금후납은 우편취급국을 포함한 모든 우체국에서 접수가 가능하다.
② 국제우편 요금후납은 동일인이 동일 우편물을 매월 10통 이상 발송하는 국제 통상우편물 및 국제 소포우편물을 대상으로 한다.
③ 요금별납 및 요금후납 우편물에는 우편날짜도장 날인을 생략한다.
④ 접수된 요금후납 우편물은 별도 우편자루 체결·발송을 원칙으로 한다. 다만, 물량이 적을 경우에는 단단히 묶어서 다른 우편물과 함께 발송한다.

16

국제우편에 관한 설명으로 옳지 않은 것은?

① 국제회신우표권(International Reply Coupons)은 만국우편연합 국제사무국에서 발행한다.
② 국제우편요금 수취인부담(International Business Reply Service) 우편물은 선편, 항공 등의 부가취급을 할 수 있다.
③ EMS 배달보장서비스는 제공된 배달예정일보다 지연된 사실이 확인된 경우 절차를 거쳐 우편요금을 배상한다.
④ 수출우편물 발송확인 서비스는 외국으로 발송하는 국제우편물 중 수출신고 대상물품이 들어 있는 경우 우체국에서 해당 우편물의 발송 사실을 세관에 확인하여 주는 서비스이다.

17

국제특급우편(EMS)의 요금감액 대상 요건 중 괄호 안에 들어갈 내용으로 옳은 것은?

> 계약국제특급우편 이용자가 1개월에 (㉠)만원을 초과하여 EMS 우편물을 발송하는 경우에 적용한다. 단, (㉡)% 이상 감액률은 우정사업본부장이 승인한 후 적용한다.

	㉠	㉡
①	30	16
②	30	18
③	50	16
④	50	18

18

〈보기〉에서 설명한 EMS 배달보장서비스에 관한 내용 중 옳은 것을 모두 고른 것은?

> ― 보기 ―
> ㉠ 접수 가능 국가로 일본, 미국, 중국, 호주 등이 있다.
> ㉡ 배달예정일보다 48시간 이상 지연 시 우편요금을 환불한다.
> ㉢ 우편취급국을 포함한 모든 우체국에서 접수가 가능하다.
> ㉣ 대상 국가 중 아시아지역은 접수＋3일 이내가 배달보장 기간이다.

① ㉠, ㉡
② ㉠, ㉢
③ ㉡, ㉣
④ ㉢, ㉣

19

국제특급우편(EMS) 주요 부가서비스 및 제도에 대한 설명으로 옳은 것은?

① 수출우편물 발송확인 서비스 대상 우편물의 경우, 발송인은 수리일 다음 날로부터 30일 내에 해당 우편물을 선적 또는 기적해야 한다.
② EMS 프리미엄 서비스는 1~5개 지역 및 서류용과 비서류용으로 구분되며, 최고 7천만 원까지 내용품의 가액에 한해 보험취급이 가능하다.
③ EMS 프리미엄의 부가서비스인 고중량화물 서비스는 전국 총괄 우체국(5급 이상)에서 접수 가능하며, EMS 계약고객이 이용할 수 있다.
④ 2003년부터 EMS 배달보장서비스가 시행되어 운영 중이며, 실무에서 처리할 경우, 도착국가에서 통관 보류나 수취인 부재 등의 사유로 인한 미배달은 배달완료로 간주한다.

20

국제우편 행방조사 청구에 대한 설명으로 옳은 것은?

① 우편물 분실의 경우에는 발송인만 청구가 가능하다.
② 발송국가와 도착국가(배달국가)에서만 청구가 가능하다.
③ 청구기한은 우편물을 발송한 날부터 계산하여 6개월이다.
④ 청구대상 우편물은 보통통상우편물, 등기우편물, 소포우편물, 국제특급우편물이다.

제3과목 | 금융상식

01

금리에 대한 설명으로 옳지 않은 것은?

① 명목금리는 실질금리에서 물가상승률을 뺀 금리이다.
② 채권가격이 내려가면 채권수익률은 올라가고, 채권가격이 올라가면 채권수익률은 내려간다.
③ 표면금리는 겉으로 나타난 금리를 말하며 실효금리는 실제로 지급받거나 부담하게 되는 금리를 뜻한다.
④ 단리는 원금에 대한 이자만 계산하는 방식이고, 복리는 원금에 대한 이자뿐만 아니라 이자에 대한 이자도 함께 계산하는 방식이다.

02

다음에서 설명하고 있는 금융상품으로 알맞은 것은?

> 종합금융회사가 고객의 예탁금을 어음 및 국공채 등에 운용하여 그 수익을 고객에게 돌려주는 실적배당 금융상품으로서, 예탁금에 제한이 없고 수시 입출금이 가능한 상품

① CMA(Cash Management Account)
② CD(Certificate of Deposit)
③ RP(Repurchase agreement)
④ MMDA(Money Market Deposit Account)

03

예금주의 사망 시 적용되는 상속제도에 대한 설명으로 옳지 않은 것은?

① 친양자 입양제도에 따라 입양된 친양자는 법정혈족이므로 친생부모 및 양부모의 예금을 상속받을 수 있다.
② 예금주의 아들과 손자는 같은 직계비속이지만 아들이 손자보다 선순위로 상속받게 된다.
③ 특정유증의 경우, 수증자는 상속인 또는 유언집행자에 대하여 채권적 청구권만을 가진다.
④ 협의 분할 시 공동상속인 중 친권자와 미성년자가 있는 경우, 미성년자에 대하여 특별대리인을 선임하여 미성년자를 대리하도록 해야 한다.

04

예금의 입금과 지급 업무에 대한 설명으로 옳지 않은 것은?

① 기한부 예금을 중도해지하는 경우, 반드시 예금주 본인의 의사를 확인하는 것이 필요하다.
② 금융기관은 진정한 예금주에게 변제한 때에 한하여 예금채무를 면하게 되는 것이 원칙이다.
③ 송금인의 단순착오로 인해 수취인의 계좌번호가 잘못 입력되어 이체가 완료된 경우, 언제든지 수취인의 동의 없이도 송금액을 돌려받을 수 있다.
④ 금융기관이 실제 받은 금액보다 과다한 금액으로 통장을 발행한 경우, 실제 입금한 금액에 한하여 예금계약이 성립하고 초과된 부분에 대하여는 예금계약이 성립하지 않는다.

05
예금거래약관에 대한 설명으로 옳지 않은 것은?

① 약관의 의미가 불명확한 때에는 고객에게는 유리하게, 작성자에게는 불리하게 해석하는 것이 원칙이다.
② 약관은 해석자의 주관에 의할 것이 아니라 객관적 합리성에 입각하여 해석되어야 하며, 시간·장소·거래 상대방에 따라 달리 해석되어서는 아니 된다.
③ 개별적인 예금상품의 특성에 따라 세부적인 내용을 약관이나 특약의 형식으로 정하고 있다.
④ 예금계약에 대해서는 예금거래기본약관을 우선 적용하고 예금 종류별 약관, 당해 예금상품의 약관을 차례로 적용하는 것이 원칙이다.

06
전자금융에 관한 설명으로 옳은 것은?

① 우체국 CD/ATM 무매체거래 고객은 별도의 신청 없이 타 은행의 무매체거래를 이용할 수 있다.
② 텔레뱅킹은 실명확인증표가 있는 개인(외국인, 재외교포 포함) 및 기업이면 누구나 이용 가능하다.
③ 기명식 선불카드는 최고 50만 원까지 충전할 수 있으며, 발급 이후 양도가 불가능하다.
④ 전자금융은 PC기반 금융업무 자동화, 네트워크 기반 금융전산 공동망화, 인터넷 기반 금융서비스 다양화, 신기술 기반 금융IT 융합화, 모바일 기반 디지털금융 혁신화 순으로 발전하였다.

07
우체국예금·보험에 관한 설명으로 옳은 것은?

① 우체국예금은 「예금자보호법」에 의하여 원리금 전액이 지급 보장된다.
② 우체국보험은 보험을 효율적으로 운영하고 위험을 적절하게 분산하기 위하여 재보험에 가입할 수 있다.
③ 우체국보험은 「우체국예금·보험에 관한 법률」에 따라 계약 보험금 한도액이 보험종류별로 피보험자 1인당 5천만 원으로 제한되어 있다.
④ 우체국예금은 주식 발행을 통해 자기자본에 자본금 및 주식발행 초과금이 발생한다.

08
우체국 체크카드에 대한 설명으로 옳은 것은?

① 법인의 우체국 체크카드 월 사용한도는 기본 한도 1억 원, 최대한도 3억 원이다.
② Biz플러스 체크카드는 신차 구매, 전 가맹점 0.3% 포인트 적립 등 개인사업자 및 소상공인을 위한 맞춤형 혜택을 제공하는 카드이다.
③ 라이프플러스 체크카드의 교통기능은 일반 카드일 경우에는 선불, 하이브리드 카드일 경우에는 후불 적용된다.
④ 우체국 체크카드는 카드 유효기간의 만료 또는 회원 본인이 사망하거나 피성년후견인·피한정후견인으로 우체국에 신고 등록된 경우, 효력이 상실된다.

09

우체국 예금상품에 대한 설명으로 옳은 것을 모두 고른 것은?

㉠ e-Postbank정기예금은 자동이체 약정, 체크카드 이용실적, 자동 재예치 실적에 따라 우대금리를 제공한다.
㉡ 「중소기업협동조합법」에서 정하는 소기업·소상공인 공제금 수급자는 우체국 행복지킴이통장 가입 대상이다.
㉢ 입양자는 이웃사랑정기예금과 우체국 새출발자유적금 패키지 중 새출발 행복 상품에 가입할 수 있다.
㉣ 우체국 하도급지킴이통장은 공사대금 및 입금이 하도급자와 근로자에게 기간 내 집행될 수 있도록 관리, 감독하기 위한 압류방지 전용 통장이다.

① ㉠, ㉡
② ㉠, ㉣
③ ㉡, ㉢
④ ㉢, ㉣

10

우체국 해외송금서비스에 대한 설명으로 옳은 것은?

① 머니그램(MoneyGram) 해외송금은 수취인의 계좌번호 없이 당발송금이 가능하다.
② 유로지로(Eurogiro) 해외송금의 수취은행 수수료는 무료이다.
③ SWIFT의 거래유형은 계좌송금 및 주소지송금이고, 유로지로(Eurogiro)의 거래유형은 계좌송금이다.
④ SWIFT 송금은 EDI(전자문서 교환)방식의 국제금융송금서비스로 우정사업자와 민간 금융기관이 회원으로 가입 후 회원 간 쌍무협정(Bilateral Agreement)을 통해 해외송금 업무를 수행한다.

11

「금융실명거래 및 비밀보장에 관한 법률」에 의거하여 금융기관이 금융 거래정보를 제공할 때의 업무처리에 대한 설명으로 옳은 것은?

① 금융거래정보 등을 제공한 경우에는 그 내용을 표준양식에 따라 기록·관리하여 10년 동안 보관해야 한다.
② 금융거래정보 등의 제공사실에 대한 통보의무를 위반한 경우에는 3,000만원 이하의 벌금에 처해진다.
③ 금융거래정보 등을 제공한 경우에는 제공한 날로부터 10일 이내에 그 사실을 명의인에게 서면으로 통보하여야 한다.
④ 통보유예 요청을 받은 경우에는 통보유예 기간이 종료된 날로부터 30일 이내에 정보제공 사실을 명의인에게 서면으로 통보하여야 한다.

12

자금세탁방지제도에 대한 설명으로 옳지 않은 것은?

① 자금세탁이란 일반적으로 '자금의 위법한 출처를 숨겨 적법한 것처럼 위장하는 과정'을 의미한다.
② 의심거래보고제도(STR)의 보고대상에 대해 정해진 기준금액은 없으며 금융기관이 주관적으로 판단하여 보고한다.
③ 금융정보분석원(KoFIU)은 보고된 혐의거래를 조사·수사하여 법집행기관에 기소 등의 의법조치를 의뢰한다.
④ 고객확인제도(CDD)의 확인대상이 되는 '계좌의 신규 개설'에는 양도성예금증서, 표지어음의 발행, 금고대여 약정도 포함된다.

13
위험관리와 보험의 종류에 대한 설명으로 옳은 것은?
① 위험의 발생 상황에 따라 순수 위험과 투기적 위험으로 분류하며, 사건 발생에 연동되는 결과에 따라 정태적 위험과 동태적 위험으로 분류한다.
② 손해보험 중 특종보험은 상해·화재·항공·보증·장기보험 등을 제외한 모든 형태의 보험으로 해상보험, 건설공사보험, 동물보험, 유리보험 등이 있다.
③ 동태적 위험은 사회적인 특정 징후로 예측이 가능한 면도 있으나, 위험의 영향이 광범위하며 발생 확률을 통계적으로 측정하기 어렵다.
④ 보험의 대상이 되는 불확실성(위험)의 조건 중 한정적 측정가능 손실이란 보험회사 또는 인수집단의 능력으로 보상이 가능한 규모의 손실을 의미한다.

14
생명보험 계약에 대한 설명으로 옳지 않은 것은?
① 보험계약에서 본인의 목숨이나 건강 등을 담보 시킨 사람을 피보험자라 한다.
② 보험계약자가 보험에 의한 보장을 받기 위하여 보험자에게 지급하여야 할 금액을 보험료라 한다.
③ 보험에 담보된 생명이나 신체에 관하여 불확정한 사고, 즉 위험이 발생하는 것을 보험사고라 한다.
④ 보험기간에 대하여 상법에서는 보험자의 책임을 최초의 보험료 납입 여부와 상관없이 청약일로부터 개시된다고 규정하고 있다.

15
생명보험 상품의 종류에 관한 설명으로 옳지 않은 것은?
① 종신보험은 보험기간을 정해놓고, 사망하였을 때 보험금을 지급하는 보험이다.
② 저축성보험은 생존 시에 보험금이 지급되는 저축기능을 강화한 보험이다.
③ 연금보험은 연금을 수령하여 일정 수준의 소득을 계속 유지하기 위한 보험이다.
④ 교육보험은 교육자금을 마련할 수 있도록 설계된 보험이다.

16
〈보기〉에서 설명하는 보험계약의 법적 성질을 올바르게 연결한 것은?

| 보기 |
| ㉠ 우연한 사고의 발생에 의해 보험자의 보험금 지급 의무가 확정된다. |
| ㉡ 보험계약자는 보험료를 모두 납부한 후에도 보험자에 대한 통지 의무 등을 진다. |
| ㉢ 보험계약의 기술성과 단체성으로 인하여 계약 내용의 정형성이 요구된다. |

	㉠	㉡	㉢
①	위험계약성	쌍무계약성	부합계약성
②	사행계약성	계속계약성	부합계약성
③	위험계약성	계속계약성	상행위성
④	사행계약성	쌍무계약성	상행위성

17

보험계약에 대한 설명으로 옳은 것은?

① 보험계약을 부활한 경우 계약이 실효된 이후 시점부터 부활될 때까지의 기간에 발생한 모든 보험사고에 대하여 보험자는 책임을 진다.
② 보험계약에서 보험계약자와 피보험자가 서로 다른 경우를 '타인의 생명보험'이라 하며, 보험계약자와 보험수익자가 서로 다른 경우를 '타인을 위한 보험'이라 한다.
③ 보험계약의 무효란 계약이 처음에는 유효하게 성립되었으나 계약 이후에 무효사유의 발생으로 계약의 법률상 효력이 계약 시점으로 소급되어 없어지는 것을 말한다.
④ 보험계약자 또는 피보험자는 청약 시 청약서에서 질문한 사항에 대하여 보험자에게 사실대로 알려야 하나 부활청약 시에는 고지의무가 없다.

18

보험료 할인율이 높은 순서부터 바르게 나열한 것은?

> ㉠ 피보험자 300명이 단체로 무배당 win-win단체플랜보험 2109에 가입
> ㉡ 주계약 보험가입금액 2,500만 원을 무배당 우체국통합건강보험 2109에 가입
> ㉢ B형 간염 항체 보유자인 피보험자가 무배당 우리가족암보험 2109 일반형[1종(갱신형)]에 가입
> ㉣ 각종 실손의료비보험에 가입한 의료급여 수급권자에 대한 영업보험료 할인

① ㉠-㉣-㉡-㉢ ② ㉠-㉣-㉢-㉡
③ ㉣-㉠-㉡-㉢ ④ ㉣-㉢-㉠-㉡

19

보장성보험에 대한 설명으로 옳지 않은 것은?

① 만기 시 환급되는 금액이 없거나 이미 납입한 보험료보다 적거나 같다.
② 주계약뿐만 아니라 특약으로 가입한 보장성보험도 세액공제를 받을 수 있다.
③ 보장성 보험료를 산출할 때에 예정이율, 예정위험률, 예정사업비율이 필요하다.
④ 근로소득자와 사업소득자는 연간 납입보험료의 일정액을 세액공제 받을 수 있다.

20

다음 글은 생명보험의 역선택에 대한 설명이다. ㉠~㉢에 들어갈 용어로 옳은 것은?

> 보험계약의 승낙 여부를 결정하는 것을 (㉠)이라 한다. 이는 (㉡)가 행하는 것인데 반해 보험금 지급사유 발생 확률이 높은 위험을 갖고 있는 사람이 자진하여 보험금 수령을 목적으로 가입함으로써 (㉢)가 불리해지는 경우이다.

	㉠	㉡	㉢
①	보험청약	보험계약자	보험계약자
②	보험청약	피보험자	보험수익자
③	계약선택	체신관서	체신관서
④	계약선택	보험계약자	체신관서

제4과목 컴퓨터 일반(기초영어 포함)

01

다음 중 시간 및 용량의 단위 표현이 올바른 것은?

① $1PB = 2^{40}B$
② $1EB = 1024TB$
③ $10ns = 10^{-8}s$
④ $1000\mu s = 1as$

02

자바에서 사용되는 생성자(Constructor)에 대한 설명으로 옳지 않은 것은?

① 생성자는 객체 생성 시 초기화를 위한 메소드이다.
② 생성자는 하나만 작성할 수 있지만 호출은 여러 번 가능하다.
③ 생성자 이름은 클래스 이름과 동일하게 작성된다.
④ 생성자는 객체가 생성될 때 자동으로 호출되는 메소드이다.

03

DMA(Direct Memory Access)에 대한 설명으로 옳은 것의 개수는?

㉠ DMA를 통한 데이터 전송 시 CPU의 레지스터를 거치지 않는다.
㉡ DMA 제어기와 CPU는 시스템 버스를 공유한다.
㉢ DMA 입출력이 수행되는 도중에 CPU는 메모리에 접근은 할 수 없지만 다른 사이클 작업은 가능하다.
㉣ DMA를 통한 메모리 접근을 위해서는 사이클 스틸링이 필요하다.

① 1개
② 2개
③ 3개
④ 4개

04

아래 워크시트는 수량과 상품코드별 단가를 이용하여 금액을 산출한 것이다. 다음 중 [D2] 셀에 사용된 수식으로 옳은 것은? (단, 금액 = 수량 × 단가)

	A	B	C	D	E
1	매장명	상품코드	수량	금액	
2	강북	AA-10	15	45,000	
3	강남	BB-20	25	125,000	
4	강서	AA-10	30	90,000	
5	강동	CC-30	35	245,000	
6					
7		상품코드	단가		
8		AA-10	3,000		
9		CC-30	7,000		
10		BB-20	5,000		
11					

① = C2 * VLOOKUP(B2, $B$8:$C$10, 2)
② = C2 * VLOOKUP($B$8:$C$10, 2, B2, FALSE)
③ = C2 * VLOOKUP(B2, $B$8:$C$10, 2, FALSE)
④ = C2 * VLOOKUP($B$8:$C$10, 2, B2)

05

End-to-End(종단) 간에 오류 수정과 흐름 제어를 수행하여 신뢰성 있고 투명한 데이터 전송을 제공하는 OSI 7계층은 ?

① 물리계층 ② 세션계층
③ 네트워크계층 ④ 전송계층

06

웹 환경에서 사용되는 쿠키(cookie)에 대한 설명으로 옳지 않은 것은?

① 쿠키는 사용자가 웹사이트에 접속할 때 생성되는 파일이다.
② 웹사이트는 쿠키를 이용하여 웹사이트 사용자에 대한 정보를 저장할 수 있다.
③ 쿠키 노출 시 개인 정보에 대한 피해가 발생할 수 있다.
④ 사용자 컴퓨터에서 생성되어 해당 웹 서버에 임시파일로 전송·저장된다.

07

CPM 네트워크가 다음과 같을 때 임계경로(critical path)는?

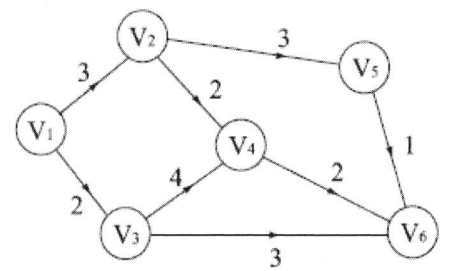

① V1, V2, V3, V6 ② V1, V3, V6
③ V1, V2, V4, V6 ④ V1, V3, V4, V6

08

다음 C 프로그램의 출력 값은?

```
#include <stdio.h>
void main() {
    int A = 10, B;
    int *C = &B;
    B = A--;
    B += 20;
    printf("%d", *C);
}
```

① 28 ② 29
③ 30 ④ 31

09

다음은 모듈화를 중심으로 한 소프트웨어 설계 방법에 대한 지침이다. 빈칸의 내용을 올바르게 나열한 것은?

- 결합도(coupling)와 응집도(cohesion)는 모듈의 (㉠)을 판단하는 기준이다.
- 결합도란 모듈 (㉡)의 관련성을 의미하며, 응집도란 모듈 (㉢)의 관련성을 의미한다.
- 좋은 설계를 위해서는 결합도는 (㉣), 응집도는 (㉤) 방향으로 설계해야 한다.

	㉠	㉡	㉢	㉣	㉤
①	독립성	사이	내부	작게	큰
②	독립성	내부	사이	크게	작은
③	추상성	사이	내부	작게	큰
④	추상성	내부	사이	크게	작은

10

다음 중 시스템의 구조(structure)보다는 주로 동작(behavior)을 묘사하는 UML 다이어그램들만 고른 것은?

보기
㉠ 클래스 다이어그램(class diagram)
㉡ 상태 다이어그램(state diagram)
㉢ 시퀀스 다이어그램(sequence diagram)
㉣ 패키지 다이어그램(package diagram)
㉤ 배치 다이어그램(deployment diagram)

① ㉠, ㉣
② ㉡, ㉢
③ ㉡, ㉤
④ ㉢, ㉣

11

오픈소스 웹 애플리케이션 보안 프로젝트로서 주로 웹을 통한 정보 유출, 악성 파일 및 스크립트, 보안 취약점 등을 연구하는 단체는?

① IEEE
② OWASP
③ Gartner
④ ISO

12

TCP/IP 프로토콜에 대한 설명으로 옳은 것은?

① TCP는 비연결형 프로토콜로 3-way 핸드쉐이킹을 진행한다.
② TCP는 신뢰성 있는 서비스로 UDP보다 속도가 빠르다.
③ IP는 비연결형, 비신뢰성 프로토콜이다.
④ IP는 오류제어와 흐름제어를 통하여 패킷의 전달을 보장한다.

13

소프트웨어 설계에서 자주 발생하는 문제에 대한 일반적이고 반복적인 해결 방법을 무엇이라고 하는가?

① 모듈 분해 ② 디자인 패턴
③ 아키텍처 스타일 ④ 클래스 도출

14

4개 프로세스가 아래표와 같이 운용될 때 SRT(Shortest Remaining Time) 스케줄링 알고리즘을 사용한 경우 평균 반환시간(turnaround time)은 얼마인가?

프로세스	도착시간	실행시간
P1	0	8
P2	2	4
P3	4	1
P4	6	4

① 4.25 ② 7
③ 8.75 ④ 10

15

대용량 데이터베이스에 존재하는 여러 유용한 지식을 캐내는 기법을 무엇이라고 하는가?

① Big Data ② Dataware housing
③ Data Mining ④ Map reduce

16

RAID에 대한 설명으로 옳은 것의 개수는?

> ㉠ RAID 0은 모든 데이터를 복사하여 별도의 디스크에 저장하며, 하나의 디스크에 오류가 발생하더라도 실시간으로 모든 데이터의 복구가 가능하다는 장점이 있다.
> ㉡ RAID 1은 데이터를 여러 개의 디스크에 분산하여 저장하며, 데이터 전송이 병렬로 이루어져 읽기와 쓰기 성능이 개선되지만 디스크 오류 시 데이터 복구가 어렵다.
> ㉢ RAID 2는 데이터를 여러 개의 디스크에 분산하여 저장하며, 해밍코드를 사용하는 패리티를 항상 하나의 패리티 디스크에만 저장한다.
> ㉣ RAID 5는 별도의 패리티 디스크를 사용하지 않고 데이터를 저장하는 디스크에 패리티를 라운드 로빈 방식으로 분산하여 저장한다.

① 1 ② 2
③ 3 ④ 4

17

객체 지향 개념에서 다형성(polymorphism)에 대한 설명으로 관련 없는 것은?

① 부모 클래스 타입의 참조 변수로 자식 클래스 타입의 인스턴스를 참조할 수 있다.
② 하나의 객체에 여러 가지 타입을 대입할 수 있다는 것을 의미한다.
③ 동일한 메시지에 대하여 클래스마다 서로 다른 동작이 가능하다.
④ 정보은닉을 제공하는 수단으로 데이터와 연산을 하나로 묶는 개념이다.

18

장애 시점의 로그 레코드가 보기와 같을 때 즉시 갱신 회복작업 후 데이터 A, B, C값은? (단, A=1000, B=2000, C=3000 초기값을 갖는다)

⟨T₁, Start⟩
⟨T₁, A, 1000, 900⟩
⟨T₁, B, 2000, 2100⟩
⟨T₁, Commit⟩
⟨T₂, Start⟩
⟨T₂, C, 3000, 2800⟩

	A	B	C
①	1000	2000	3000
②	900	2100	2800
③	900	2100	3000
④	1000	2100	2800

19

다음 밑줄 친 부분 중 어법상 옳은 것은?

One of the most frequently used propaganda techniques ① are to convince the public that the propagandist's views reflect those of the common person and that he or she is working in their best interests. A politician speaking to a blue-collar audience may roll up his sleeves, ② undoing his tie, and attempt to use the specific idioms of the crowd. He may even use language ③ incorrect on purpose to give the impression that he is "just one of the folks." This technique usually also employs the use of glittering generalities to give the impression that the politician's views are the same as those of the crowd being addressed. Labor leaders, businesspeople, ministers, educators, and advertisers have used this technique to win our confidence by ④ appearing to be just plain folks like ourselves.

20

다음 글의 제목으로 적합한 것은?

As a roller coaster climbs the first lift hill of its track, it is building potential energy—the higher it gets above the earth, the stronger the pull of gravity will be. When the coaster crests the lift hill and begins its descent, its potential energy becomes kinetic energy, or the energy of movement. A common misperception is that a coaster loses energy along the track. An important law of physics, however, called the law of conservation of energy, is that energy can never be created nor destroyed. It simply changes from one form to another. Whenever a track rises back uphill, the cars' momentum—their kinetic energy—will carry them upward, which builds potential energy, and roller coasters repeatedly convert potential energy to kinetic energy and back again. At the end of a ride, coaster cars are slowed down by brake mechanisms that create friction between two surfaces. This motion makes them hot, meaning kinetic energy is changed to heat energy during braking. Riders may mistakenly think coasters lose energy at the end of the track, but the energy just changes to and from different forms.

① 롤러코스터의 기본구조
② 운동에너지를 열에너지로 전환하는 방법
③ 롤러코스터가 작동할 때 생기는 에너지
④ 운동에너지와 마찰력의 관계

제2회 동형모의고사

일시 / 시험 시간 80분 / 맞은 개수 / 80

제1과목 | 한국사(상용한자 포함)

01

우리나라 신석기 시대의 문화에 대한 설명 중 옳은 것끼리 묶은 것은?

㉠ 정착 생활이 시작되면서 바닥이 둥근 형태의 움집을 짓고 살았으며 가운데 불씨를 보관하거나 화덕이 있었다.
㉡ 처음에는 찍개 같은 도구를 가지고 여러 가지 용도로 사용하였으나 점차 뗀석기를 제작하는 기술이 발달하면서 용도가 뚜렷한 작은 석기들을 만들었다.
㉢ 대표적인 유적으로는 서울 암사동, 황해 봉산 지탑리, 강원 양양 오산리 등이 있다.
㉣ 애니미즘, 토테미즘, 샤머니즘 등의 원시 신앙이 발생하였다.
㉤ 주먹도끼, 찍개, 팔매돌 등은 사냥도구이고 긁개, 밀개 등은 대표적인 조리도구이다.

① ㉠, ㉣
② ㉠, ㉢, ㉣
③ ㉡, ㉤
④ ㉡, ㉣, ㉤

02

다음은 여러 나라에서 행해졌던 제천 행사에 대한 자료이다. (가)~(다) 국가의 생활 모습으로 옳은 것은?

(가) 건국 시조와 그 어머니 유화 부인을 조상신으로 섬겨 제사를 지내고, 아울러 왕과 신하들이 국동대혈에 모여 함께 제사를 지냈다.
(나) 은력(殷曆) 정월에 지내는 제천 행사를 영고라 하는데, 이때에는 하늘에 제사를 지내고 노래와 춤을 즐겼으며, 죄수를 풀어 주기도 하였다.
(다) 해마다 10월이면 하늘에 제사를 지내는데, 밤낮으로 노래 부르고 춤을 추니 이를 무천이라 한다. 또 호랑이를 신으로 여겨 제사를 지냈다.

① (가) – 가족이 죽으면 가족 공동 무덤인 목곽에 안치하였다.
② (나) – 단궁, 과하마, 반어피 등의 특산물이 유명하였다.
③ (다) – 책화를 통해 각 부족의 생활권을 보호하였다.
④ (가), (나) – 투기가 심한 자를 사형에 처하였다.

03

다음 밑줄 친 '왕'에 대한 설명으로 옳은 것은?

여러 신하들이 왕에게 아뢰기를, "시조께서 나라를 창업하신 이래로 국호가 정해지지 않아 혹은 '사라(斯羅)'라고 일컫고, 혹은 '사로(斯盧)'라 일컬었으며, 혹은 '신라(新羅)'라고도 하였습니다. 저희들은 '신(新)'이란 글자는 덕업이 날로 새로워진다는 뜻이고, '라(羅)'라는 글자는 사방을 망라한다는 뜻이라고 생각하온 즉, 이를 나라 이름으로 삼는 것이 좋을 듯합니다." 하니 그대로 따랐다.
– 『삼국사기』 –

① 화랑도를 국가 조직으로 개편하였다.
② 김씨의 왕위 계승권을 확립하였다.
③ 건원이라는 연호를 사용하였다.
④ 우경을 장려하였다.

04

삼국 시대 대외 진출 또는 영토 확장에 관한 내용이다. 다음에 해당하는 시기의 대외 관계가 가장 적절하게 연결되지 않은 것은?

㉠ 사비로 도읍을 옮기고, 중국의 남조와 활발하게 교류하고 일본에 불교를 전하기도 하였다.
㉡ 한강 유역을 장악하여 경제기반을 강화하고, 이후 삼국 경쟁의 주도권을 장악하는 계기를 마련하였다.
㉢ 한강 전 지역을 포함하여 죽령 일대에서 남양만을 연결하는 선까지 영토를 넓혔다.
㉣ 마한 세력을 정복하여 전라도 남해안에 이르렀으며, 낙동강 유역의 가야에 대해서도 지배권을 행사하였다.

① ㉠ – 신라와 연합하여 한강 유역을 부분적으로 수복하였지만 곧 신라에게 빼앗겼다.
② ㉡ – 여러 군데에 순수비를 세우며 영토를 확장했다.
③ ㉢ – 신라의 요청을 받아 왜구를 토벌했다.
④ ㉣ – 중국 산둥 지방과 일본의 규슈 지방에까지 진출하는 등 대외 활동을 벌였다.

05

다음은 삼국 문화의 일본 전파에 대한 지도이다. (가)~(라)에 대한 설명으로 옳지 않은 것은?

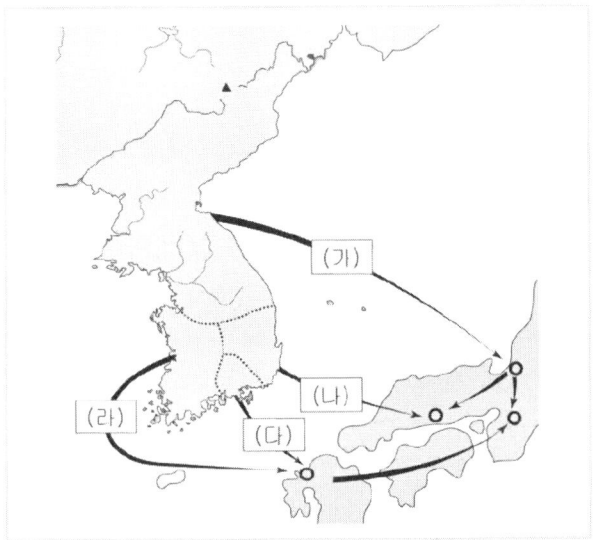

① (가) - 담징은 종이와 먹의 제조 방법을 전파하였고, 호류사의 벽화를 그렸다고 전해진다.
② (나) - 배 만드는 기술과 제방 쌓는 기술을 전해주어 한인의 연못이라는 이름이 생겼다.
③ (다) - 아직기가 일본의 태자에게 한자를 가르쳤다.
④ (라) - 노리사치계가 불경과 불상을 전하였다.

06

다음은 신라 말기 어느 정치 세력에 관한 자료이다. 당시 이들의 활동 내용으로 옳은 것은?

> 서쪽으로 당에 가서 벼슬을 하다가 고국에 돌아왔는데 전후에 난세를 만나서 처지가 곤란하였으며 걸핏하면 모함을 받아 죄에 걸리겠으므로 스스로 때를 만나지 못한 것을 한탄하고 다시 벼슬할 뜻을 두지 않았다. 그는 세속과 관계를 끊고 자유로운 몸이 되어 숲 속과 강이나 바닷가에 정자를 짓고 소나무와 대나무를 심으며 책을 벗하여 자연을 노래하였다.
> - 『삼국사기』 -

① 골품제 사회를 비판하면서 사회 개혁을 주장하였다.
② 낙향한 중앙 귀족들이 지방에서 세력을 키워나갔다.
③ 집사부 시랑 직에 진출하여 왕의 정치적 조언자로 활동하거나 행정 실무를 맡아 보았다.
④ 정치 문란과 자연 재해로 인해 삶의 터전을 잃어버리면서 적고적, 황의적 같은 무리를 이루기도 하였다.

07

(가)~(라) 시기에 대한 설명 중 옳지 않은 것은?

698	719	737	818	926
(가)	(나)	(다)	(라)	
발해 건국	무왕 즉위	문왕 즉위	선왕 즉위	발해 멸망

① (가) - 당의 산동 지방을 선제공격하였다.
② (나) - '인안'이라는 연호를 사용하였다.
③ (다) - 당, 신라 등과 친선 관계를 유지하였다.
④ (라) - '해동성국'이라 불리기도 하였다.

08

(가)~(라)와 고려의 대외 관계에 대한 설명으로 옳지 않은 것은?

> • __(가)__ 의 동경(東京)도 고려 영역 안에 들어와야 하는데 어찌 침식했다고 하는가. 또 압록강 안팎은 우리 땅이지만 여진이 차지하고 있어 사신을 보낼 수 없다.
> • __(나)__ 의 군대가 쳐들어오자, 김윤후가 처인성으로 피난하였다. 적의 장수 살리타가 공격하다 김윤후에게 사살당하였다.
> • __(다)__ 은/는 우왕 6년 500여 척의 함선을 이끌고 진포로 쳐들어와 충청·전라·경상도의 연해를 돌며 약탈과 살육을 일삼았다.
> • __(라)__ 은/는 옛날에는 소국으로 고려를 섬겼지만, 지금은 강성해져 거란과 송을 멸망시키고 군사력을 강화하여 우리가 사대하지 않을 수 없게 되었다.

① (가)의 침입에 대비해서 천리장성을 쌓았다.
② (나)의 침입으로 강화도로 천도하였다.
③ (다)의 침입으로 왕이 안동으로 피신하기도 하였다.
④ 묘청은 (라)에 대한 정벌을 주장하였다.

09

밑줄 친 (가)~(라)에 대한 설명으로 옳지 않은 것은?

> 고려는 땅이 넓지 못하나 백성은 매우 많다. (가) 선비를 귀하게 여기므로 그 나라 글을 알지 못하는 것을 부끄럽게 여긴다. 산림이 매우 많고 땅이 평평한 데가 적기 때문에 경작하는 농민이 수공업자만 못하다. (나) 주와 군에서 나는 토산물은 모두 관가로 들어가므로 상인은 멀리 가지를 않는다. 다만 대낮에 고을에 가서 (다) 각각 가지고 있는 것을 가지고 있지 않은 것으로 서로 바꾸는 것으로 만족한다. (라) 남녀의 혼인은 쉽게 합치고 헤어져, 경전에 나타나 있는 예를 본받지 않는다.
>
> -『고려도경』-

① (가) - 무신을 천시하여 무신정변의 배경이 되었다.
② (나) - 백성들은 조세뿐만 아니라 공물을 부담하였다.
③ (다) - 화폐 발행이 이루어지지 않아 물물교환이 이루어졌다.
④ (라) - 재가한 여성의 자손에 대한 차별이 별로 없었다.

10

다음 중 조선 시대의 통치 기록에 대한 설명으로 옳은 것은?

① 조종 성헌 준수의 기본 원칙에 따라 조선의 관찬 역사서가 편찬되었다.
② 『실록』 편찬에 사용된 「사초」는 별도로 묶어 춘추관에서 보관하였다.
③ 실록청은 여러 관청의 『등록』을 모아 정기적으로 『시정기』를 편찬하였다.
④ 『승정원일기』는 인조 대부터 순종 대까지 280여 년간의 역사를 기록한 자료가 남아 있다.

11

다음 지도에 관한 설명으로 옳은 것은?

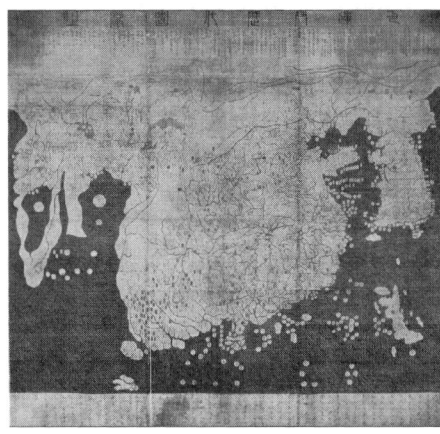

① 만주와 쓰시마 섬을 표기하고 있어 이 시기 우리 영토라는 의식을 강하게 반영하고 있다.
② 전국 지도로서 인지의 등을 이용한 최초의 실측 지도이다.
③ 아라비아의 영향을 받은 원나라 세계 지도에 한반도 지도를 덧붙여 제작하였다.
④ 16세기 지도 중 현존하는 것으로서 해안선이 현재와 거의 일치할 정도로 당시 지도 중 정확한 지도이다.

12

다음 글은 어떤 책의 서문이다. 이 책이 편찬된 왕 대에 일어난 내용이 아닌 것은?

> 천하의 떳떳한 다섯 가지가 있는데 삼강이 그 수위에 있으니, 실로 삼강은 경륜의 큰 법이요, 일만 가지 교화의 근본이며 원천입니다. … "간혹 훌륭한 행실과 높은 절개가 있어도, 풍속습관에 옮겨져서 보고 듣는 자들의 마음을 흥기시키지 못하는 일도 또한 많다. 내가 그 중 특별히 남달리 뛰어난 것을 뽑아서 그림과 찬을 만들어 중앙과 지방에 나누어 주고…"라고 하시고 …(후략)

① 우리나라에서 생산되는 수백 종의 약재를 소개한 「향약채취월령」이 간행되었다.
② 처음으로 신문고를 설치하여 백성의 억울함을 호소하게 하였다.
③ 집현전을 통해서 훈민정음 창제에 힘을 쏟았다.
④ 일본과 계해약조를 맺어 1년에 50척으로 무역선을 제한하였다.

13

다음 빈칸에 들어갈 내용과 관련된 설명으로 옳은 것을 〈보기〉에서 모두 고른 것은?

> 동래부사(東萊府使)가 일본 *관백(關白)이 새로 즉위하였다고 아뢰자, 비국(備局)에서 _____을(를) 차출(差出)하도록 계청(啓請)하였다.
>
> *관백(關白) : 일본의 천황을 대신하여 정부를 총괄하던 관직으로, 1868년 쇼군·섭정과 함께 폐지되었다.

―― 〈보기〉 ――
㉠ 기유약조 체결을 계기로 비정기적으로 파견되기 시작하였다.
㉡ 관련 기록물이 유네스코 세계 기록유산에 등재되어 있다.
㉢ 부산에서 오사카까지는 배로, 오사카에서 에도까지는 육로로 갔다.
㉣ 18세기 후반 일본에서 국학 운동이 일어나는 계기가 되었다.

① ㉠, ㉣
② ㉡, ㉢
③ ㉠, ㉡, ㉣
④ ㉡, ㉢, ㉣

14

자료의 활동을 전개한 계층에 대한 설명으로 옳은 것은?

시기	내용
영조 즉위년 (1724)	정운교 등 260명이 허통을 청원하는 시위를 벌임
영조 48년 (1772)	경상도에서 김성천 등 3천여 명이 향안과 향교에서의 차별 철폐를 호소하는 상소를 올림
영조 49년 (1773)	경상도 황경헌 등이 차별 철폐를 주장하는 상소를 올림
정조 원년 (1777)	절목을 발표하여 허통의 범위를 정함. 이를 계기로 이덕무, 박제가 등이 규장각 검서관으로 등용됨

① 고려 시대에는 중류층에 속하였다.
② 전문 기술을 담당하여 나름대로 행세할 수 있었다.
③ 조선 후기에 신분을 상승시켜 향회를 장악해갔다.
④ 문과 응시가 금지되었으나 간혹 무반직에 등용되었다.

15

밑줄 친 '이 법'에 대한 설명으로 옳은 것은?

> 이 법이 시행된 후 바닷가 백성의 원성이 하늘까지 이르고 여러 사람들의 원망이 들끓었기 때문에 신이 몇 차례 상소하여 말씀드린 바 있습니다. 이 법의 시행으로 부족해진 경비를 여기저기에서 긁어모아 충당하느라 오히려 그 폐단이 심하니, 신의 생각에는 가호(家戶)별로 세금을 거두거나 토지에 세금을 부과하는 것만 못한 것 같습니다.
> ― 『조선왕조실록』 ―

① 집집마다 부과하여 토산물을 징수하던 공물 납부 방식을 토지의 결수에 따라 쌀, 동전 등으로 납부하게 하였다.
② 군포를 1년에 1필로 줄이고, 감소된 재정은 지주에게 토지 1결당 미곡 2두를 부담시켰다.
③ 풍·흉에 관계없이 전세를 토지 1결당 미곡 4두로 고정시켰다.
④ 가난한 백성에게 곡물을 빌려주고 10분의 1 정도의 이자를 거두었다.

16

다음 자료가 작성된 시기의 의병 활동에 대한 설명으로 옳지 않은 것은?

> 약속은 청·일 전쟁이 끝난 뒤 시모노세키 조약에서 한국의 독립을 약속하였으나, 결국 우리 황제를 강제로 물러나게 하였다. 이는 우리나라를 빼앗고 우리 민족을 멸하려는 것이므로 의병을 일으켜 상경하여 통감을 꾸짖을 것이다. 우리의 목적은 일본의 앞잡이가 되어 나라를 망치려는 송병준, 이완용, 박제순, 임선준, 권중현, 이지용 등을 죽이고, 정부를 조직하여 독립을 지키는 것이다.

① 전국의 의병을 연합하여 서울 진공 작전을 시도하였다.
② 활빈당 등의 무장 농민 세력이 의병에 합류하기 시작하였다.
③ 김수민, 홍범도 등의 평민 출신 의병장이 명성을 얻었다.
④ 해산된 군인들을 흡수하여 전투력을 크게 증강하였다.

17

다음은 우리나라의 분단과 관련된 주요 사건의 자료이다. 사건 순서대로 올바르게 배열한 것은?

> (가) 친애하는 경찰들이여! 탄압하면 항쟁이다. 제주도 유격대는 인민들을 수호하며 동시에 인민과 같이 서고 있다……
> (나) 이제 우리는 무기 휴회된 공위가 재개될 기색도 보이지 않으며 통일 정부를 고대하나 여의케 되지 않으니 우리는 남방만이라도 임시정부 혹은 위원회 같은 것을 조직하여……
> (다) 지금 공산주의자들이 … 여수, 순천 등지에서 난을 일으켜 관리와 경찰을 학살하고 관청을 점령하며……
> (라) 국제 연합 소총회는 UN 한국 임시 위원단에 대한 소련의 입북 거부에도 불구하고 조선에 전국 선거를 추진하는 미국의 제안을 가결하였다.

① (가) - (다) - (나) - (라)
② (가) - (다) - (라) - (나)
③ (나) - (라) - (가) - (다)
④ (나) - (다) - (라) - (가)

18

다음 합의문에 대한 설명으로 옳은 것을 〈보기〉에서 모두 고른 것은?

> • 남과 북은 사상과 제도의 차이를 초월하여 남북 관계를 상호 존중과 신뢰 관계로 확고히 전환시켜 나가기로 하였다.
> • 남과 북은 군사적 적대 관계를 종식시키고 한반도에서 긴장 완화와 평화를 보장하기 위해 긴밀히 협력하기로 하였다.
> • 남과 북은 민족 경제의 균형적 발전과 공동의 번영을 위해 경제 협력 사업을 공리공영과 유무상통의 원칙에서 적극 활성화하고, 지속적으로 확대·발전시켜 나가기로 하였다.

― 보기 ―
㉠ 10·4 남북 공동 선언의 내용이다.
㉡ 합의 결과로 경의선 및 동해선 철도가 연결되었다.
㉢ 김대중 정권의 대북 정책인 햇볕 정책을 계승하고 발전시켰다.
㉣ 합의 사항을 추진하고 통일 문제를 협의하기 위해 남북 조절 위원회의 설치를 합의하였다.
㉤ 남북한 관계를 통일 과정의 '잠정적 특수 관계'라고 규정하였다.

① ㉠, ㉢
② ㉡, ㉣
③ ㉡, ㉤
④ ㉢, ㉤

19

밑줄 친 부분과 의미가 통하는 한자어를 연결한 것으로 옳지 않은 것은?

> ㉠ 내가 회사를 그만두면 당장 입에 풀칠하기도 어려워진다.
> ㉡ 지금 두 집안 갈등의 뿌리를 캐어 내려가 보면 조선 시대의 당쟁에까지 이른다.
> ㉢ 구두 고치는 데 만원이 들지만, 재고품 한 켤레가 일이만원이니 배보다 배꼽이 큰 셈이지요.
> ㉣ 이곳 분위기는 지금 우리도 더 이상 가만히 앉아 있어서는 안 된다는 쪽으로 놀아가고 있다.

① ㉠ : 糊口之策
② ㉡ : 拔本塞源
③ ㉢ : 主客顚倒
④ ㉣ : 袖手傍觀

20

밑줄 친 단어의 한자 표기가 옳은 것은?

① 소설은 삶의 진실을 탐구(探究)하는 서사문학이다.
② 우리는 정의(定義)롭고 자유로운 나라를 소망한다.
③ 현대인은 기계화된 삶의 삭막(朔漠)한 현실에서 벗어나기 위해 기도한다.
④ 그는 가난의 질곡(桎曲)에서 벗어나기 위해 세월을 잊은 채 일에 전념했다.

제2과목 우편상식

01

우편사업의 보호규정에 대한 설명으로 옳은 것을 모두 고른 것은?

― 보기 ―
㉠ 조직 또는 계통을 이용하여 타인의 서신을 송달하는 것은 금지한다.
㉡ 우편업무를 위해서만 사용하는 물건은 압류가 금지되지만 제세공과금 부과의 대상이다.
㉢ 우편물의 발송, 수취나 그 밖의 우편 이용에 관한 제한능력자의 행위는 능력자가 행한 것으로 간주한다.
㉣ 상품의 가격, 기능, 특성 등을 문자, 사진, 그림으로 인쇄한 16쪽 이상인 책자 형태의 상품안내서는 서신 독점의 대상이다.

① ㉠, ㉢
② ㉠, ㉣
③ ㉡, ㉢
④ ㉡, ㉣

02

우편사업에 관한 내용을 설명한 것 중 옳지 않은 것은?

① 우편사업은 「정부기업예산법」에 따라 정부기업으로 정해져 있다.
② 우편이용 관계의 법적 성질은 우편이용자와 우편관서 상호간의 송달계약을 내용으로 하는 공법상의 계약관계이다.
③ 우편관서는 철도, 궤도, 자동차, 선박, 항공기 등의 경영자에게 운송요구권을 가진다.
④ 우편이용 관계자는 우편관서, 발송인, 수취인이다.

03

우편서비스의 종류와 이용조건에 관한 설명으로 옳지 않은 것은?

① 20kg 이하 소포우편물은 보편적 우편서비스에 해당한다.
② 2kg을 초과하는 통상우편물은 선택적 우편서비스 대상이다.
③ 우편시설, 우표, 우편엽서, 우편요금 표시 인영이 인쇄된 봉투 또는 우편차량장비 등을 이용하는 서비스는 보편적 우편서비스에 해당한다.
④ 소포우편물에는 원칙적으로 서신을 넣을 수 없으나 물건과 관련이 있는 납품서, 영수증, 설명서 등은 함께 넣어 보낼 수 있다.

04

통상우편물 접수 시 규격외 요금을 징수해야 하는 우편물의 개수로 옳은 것은?

㉠ 봉투의 재질이 비닐인 우편물
㉡ 우편물 앞면에 광고를 기재한 우편물
㉢ 수취인 우편번호를 6자리로 기재한 우편물
㉣ 누르지 않은 자연 상태에서 두께가 10㎜인 우편물
㉤ 봉투 색상이 70% 이하 반사율을 가진 밝은색 우편물
㉥ 정해진 위치에 우편요금 납부 표시를 하지 않은 우편물

① 1개
② 2개
③ 3개
④ 4개

05
등기우편물의 부가취급에 대한 설명으로 옳은 것은?

① 특별송달 우편물에 첨부된 우편송달통지서 용지의 무게는 우편물의 무게에 포함되지 않는다.
② 민원우편 회송용 봉투에 날인하는 요금선납 날짜도장은 회송민원우편 접수우체국에서 날인한다.
③ 민원우편은 발송할 때의 취급요금(우편요금 + 등기취급수수료 + 부가취급수수료)과 회송할 때의 취급요금(50g 규격요금 + 등기취급수수료 + 익일특급수수료)을 합하여 미리 받는다.
④ 착불배달 우편물이 반송된 경우, 발송인은 착불요금과 반송수수료를 납부해야 한다.

06
내용증명에 대한 설명으로 옳은 것은?

① 내용증명의 발송인은 내용문서의 원본과 그 등본 2통을 제출하여야 한다. 단, 발송인에게 등본이 필요하지 않은 경우에는 등본 1통만 제출이 가능하다.
② 우체국에서 내용증명을 발송한 사실만으로 법적 효력이 발생한다.
③ 수취인에게 우편물을 배달하거나 교부한 경우, 그 사실을 배달우체국에서 증명하여 발송인에게 통지하는 제도이다.
④ 내용문을 정정한 경우 '정정' 글자를 여유 공간이나 끝부분 빈 곳에 쓰고 발송인의 인장이나 지장을 찍어야 한다. 다만, 발송인이 외국인일 경우에 한하여 서명을 할 수 있다.

07
〈보기〉에서 설명한 국내우편서비스의 종류를 바르게 연결한 것은?

| 보기 |

㉠ 개인의 사진, 기업체 로고, 캐릭터, 광고물 등을 우표와 나란히 인쇄·제작하여 제공하는 서비스로 기본형, 홍보형, 시트형, 카드형 등이 있다.
㉡ 고객이 우편물의 내용문과 발송인·수신인 정보(주소·성명 등)를 우체국에 접수하거나 인터넷 우체국을 이용하여 신청하면 내용문 출력과 봉투 제작 등 우편물 제작에서 배달까지 전 과정을 우체국이 대신하여 주는 서비스
㉢ 전국 우체국을 통해 농·어촌 특산품 등을 저렴하게 구입할 수 있는 서비스

	㉠	㉡	㉢
①	나만의 우표	고객맞춤형 엽서	우체국쇼핑
②	광고우편엽서	고객맞춤형 엽서	전자우편서비스
③	나만의 우표	전자우편서비스	우체국쇼핑
④	광고우편엽서	전자우편서비스	전자우편서비스

08
소포우편물의 감액에 대한 설명으로 옳은 것은 모두 몇 개인가?

㉠ 감액대상은 창구접수 소포우편물(일반소포 및 등기소포)과 방문접수 소포우편물이다.
㉡ 중량 20kg 초과 소포 1개를 2개로 분할하여 접수할 경우 2,000원 감액이 적용된다.
㉢ 요금후납의 방법으로 우체국 창구에 100개 접수한 경우, 5% 감액을 할인받을 수 있다.
㉣ 방문접수의 경우, 최소 3개 이상 발송하여야 개당 500원 할인받을 수 있다.

① 1개　　② 2개
③ 3개　　④ 4개

09

국내우편요금 제도에 관한 설명으로 옳지 않은 것은?

① 요금수취인부담우편물의 취급대상은 통상우편물, 등기소포우편물, 계약등기이다.
② 우체통에서 발견된 습득물 중 우편물에서 이탈된 것으로 인정되지 않는 주민등록증은 우편요금 후납우편물의 취급대상이다.
③ 우편요금 별납우편물은 관할 지방우정청장이 지정하는 우체국(우편취급국 포함)에서만 취급이 가능하다.
④ 요금수취인부담우편물의 발송 유효기간은 3년 이내로 제한하며 배달우체국장과 이용자와의 계약으로 정한다.

10

〈보기〉는 이용자 실비지급제도에 관한 설명이다. 괄호 안에 들어갈 내용으로 옳은 것은?

┤ 보기 ├

우편서비스의 제공과 관련하여 (　　　)이 공표하는 기준을 충족하지 못하는 경우에 예산의 범위 안에서 해당 이용자에게 교통비 등 실비의 전부 또는 일부를 지급하는 제도로, 부가취급여부·재산적 손해 유무를 요건으로 하지 않고 실비를 보전하는 점에서 손해배상과 성질상 차이가 있다.

① 우체국장　　　　② 지방우정청장
③ 우정사업본부장　④ 과학기술정보통신부장관

11

우편물의 발송에 대한 설명으로 옳지 않은 것은?

① 부가취급우편물을 운송 용기에 담을 때에는 책임자나 책임자가 지정하는 사람이 참관한다.
② 우편물의 발송순서는 특급우편물, 일반등기우편물, 일반우편물 순으로 발송한다.
③ 등기우편물을 발송할 때에는 우편물류시스템으로 등기우편물 배달증을 생성하고, 생성된 배달증과 현품 수량을 확인한 후 발송한다.
④ 일반우편물은 형태별로 분류하여 해당 우편상자에 담되, 우편물량이 적을 경우에는 형태별로 묶어 담고 운송용기 국명표는 혼재 표시된 것을 사용한다.

12

우편물 배달에 관한 설명으로 가장 옳지 않은 것은?

① 동일 건축물 또는 동일 구내의 수취인에게 배달할 우편물은 그 건축 또는 구내의 관리사무소, 접수처 또는 관리인에게 배달할 수 있다.
② 보관우편물의 보관기간은 우편물이 도착한 다음 날부터 계산하여 20일로 한다. 다만, 교통이 불편하거나 그 밖의 사유로 수취인이 20일 이내에 우편물을 교부받을 수 없다고 인정될 때에는 30일 이내로 교부기간을 연장할 수 있다.
③ 기록취급우편물과 국제항공우편물을 배달 1순위로 하고, 준등기우편물과 일반통상우편물(국제선편통상우편물 중 서장 및 엽서 포함)을 2순위로 한다.
④ 교통이 불편한 도서·농어촌 지역, 공동생활 지역 등에 정상적인 우편물의 배달이 어려울 경우 마을공동수취함을 설치하고 그 수취함에 배달한다.

13

아시아·태평양우편연합(APPU : Asian-Pacific Postal Union)에 관한 설명으로 옳지 않은 것은?

① 대만은 1961년 1월 23일 최초 창설 협약에 참여한 국가지만, UN 및 UPU의 회원자격이 중국으로 대체됨에 따라 1974년에 APPU의 회원자격도 중국이 대체한다.
② 상설기관으로 총회, 집행이사회, 우편운영이사회, 사무국이 있다.
③ 우편업무의 발전과 개선에 관한 연구를 목적으로 우정직원의 상호교환 또는 독자적 파견을 위한 협정을 체결할 수 있다.
④ 사무국은 태국 방콕에 소재하고 있으며 현재 회원국은 32개국이다.

14

국제통상우편물 종별 세부내용에 대한 설명으로 옳은 것은?

① 인쇄물로 접수할 수 있는 것은 서적, 홍보용 팸플릿, 상업 광고물, 도면, 포장박스 등이다.
② 그림엽서의 경우, 앞면 윗부분에 우편엽서를 뜻하는 단어를 영어나 프랑스어로 표시해야 한다.
③ 소설이나 신문의 원고, 필사한 악보, 인쇄한 사진 등은 인쇄물로 취급할 수 있다.
④ 소형포장물의 경우, 제조회사의 마크나 상표는 내부나 외부에 기록이 가능하나, 발송인과 수취인 사이에 교환되는 통신문에 관한 참고사항은 내부에만 기록할 수 있다.

15

국제 소형포장물(Small packet)의 내용품 가격이 450SDR인 경우, 해당 우편물에 첨부해야 하는 국제우편 서식으로 옳은 것은?

① CN01
② CN07
③ CN22
④ CN23

16

국제우편에서 사용되는 국가명과 해당 국가의 약호가 바르게 연결된 것은 모두 몇 개인가?

㉠ 스페인 - SE	㉡ 오스트레일리아 - AU
㉢ 캐나다 - CA	㉣ 인도네시아 - ID
㉤ 영국 - GB	㉥ 브라질 - BG

① 2개
② 3개
③ 4개
④ 5개

17

〈보기〉에서 국제특급우편(EMS)으로 보낼 수 있는 물품은?

| 보기 |
| ㉠ 유가증권 ㉡ 업무용 서류 |
| ㉢ 컴퓨터 데이터 ㉣ 상품 견본 |
| ㉤ 상업용 서류 ㉥ 여권을 포함한 신분증 |

① ㉠, ㉡, ㉢, ㉣
② ㉡, ㉢, ㉣, ㉤
③ ㉡, ㉣, ㉤, ㉥
④ ㉠, ㉢, ㉤, ㉥

18

IBRS(International Business Reply Service) EMS에 대한 설명으로 옳지 않은 것은?

① 수취인이 요금을 부담하는 제도이다.
② 모든 우체국에서 취급하며, 통당 요금은 5,000원이다.
③ 접수 중량은 최대 2kg까지이며, 일본에만 발송이 가능하다.
④ 인터넷쇼핑몰 등을 이용하는 온라인 해외거래 물량 증가에 따라 늘어나는 반품 요구를 충족하기 위해 만들어진 제도이다.

19

〈보기〉와 같이 접수된 국제우편물이 상대 국가에서 분실되어 손해배상을 해야 할 경우, 〈조건〉에 따른 배상금액으로 옳은 것은?

| 보기 |

우편물 번호	EM 052 683 101 KR
우편물 종류	EMS
중량	10kg
내용품	책 4권, 바지 2벌, 티셔츠 1벌
내용품 가격	160,000원
우편요금	56,200원

| 조건 |
- 접수 시 보험취급 되지 않았다.
- 행방조사 청구료 등 기타 비용은 발생하지 않았다.
- 손해배상 기준은 「우정사업본부 고시 제2018-32호」에 의거한다.

① 160,000원
② 204,900원
③ 212,500원
④ 216,200원

20

국제우편 행방조사청구제도와 손해배상제도에 대한 설명으로 옳지 않은 것은?

① EMS프리미엄의 행방조사 청구기한은 발송한 날부터 3개월, 배달보장서비스는 30일 이내이다.
② 처음에 배달통지청구우편물로 발송한 우편물의 배달통지서(CN07)가 통상적인 기간 안에 회송되어 오지 아니한 경우에 청구하는 행방조사청구는 이른바 '무료행방조사청구'로서 청구료를 징수하지 아니한다.
③ 우정당국 간 손해배상의 책임은 우편물의 분실, 파손, 또는 도난 등 사고에 대한 책임이 있는 우정당국에 있으며, 이는 국제특급도 마찬가지다.
④ 손해배상 청구권자는 원칙적으로 수취인에게 배달되기 전까지 발송인이며, 배달된 후에는 수취인에게 청구 권한이 있다.

제3과목 | 금융상식

01

다음 경제주체에 대한 설명 중 옳지 않은 것은?

① 가계는 소득을 소비하거나 저축하며, 생산요소의 수요자로 활동한다.
② 기업은 재화와 용역(서비스)를 생산하며, 이윤을 추구한다.
③ 정부는 가계와 기업의 경제행위를 규율하고, 정책을 수립한다.
④ 해외는 국내부분의 과부족을 수출입을 통하여 해결해 준다.

02

환율이 달러당 1,200원으로부터 1,150원으로 하락하였다. 그 원인에 대한 설명으로 옳지 않은 것은?

① 외국인의 국내 주식투자가 증가하였다.
② 중국의 경기호황으로 수출이 증가하였다.
③ 포드자동차가 국내 채권시장에서 자금을 조달하였다.
④ 미국기업이 부산에 대규모 공장을 신축하였다.

03

금융 투자상품에 대한 설명으로 옳지 않은 것은?

① 수입업자는 선물환 매입계약을 통해 환율변동에 따른 환리스크를 헤지(hedge)할 수 있다.
② 투자자의 원본 결손액에 대해 불법행위로 인한 손해 여부를 입증해야 하는 책임은 금융투자업자에게 있다.
③ 선물계약이 매입측과 매도측 쌍방이 모두 계약이행의 의무를 지게 되는 반면, 옵션계약은 계약당사자 중 일방이 자기에게 유리한 권리를 갖고 상대방은 이러한 권리행사에 대해 계약이행의 의무만을 지게 된다는 점에서 차이가 있다.
④ 상장지수증권(ETN)은 외부수탁기관에 위탁되기 때문에 발행기관의 신용위험이 없고 거래소에 상장되어 실시간으로 매매가 이루어진다.

04

주식투자 및 채권투자의 주요 내용에 대한 설명으로 옳은 것을 모두 고른 것은?

> ㉠ 신종자본증권은 대부분 발행 후 5년이 지나면 투자자가 채권에 대해 상환을 요구할 수 있는 풋옵션이 부여되어 있다.
> ㉡ 채권의 가격은 시장금리 및 발행기관의 신용 변화에 영향을 받아 변동하게 되며, 다른 요인들이 모두 동일하다면 채권은 잔존기간이 짧아질수록 가격의 변동성이 증가한다.
> ㉢ 유상증자는 기업의 재무구조를 개선하고 타인자본에 대한 의존도를 낮출 수 있는 반면, 무상증자는 회사와 주주의 실질재산에는 변동이 없다. 유·무상증자 권리락일에는 신주인수권 가치만큼 기준 주가가 하락한 상태에서 시작하게 된다.
> ㉣ 2021.3.9.(화)에 유가증권시장에서 매입한 주식(전일종가 75,000원)의 당일 중 최소 호가 단위는 100원이며, 주중에 다른 휴장일이 없다면 2021.3.11.(목) 개장 시점에 증권계좌에서 매입대금은 출금되고 주식은 입고된다.

① ㉠, ㉡
② ㉠, ㉣
③ ㉡, ㉢
④ ㉢, ㉣

05
금융기관의 예금거래업무에 관한 설명으로 옳은 것은?

① 예금계약은 예금자가 금전의 보관을 위탁하고 금융기관이 운용하다가 추후 금전을 반환하는 소비대차계약이다.
② 양도성예금증서는 정기예금에 양도성을 부여한 특수한 형태의 금융상품으로 은행이 무기명 할인식으로 발행한다.
③ 점외수금의 경우, 지점장(우체국장)은 영업점으로 돌아와 수납직원에게 금전을 넘겨주고 그 수납직원이 이를 확인한 때 예금계약이 성립한다.
④ 공동대표이사와 거래 시 공동대표 1인이 다른 어느 1인에게 모든 업무를 포괄적으로 위임하는 것은 유효하다.

06
카드 종류별 특징에 대한 설명으로 옳은 것은?

① 선불카드의 유효기간은 대부분 발행일로부터 10년이고 연회비는 없다.
② 직불카드 사용금액은 후불결제방식으로 결제된다.
③ 체크카드는 직불카드의 장점과 신용카드의 장점을 결합한 카드이다.
④ 하이브리드 체크카드는 회원이 지정한 일정금액 이하의 거래는 체크카드로 결제되고, 초과 거래는 신용카드로 결제된다.

07
〈보기〉의 전자금융 발전 과정을 순서대로 나열한 것은?

보기
㉠ 인터넷 기반 금융서비스 다양화
㉡ PC기반 금융업무 자동화
㉢ 신기술 기반 금융IT 융합화
㉣ 모바일 기반 디지털금융 혁신화
㉤ 네트워크 기반 금융전산 공동망화

① ㉡-㉢-㉠-㉤-㉣
② ㉡-㉤-㉠-㉣-㉢
③ ㉤-㉠-㉡-㉣-㉢
④ ㉤-㉠-㉢-㉡-㉣

08
우체국금융에 대한 설명으로 옳지 않은 것은?

① 과거 우체국금융은 적자 누적과 전문성 부재 논란으로 사업을 중단하고 1977년 농업협동조합으로 이관한 바 있다.
② 1995년에는 우체국 전산망과 은행 전산망이 연결되어 전국을 하나로 연결하는 편리한 우체국 금융서비스를 제공할 수 있는 큰 틀을 갖추었다.
③ 우체국금융은 은행법에 따른 은행업 인가를 받은 일반은행이나 보험업법에 따른 보험업 인가를 받은 보험회사와 같이 원칙적으로 금융업무에 특별한 제한을 받지 않는다.
④ 우체국예금은 우편대체 계좌대월 등 일부 특수한 경우를 제외하고는 여신이 없다.

09

우체국 예금상품 및 체크카드에 대한 설명으로 옳은 것을 모두 고른 것은?

- ㉠ 법인용 체크카드의 현금 입출금 기능은 개인사업자에 한하여 선택 가능하다.
- ㉡ 우체국 소상공인정기예금은 노란우산공제에 가입하거나 신용카드 가맹점 결제계좌 약정 시 우대금리를 제공한다.
- ㉢ 초록별 사랑 정기예금은 종이통장 미발행, 친환경 활동 및 기부참여 시 우대혜택을 제공하고, 만 50세 이상 중년층 고객을 위한 우대금리 및 세무, 보험 등 부가서비스를 제공하기도 한다.
- ㉣ 우체국 포미 체크카드는 싱글족 맞춤혜택 카드로, 교통기능은 후불 적용되며 점자카드는 발급이 불가하고 해외에서 사용이 가능한 카드이다.

① ㉠, ㉡ ② ㉠, ㉣
③ ㉡, ㉢ ④ ㉢, ㉣

10

우체국 외국환 및 제휴서비스에 대한 설명으로 옳은 것은?

① 우체국과 은행이 업무제휴를 맺고 양 기관의 전산시스템을 전용선으로 상호 연결하여 제휴은행 고객이 각 우체국 창구에서 타행거래 방식으로 입출금 거래를 할 수 있도록 하고 있다.
② 외화환전 예약서비스는 우체국 창구 방문 신청 또는 인터넷뱅킹·스마트뱅킹을 이용하여 환전 거래와 대금 지급을 완료하고, 신청 당일 지정 우체국에서 외화 실물을 직접 수령하는 서비스이다.
③ 해외송금 서비스는 수취인의 해외은행계좌로 송금하는 당발송금과 해외은행으로부터 수취인의 한국 우체국계좌로 송금을 받는 타발송금 업무가 있다.
④ 우체국은 신한은행 및 머니그램社와 제휴하여 계좌번호 없이 8자리 송금번호 및 수취인 영문명으로 송금하면 약 10분 뒤 수취인 지역 내 우체국를 방문하여 수취 가능한 특급송금 서비스를 제공하고 있다.

11

예금자보호법에서 정한 예금보험제도에 대한 설명으로 옳은 것은?

① 은행, 보험회사, 종합금융회사, 수협은행, 외국은행 국내지점은 보호대상 금융회사이다.
② 외화예금, 양도성예금증서(CD), 환매조건부채권(RP), 주택청약저축은 비보호 금융상품이다.
③ 서울시가 시중은행에 가입한 정기예금 1억 원은 5천만 원 한도 내에서 예금자보호를 받는다.
④ 금융회사가 예금을 지급할 수 없게 되면 법에 의해 금융감독원이 대신하여 예금을 지급하는 공적 보험제도이다.

12

보험료를 계산하는 현금흐름방식에 대한 설명으로 옳은 것은?

① 보수적 표준기초율을 일괄적으로 가정하여 적용한다.
② 보험료 산출이 비교적 간단하고 기초율 예측 부담이 경감되는 장점이 있다.
③ 상품개발 시 수익성 분석을 동시에 할 수 있으며 상품개발 후 리스크 관리가 용이한 방식이다.
④ 3이원을 포함한 다양한 기초율을 가정하며, 계리적 가정에는 위험률, 해지율, 손해율, 적립이율 등이 있다.

13
보험료 구성에 대한 설명으로 옳지 않은 것은?
① 보험계약자가 보험자에게 내는 보험료를 영업보험료라고 하며 순보험료와 부가보험료로 구분한다.
② 만기보험금의 지급재원이 되는 보험료를 저축보험료라고 한다.
③ 위험보험료는 보험사고에 따른 지급재원으로 순보험료에 해당한다.
④ 부가보험료는 신계약비, 유지비 및 전산비로 구분하며 예정사업비율에 기초하여 계산한다.

14
우체국보험의 역사를 설명한 〈보기〉의 ㉠~㉢에 들어갈 내용으로 바르게 나열한 것은?

―| 보기 |―
- 우체국보험은 (㉠)년 5월에 제정된 '조선간이생명보험령'에 따라 종신보험과 (㉡)으로 시판되었다.
- 1952년 12월 '국민생명보험법' 및 '우편연금법'이 제정되면서 '간이생명보험'이 (㉢)으로 개칭되었다.

	㉠	㉡	㉢
①	1925	양로보험	우편생명보험
②	1929	양로보험	국민생명보험
③	1925	연금보험	우편생명보험
④	1929	연금보험	국민생명보험

15
우체국보험에 관한 설명으로 옳지 않은 것은?
① 우체국보험은 인보험(人保險) 분야의 상품을 취급한다.
② 우체국보험은 금융감독원의 감독을 받는다.
③ 우체국보험의 계약보험금 한도액은 일정금액 이하로 제한된다.
④ 우체국보험의 보험금 지급은 국가가 책임진다.

16
우체국 보험상품에 대한 설명으로 옳은 것은?
① 무배당 우체국안전벨트보험 2109의 보험료는 성별에 따른 차이는 없으나 연령별로 차이가 있다.
② 우체국연금저축보험 2109의 경우, 연금 지급구분에는 종신연금형, 상속연금형, 확정기간연금형, 더블연금형이 있다.
③ 무배당 우체국요양보험 2109에 가입한 피보험자가 장기요양 3등급 진단을 받은 경우, 사망보험금 일부를 선지급 받을 수 있다.
④ 무배당 우체국New100세건강보험 2203에 가입한 피보험자가 '국민체력100' 체력인증을 받은 경우, 보험료 일부를 지원받을 수 있다.

17

우체국 보험상품의 보험세제에 대한 설명으로 옳은 것은?

① 무배당 어깨동무보험 2109의 경우, 연간 납입보험료 100만 원 한도 내에서 연간 납입보험료의 12%가 세액공제 금액이 된다.
② 무배당 그린보너스저축보험플러스 2203의 경우 국민기초생활보장법 상 수급자에게 만기뿐만 아니라 중도해약 시에도 이자소득이 비과세되는 절세형 상품이다.
③ 무배당 파워저립보험 2109는 절세형상품으로 관련 세법에서 정하는 요건에 부합하는 경우 이자소득에 비과세 혜택이 주어진다.
④ 무배당 우체국온라인연금저축보험 2109를 중도에 해지하는 경우에는 분리과세를 적용할 수 없다.

18

〈보기〉의 내용을 모두 충족하는 보험상품으로 옳은 것은?

─┤ 보기 ├─
- 각종 질병, 사고 및 주요성인질환 종합 보장
- 3대질병 진단(최대 3,000만원), 중증수술(최대 500만원) 및 중증장해(최대 5,000만원) 고액 보장
- 0세부터 65세까지 가입 가능한 건강보험
- 10년 만기 생존 시마다 건강관리자금 지급
- "국민체력100" 체력 인증시 보험료 지원혜택 제공
- 세제혜택 : 근로소득자는 납입한 보험료(연간 100만원 한도)에 대하여 12% 세액공제

① 무배당 우체국와이드건강보험 2112
② 무배당 우체국급여실손의료비보험(갱신형) 2109
③ 무배당 우체국건강클리닉보험(갱신형) 2109
④ 무배당 우체국간편가입건강보험(갱신형) 2109

19

우체국보험의 계약유지에 대한 설명으로 옳은 것은?

① 피보험자는 해지된 날부터 3년 이내에 체신관서가 정한 절차에 따라 계약의 부활을 청약할 수 있다.
② 보험계약자가 보험수익자를 변경하는 경우, 보험금의 지급사유가 발생하기 전에 변경 전 보험수익자의 동의를 받아야 한다.
③ 보험료의 자동대출 납입 기간은 최초 자동대출 납입일부터 1년을 최고한도로 하며 그 이후의 기간은 보험계약자가 재신청을 하여야 한다.
④ 보험계약자가 고의로 보험금 지급사유를 발생시킨 경우, 체신관서는 그 사실을 안 날부터 1개월 이내에 계약을 해지할 수 있으며 책임준비금을 보험계약자에게 지급한다.

20

보험계약 고지의무에 대한 설명으로 옳은 것을 〈보기〉에서 모두 고른 것은?

─┤ 보기 ├─
㉠ 고지의무 당사자는 보험계약자, 피보험자, 보험수익자이다.
㉡ 고지의무는 청약 시에 이행하고, 부활 청약 시에는 면제된다.
㉢ 보험자가 고지의무 위반 사실을 안 날로부터 1개월 이상 지났을 때에는 보험계약을 해지할 수 없다.
㉣ 보험자는 고지의무 위반 사실이 보험금 지급 사유 발생에 영향을 미치지 않았음이 증명된 경우 보험금을 지급할 책임이 있다.

① ㉠, ㉡
② ㉠, ㉢
③ ㉡, ㉣
④ ㉢, ㉣

제4과목 컴퓨터 일반(기초영어 포함)

01

클라우드 컴퓨팅을 위한 기술 중 분산된 물리적 자원을 통합된 논리적 자원으로 관리하는 기술을 무엇이라 하는가?

① N 스크린 ② 가상화
③ 오픈 인터페이스 ④ 프로비저닝

02

마이크로 동작(operation)에 대한 설명으로 옳지 않은 것은?

① 마이크로 동작 시간은 CPU 속도의 척도로 사용된다.
② 한 개의 클럭 펄스 동안 실행되는 기본 동작이다.
③ 마이크로 동작 과정이 생략되어도 명령어 수행은 가능하다.
④ 마이크로 동작은 제어신호에 따라 순차적으로 일어난다.

03

다음 함수 f(4)를 호출했을 때 최종 반환값은?

```
int f(int n)
if(n <= 0) return   0 ;
if(n == 1) return   1 ;
else return (f(n-1)   +  f(n-2)) ;
```

① 3 ② 4
③ 5 ④ 6

04

다음 중 애자일(agile) 방법론에 대한 설명으로 옳지 않은 것은?

① 공정과 도구보다 개인과 상호작용을 더 가치 있게 여긴다.
② 동작하는 소프트웨어보다는 포괄적인 문서를 가치 있게 여긴다.
③ 계약 협상보다는 고객과의 협력을 가치 있게 여긴다.
④ 계획을 따르기보다 변화에 대응하기를 가치 있게 여긴다.

05

관계 대수 연산자 중 가장 비용이 많이 드는 것은?

① PROJECT ② UNION
③ SELECT ④ JOIN

06

아래 후위식으로 표기된 수식을 연산한 결과는?

$$4\ 5\ +\ 2\ 3\ *\ -$$

① 3 ② 5
③ 9 ④ 12

07

공개키(public key) 암호화 방식에 대한 설명으로 옳지 않은 것은?

① 공개키와 비밀키가 한 쌍으로 생성된다.
② 인증 기능이 있어 전자서명 생성이 가능하다.
③ 개인키는 어떠한 경우라도 비밀이 유지되어야 한다.
④ 다른 암호 방식보다 암호 속도가 빠르다.

08

캐시메모리에서 캐시 접근시간 100ns, 주기억장치 접근시간 $1\mu s$, 적중율이 85%일 때 평균 메모리 액세스 시간은?

① $125\mu s$ ② $235\mu s$
③ 125ns ④ 235ns

09

아래의 UML 모델에서 '차' 클래스와 각 클래스의 관계로 옳은 것은?

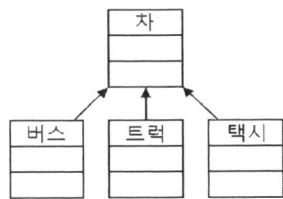

① 집합 관계(Aggregation)
② 의존 관계(Dependency)
③ 일반화 관계(Generalization)
④ 그룹 관계(Realization)

10

아래 〈보기〉의 Java 프로그램의 실행 결과는?

```
class A {
    public void f() { System.out.print("1"); }
    public static void g() { System.out.print("2"); }
}
class B extends A {
    public void f() { System.out.print("3"); }
}
class C extends B {
    public static void g() { System.out.print("4"); }
}
public class D {
    public static void main(String args[]) {
        A obj = new C();
        obj.f();
        obj.g();
    }
}
```

① 3, 2　　② 3, 4
③ 1, 2　　④ 1, 4

11

주기억장치가 4개로 분할되어 있고, 각 분할마다 아래 표처럼 작업이 할당되었을 때 내부 단편화와 외부 단편화를 포함하는 전체 단편화 크기는?

분할 영역	분할의 크기(K)	작업의 크기(K)
1	200	100
2	100	150
3	200	100
4	300	400

① 300　　② 400
③ 500　　④ 600

12

여러 개의 시스템이 존재할 때 한번의 로그인을 통해서 인증에 성공하면 다른 시스템에 대한 접근 권한도 얻을 수 있는 통합 인증 시스템을 의미하는 것은?

① SSO　　② 방화벽
③ IDS　　④ SOA

13

회원정보는 CUST, 상품정보는 PROD, 테이블이 있을 때 "상품 단가가 200원 이상인 제품을 구입한 회원들의 성명(CNAME), 품명(PNAME), 단가(PRICE)를 검색하라"는 SQL질의문에서 괄호 안에 들어갈 알맞은 내용은?

```
SELECT CNAME, PNAME, PRICE
FROM PROD, CUST
WHERE (        ) AND PRICE >=200
```

① PNO=PNO
② PROD.PNO=PNO
③ PNO=CUST.PNO
④ PROD.PNO=CUST.PNO

14

객체 지향 오버라이딩(Overriding)에 대한 설명으로 옳은 것의 개수는?

> ㉠ 상속받은 부모 클래스의 메소드를 자식 클래스에서 재정의하는 것이다.
> ㉡ 메소드 이름은 물론 매개변수의 타입과 개수까지도 일치해야 한다.
> ㉢ 하나의 클래스에 여러 개의 생성자를 가질 수 있음을 의미한다.
> ㉣ 하나의 메소드를 이용하여 서로 다른 내용을 구현하는 다형성을 실현할 수 있다.
> ㉤ 객체 접근 시 자식 클래스의 기능은 가려지고 부모 클래스의 기능만 수행하게 된다.

① 2개
② 3개
③ 4개
④ 5개

15

다음의 트리를 후위순회(Postorder)로 운행할 때 노드 E는 몇 번째로 검사되는가?

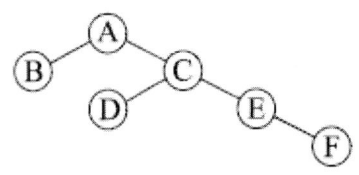

① 2번째
② 3번째
③ 4번째
④ 5번째

16

소프트웨어 프로젝트의 계획 단계에서 사용되는 방법이나 도구를 모두 고른 것은?

> ㉠ 간트도표(Gantt Chart)
> ㉡ CPM(Critical Path Method) 네트워크
> ㉢ 나씨-슈나이더만(Nassi-Shneiderman) 도표
> ㉣ 기능점수(Function Point)

① ㉠, ㉢
② ㉢, ㉣
③ ㉠, ㉡, ㉣
④ ㉠, ㉡, ㉢, ㉣

17

서비스 거부 공격(DOS)에 대한 설명 중 틀린 내용은?

① 공격자가 시스템의 서비스 권한을 취득하는 게 목적이다.
② 수신자의 용량 초과를 발생하게 하여 통신 서비스를 거부한다.
③ 시스템의 가용성을 파괴하는 공격이다.
④ 인터넷에 연결된 일련의 시스템들을 이용해 단일 사이트에 대한 공격을 시도하는 분산 서비스 거부(DDOS) 형태도 있다.

18

아래 시트에서 [A2:A4] 영역의 데이터를 이용하여 [C2:C4] 영역처럼 표시하려고 할 때, [C2]에 입력할 수식으로 옳은 것은?

	A	B	C
1	주소	사원수	출신지
2	서귀포시	10	서귀포
3	여의도동	90	여의도
4	김포시	50	김포

① =LEFT(A2, LEN(A2)-1)
② =RIGHT(A2, LENGTH(A2)) -1
③ =MID(A2, 1, VALUE(A2))
④ =LEFT(A2, TRIM(A2))-1

19

다음 글의 제목으로 가장 적합한 것은?

From computers to compact-disc players, railway engines to robots, the origins of today's machines can be traced back to the elaborate mechanical toys that flourished in the eighteenth century. As the first complex machines produced by man, automata represented a proving ground for technology that would later be harnessed in the industrial revolution. But their original uses were rather less utilitarian. Automata were the playthings of royalty, both as a form of entertainment in palaces and courts across Europe and as gifts sent from one ruling family to another. As a source of amusement, the first automata were essentially scaled-down versions of the elaborate mechanical clocks that adorned cathedrals. These clocks provided the inspiration for smaller and increasingly elaborate automata. As these devices became more complicated, their time-keeping function became less important, and automata became first and foremost mechanical amusements in the form of mechanical theaters or moving scenes.

① toy industry
② The history of machine
③ The industrial revolution
④ The function of a clock

20

다음 빈칸에 들어갈 단어로 적합한 것은?

When Ali graduated, he decided he didn't want to join the ranks of commuters struggling to work every day. He wanted to set up his own online gift-ordering business so that he could work from home. He knew it was a risk but felt he would have at least a fighting chance of success. Initially, he and a college friend planned to start the business together. Ali had the idea and Igor his friend, had the money to invest in the company. But then just weeks before the launch, Igor dropped a _____: he said he no longer wanted to be part of Ali's plans. Despite Ali's attempts to persuade him to hang fire on his decision, Igor said he was no longer prepared to take the risk and was going to beat a retreat before it was too late. However, two weeks later Igor stole a march on Ali by launching his own online gift-ordering company. Ali was shell-shocked by this betrayal, but he soon came out fighting. He took Igor's behaviour as a call to arms and has persuaded a bank to lend him the money he needs. Ali's introduction to the business world has certainly been a baptism of fire, but I'm sure he will be really successful on his own.

① bombshell ② gift
③ money   ④ plans

제3회 동형모의고사

일시 / 시험 시간 80분 / 맞은 개수 / 80

제1과목 한국사(상용한자 포함)

01

다음에 제시된 사회의 모습에 대한 설명으로 바르지 않은 것은?

> 사람을 죽인 자는 즉시 죽이고, 남에게 상처를 입힌 자는 곡식으로 갚는다. 도둑질을 한 자는 노비로 삼는다. 용서를 받고자 하는 자는 한 사람마다 50만 전을 내야 한다.……여자는 모두 정조를 지키고 신용이 있어 음란하고 편벽된 짓을 하지 않았다.

① 형벌과 초보적인 노비 제도가 발생하였다.
② 『삼국지』 위서동이전에 일부 조목의 내용만이 전해지고 있다.
③ 만민법(萬民法)적 성질을 띤 보복적 관습법이 존재했다고 할 수 있다.
④ 가부장적 가족 제도가 확립되었음을 추측할 수 있다.

02

각 나라별 생활과 풍속에 대한 설명으로 옳은 것은?

① 삼한 – 지배자 중 세력이 큰 자는 저수지 관리권을 가진 신지·견지 등으로, 작은 자는 읍차·부례 등으로 불렸다.
② 동예 – 가족이 죽으면 시체를 가매장하였다가 나중에 그 뼈를 추려서 가족 공동의 무덤인 커다란 목곽에 안치하였다.
③ 부여 – 길흉을 점치기 위해 소를 죽였고, 부장품만 묻는 후장(厚葬)의 풍습이 있었다.
④ 옥저 – 단궁이라는 활과 과하마, 반어피 등이 유명하였다.

03

다음의 고분 벽화를 남긴 나라와 관계가 없는 사실은?

① 서역 계통의 영향을 받아 전실과 후실 사이에 팔각형의 돌기둥이 있는 고분이 있다.
② 남조계 벽돌무덤으로 벽과 천장에 사신도와 연꽃무늬, 구름무늬 같은 벽화가 있다.
③ 은하수를 사이에 두고 고삐를 쥐고 소를 끄는 견우상, 그 뒤쪽에는 개를 데리고 서 있는 직녀상이 그려져 있다.
④ 도교적 성격을 지녔으며, 남성적인 패기와 진취성을 엿볼 수 있다.

04

다음 〈보기〉의 사건을 시대 순으로 바르게 나열한 것은?

─┤ 보기 ├─
㉠ 백제가 고구려를 피해 남쪽의 웅진으로 천도하였다.
㉡ 백제의 성왕이 관산성 전투에서 전사하였다.
㉢ 고구려가 수 양제의 군대를 살수에서 크게 격파하였다.
㉣ 신라가 한강 유역을 확보하는 과정에서 단양적성비를 건립하였다.
㉤ 금관가야가 신라에게 복속되었다.

① ㉠-㉡-㉢-㉣-㉤
② ㉠-㉤-㉡-㉣-㉢
③ ㉡-㉢-㉣-㉤-㉠
④ ㉢-㉣-㉤-㉠-㉡

05

통일신라 시대 경제생활에 대한 설명으로 옳지 않은 것은?

① 일반 농민은 자기 토지를 경작하는 것 외에도 관청 소유지를 공동경작하기도 하였다.
② 호(戶)는 상상호(上上戶)에서 하하호(下下戶)까지 9등급으로 나누어 파악하였다.
③ 귀족들은 당이나 아라비아에서 수입한 비단, 양탄자, 유리 그릇, 귀금속 등 사치품을 사용하였다.
④ 1933년 일본 도다이사 정창원에서 발견된 민정문서는 경주를 중심으로 하는 4개의 자연 촌락에 대한 조사이다.

06

다음에 제시되는 상황에 맞서 고려 정부가 실시한 정책이 아닌 것은?

> 무릇 과거에 나아가려는 자는 모두 9재에 적을 두니, 이를 문헌공도라 불렀다. 또 유신(儒臣 : 문신)으로 도(徒)를 세운 자가 11명이 있으니, 문헌공 최충의 도와 아울러 세칭 12도라 하였지만, 최충의 도가 가장 성하였다.
> — 『고려사』 —

① 서적포를 두어 도서 출판을 활발히 하였다.
② 학교 운영 자금을 위해 서경에 학보(學寶)를 설치하였다.
③ 경사교수도감을 설치하여 종전의 문학 중심 학풍을 경세 중심으로 바꾸었다.
④ 장학재단인 양현고를 설치하였다.

07

다음 정책을 실시한 왕에 대한 설명으로 옳은 것은?

> 2월에 왕이 전지(傳旨)를 내리기를, "옛날 소금을 전매하던 법은 국가의 경비에 대비하려는 것이었다. 우리나라에서는 여러 궁(宮)·원(院)·사(寺)·사(社)와 권세 있는 집들이 사사로이 염분(鹽盆)을 설치하여 그 이익을 독점하고 있으니, 국가의 경비는 무엇으로 넉넉하게 할 것인가. …… 소금을 사용하는 자들은 모두 의염창(義鹽倉)에 가서 사게 하며, 군·현의 사람들은 다 본래 관할하는 관사(官司)에서 베를 바치고 소금을 받아가게 하라."

① 정방의 폐지를 시도하고 사림원을 설치하여 왕명 출납을 담당하게 하였다.
② 무력으로 쌍성총관부를 공격하여 철령 이북의 땅을 수복하였다.
③ 왕권을 제약하고 신진사대부의 등장을 억제하고 있던 정방을 폐지하였다.
④ 전민변정도감을 설치하여 권문세족의 농장을 혁파해 토지와 노비를 본 주인에게 돌려주기도 하였다.

08

다음 제도에 대한 설명으로 옳지 않은 것은?

> 문종 때 설정한 구역을 기준으로 경기에 소속될 군현들을 정하고 좌·우도로 나누어 배치한다. 여기에 과전을 설치하고, 1품으로부터 9품과 *산직에 이르기까지의 관리를 18과로 나누어 이를 지급한다. … (중략) … 경성(京城)에 살면서 왕실을 시위하는 자는 과에 따라 토지를 받는다. 제1과는 재내대군으로부터 문하시중에 이르기까지로 150결이고, … (중략) … 제18과는 **권무, 산직으로 10결이다.
>
> *산직 : 일정한 관직이 없고 관계(官階)만 있는 관리
> **권무 : 임시직

① 수조율을 그 해 생산량의 10분의 1로 정하였다.
② 수조권을 지닌 전주가 직접 토지를 소유하고 있는 농민에게 조를 거두었다.
③ 관리의 유가족이 수신전, 휼양전의 명목으로 과전을 물려받을 수 있게 하였다.
④ 관리가 관직에서 물러나면 과전을 국가에 반환하도록 하였다.

09

다음 글에 나타난 사상과 관련된 설명으로 옳은 것을 〈보기〉에서 모두 고른 것은?

> 빛나도다. *삼청(三淸)이시여! 능히 사람이 생존할 때나 죽음에 이르러서도 건져 주십시오. 정성스러운 생각이 마땅히 하늘과 통하니, 이에 작은 정성을 바쳐 감히 상제(上帝)가 들어주시기를 원하나이다. …(중략)… 이에 소격전을 세우고 엄숙한 기도의 의식을 거행합니다.
>
> *삼청(三淸) : 최고신의 명칭으로 상제의 또 다른 이름

── 보기 ──
㉠ 고구려의 승려인 보덕은 고구려 보장왕이 이 사상을 받아들이고 불교를 배척하는 것에 회의를 느껴 열반종을 전파하였다.
㉡ 신라에서는 이 사상이 사람의 행위에 따라 업보를 받는다는 이론으로 널리 퍼졌다.
㉢ 통일신라 때 도선은 이 사상을 바탕으로 「도선비기」를 지었다.
㉣ 고려 시대에는 묘청의 서경 천도 운동의 이론적 근거가 되었다.
㉤ 조선 시대에 참성단에서 일월성신에게 지낸 초제는 이 사상이 반영된 것이다.
㉥ 조선 후기에 이 사상이 유행하여 말세의 도래, 왕조의 교체 등 근거 없는 낭설로 민심을 혼란시켰다.

① ㉠, ㉤ ② ㉠, ㉢, ㉥
③ ㉡, ㉥ ④ ㉡, ㉣, ㉤

10

조선 시대의 한양에 대한 설명으로 옳지 않은 것은?

① 정도전은 궁궐과 전각에 유교적 윤리 덕목이 담긴 이름을 붙였다.
② 태종 때 도성축조도감을 설치하고 한양 도성 축조를 시작하였다.
③ 행정구역은 도성(都城)과 성저(城底)로 구성되었다.
④ 남대문은 칠패, 동대문에 이현 등의 시장이 형성되었다.

11

밑줄 친 제도를 통해 등용된 사람들에 대한 내용으로 옳지 않은 것은?

> 지난번에 아뢰었던 천거로 인재를 뽑는 일은 여럿이 의논한 일입니다. …… 혹 나중에 폐단이 있을까 염려되고, 혹 공평하지 못할까 염려되기는 하나 대체로 좋은 일이니, 비록 한두 사람이 천거에 빠진다 하더라도 주저할 것 없이 시행해야 합니다. 공론이 없는 때라면 그만이겠지만, 공론이 있으니 어찌 한두 사람에게 잘못이 있을 것을 염려하여 좋은 일을 폐지하겠습니까?
>
> ─『중종실록』─

① 주례를 통치이념으로 중시하였다.
② 조광조가 대표적인 인물이다.
③ 언관직에 진출하여 훈구세력의 잘못을 비판했다.
④ 후에 사화로 인해 정치적인 타격을 입었다.

12

다음과 같이 주장한 (가)와 (나)에 대한 설명으로 옳지 않은 것은?

> (가) 사단과 칠정이 다 같이 하나의 정감이지만 사단은 인의예지라는 본성에서 발동해서 나오고, 칠정은 기질에서 발동해 나온다. …… 사단은 이치가 발동하여 기운이 따라오는 것이고, 칠정은 기운이 발하여 이치가 타고 올라오는 것이다.
> (나) 이(理)는 형체가 없고 기(氣)는 형체가 있으며, 이는 작용이 없고 기는 작용이 있다. …… 이는 두루 통하고 기는 국한되며, 이는 작용이 없고 기는 작용이 있기 때문에 기가 발하며 이가 타는 것이다.

① (가)의 건의로 소수서원이 최초의 사액 서원이 되었다.
② (가)의 사상은 일본 성리학 발달에 영향을 주었다.
③ (가)는 『성학십도』를, (나)는 『성학집요』를 저술하였다.
④ (가)의 학파는 서인을, (나)의 학파는 동인을 형성하였다.

13

지도는 동학 농민 운동의 전개 과정을 나타낸 것이다. (가)~(라)에 관한 내용으로 옳지 않은 것은?

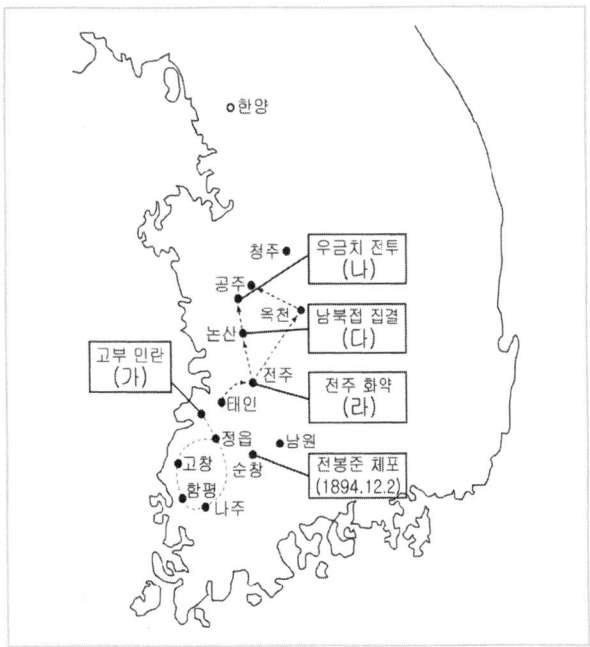

① (가) - 군수 조병갑의 학정에 항거하여 관아를 습격하였다.
② (나) - 농민군은 일본군과 관군 연합군에 패배하였다.
③ (다) - 거병의 주요 목표는 탐관오리의 숙청, 조세 수탈의 시정 등이었다.
④ (라) - 이후 농민군은 집강소를 설치하였다.

14

다음 두 건물의 완공 사이에 나타난 역사적 사실로 적절하지 않은 것은?

명동성당   원각사

① 을사조약이 체결되고 통감부가 설치되었다.
② 일제는 남한대토벌 작전으로 의병을 진압했다.
③ 헤이그 특사 파견으로 고종이 강제 퇴위 당했다.
④ 최초의 중등 교육 기관인 한성 중학교가 설립되었다.

15

다음 칙령에 의해 성립된 내각에서 추진했던 개혁으로 옳은 것은?

> 제1호 내가 재가한 공문 식제(式制)를 반포하게 하고 종전의 공문 반포 규례는 오늘부터 폐지하며 승선원, 공사청도 아울러 없애도록 한다.
> 제3호 내가 동지날에 백관들을 거느리고 태묘(太廟)에 나아가 우리나라가 독립하고 모든 제도를 이정(釐正)한 사유를 고하고, 다음 날에는 태사(太社)에 나아가겠다.
> 제4호 박영효를 내무대신으로, 서광범을 법무대신으로 … (중략) … 삼도록 하라고 명하였다.
> - 이상은 총리대신 김홍집, 외무대신 김윤식, 탁지대신 어윤중, 학무대신 박정양이 칙령을 받았다.

① 태양력을 사용하기 시작하였다.
② 서울에 친위대, 지방에 진위대를 설치하였다.
③ 과거제를 폐지하고, 신분제를 철폐하였다.
④ 재판소를 두어 사법권을 행정 기관으로부터 독립시켰다.

16

다음과 같은 글이 발표되었던 신문에 대한 설명으로 옳지 않은 것을 〈보기〉에서 모두 고른 것은?

> 아, 4천년의 강토와 5백년의 사직을 남에게 들어 바치고, 2천만 생령들로 하여금 남의 노예가 되게 하였으니, …… 노예 된 동포여! 살았는가, 죽었는가? 단군·기자 이래 4천년 국민 정신이 하룻밤 사이에 홀연 망하고 말 것인가. 원통하고 원통하다. 동포여! 동포여!

─ 보기 ─
㉠ 우리나라 최초의 신문이다.
㉡ 국한문 혼용체로 발행되었다.
㉢ 영국인 베델이 발행하였다.
㉣ 을사조약에 항거한 글을 실었다.
㉤ 국채 보상 운동에 참여하였다.

① ㉠, ㉢
② ㉡, ㉣
③ ㉠, ㉢, ㉤
④ ㉡, ㉢, ㉣

17

다음 내용과 관련 있는 사건에 대한 설명으로 옳지 않은 것은?

> 1. 부정 공개 투표의 창안 집단을 법으로 처벌하라.
> 2. 권력에 아부하는 간신배를 축출하라.
> 3. 국민의 자유로운 의사표시를 허용하라.
> 4. 경찰은 국민의 권리와 자유를 침해하지 마라.
> 5. 정부는 마산 사건의 전 책임을 져라.

① 민주당은 "못 살겠다. 갈아 보자!"라는 선거 구호를 내세워 국민들에게 큰 호응을 얻었다.
② 내각책임제 정부와 양원제 의회가 출범하였다.
③ 호헌 철폐, 독재 타도, 민주 헌법 쟁취를 외치며 전국적으로 시위를 벌여 나갔다.
④ 민주·자주·통일 운동을 전개함으로써 민주주의는 새롭게 발전할 수 있게 되었다.

18

다음에 제시된 협정에 대한 설명으로 옳지 않은 것은?

> 대한민국과 일본은 양국 국민 관계의 역사적 배경과 선린 관계와 주권 상호 존중의 원칙에 입각한 양국 관계의 정상화에 대한 상호 희망을 고려하며, 양국의 상호 복지와 공통 이익을 증진하고 국제 평화와 안전을 유지하는 데 있어서 양국이 국제연합 헌장의 원칙에 합당하게 긴밀히 협력함이 중요하다는 것을 인정한다.

① 민정 이양 전부터 김종필과 오히라 간에 회담이 진행되고 있었다.
② 한국인 고용원에 대한 자유로운 해고를 인정하며, 형사 재판 관할권의 행사에서도 주도권을 부여하는 등 불평등 조항을 대거 포함하였다.
③ 시민과 대학생들의 반대에 부딪혀 6·3 시위를 유발하였다.
④ 식민지 지배에 대한 보상과 일본의 사죄 문제는 해결되지 못하였다.

19

밑줄 친 한자 성어의 사용이 적절하지 않은 것은?

① 그는 모든 일에 <u>能小能大</u>한 행동으로 부서에서 좋은 평가를 받았다.
② 그는 워낙 고집이 세서 아무리 말을 해도 <u>牛耳讀經</u>일 것이 분명하다.
③ 그가 어린 시절 뛰놀던 고향은 <u>淸風明月</u>이라는 비유가 어울릴 만큼 크게 변하였다.
④ 그가 어린아이티를 못 벗고 매사에 <u>天方地軸</u>이라는 소문이 빠르게 퍼졌다.

20

한자 표기가 적절하지 않은 것은?

① 그에게 사람들의 <u>非難</u>과 <u>叱責</u>이 쏟아졌다.
② 그분은 우리에게 <u>尊敬</u>과 <u>欽慕</u>의 대상이었다.
③ 진상의 <u>隱蔽</u>는 <u>波紋</u>을 <u>擴散</u>시킬 뿐이다.
④ <u>外來文化</u>에 대한 무비판적 <u>受容</u>은 <u>指向</u>되어야 한다.

제2과목 우편상식

01

다음 중 우편의 의의로 틀린 것은?

① 우편은 국민이 일상생활에서 평균적인 삶을 꾸릴 수 있도록 국가가 제공하는 기본적인 사회 서비스 가운데 하나이다.
② 넓은 의미의 우편은 우정사업본부가 책임지고 서신 등의 의사를 전달하는 문서나 통화, 그 밖의 물건을 나라 안팎으로 보내는 업무를 의미한다.
③ 우편은 주요 통신수단의 하나로 모든 분야에서 정보를 전달하는 중추신경과 같은 임무를 수행한다.
④ 우편은 실체를 전달한다는 점에서 전기적인 방법으로 정보를 전달하는 전기통신과는 구별된다.

02

다음 중 우편이용 계약의 성립시기로 적절한 것은?

① 우체국 창구에서 우표를 붙였을 때
② 우체통에 넣은 때
③ 집배원 접수 시 집배원에게 물건을 건넸을 때
④ 우편물이 수취인에게 도달했을 때

03

다음 중 소포우편물의 접수에 대한 설명으로 옳지 않은 것은?

① 등기소포는 우편물의 해당 금액을 현금으로 즉납만 가능하다.
② 착불소포는 우편물의 수취인에게 우편요금(수수료 포함)을 수납하여 세입 처리한다.
③ 내용품에 대하여 발송인이 허위로 진술한다고 의심이 가는 경우에는 개피를 요구하고 내용품을 확인하며, 발송인이 이를 거부할 때에는 접수를 거절할 수 있다.
④ 우편물의 포장상태 검사 시 내용품의 성질, 모양, 용적, 중량 및 송달거리 등에 따라 송달 중에 파손되지 않고 다른 우편물에 손상을 주지 않으며 질긴 종이 등으로 튼튼하게 포장하였는지를 확인해야 한다.

04

다음은 일반소포와 등기소포의 차이점을 설명한 것이다. 바르지 않은 것은?

① 일반소포는 기록하지 않으나 등기소포는 접수에서 배달까지의 송달과정을 기록취급한다.
② 등기소포는 분실·훼손·지연배달 시 손해배상 청구가 가능한 데 반해, 일반소포는 지연배달 시에만 손해배상 청구가 가능하다.
③ 등기소포는 반송 시 반송수수료(등기통상취급수수료)를 징수하지만 일반소포는 반송수수료를 징수하지 않는다.
④ 등기소포는 부가취급서비스가 가능하나, 일반소포는 부가취급서비스가 불가능하다.

05

우편엽서의 규격요건에 대한 설명으로 옳지 않은 것은?

① 특정부분 튀어나옴·눌러찍기·돋아내기·구멍뚫기 등이 없이 균일해야 하지만 종이·수입인지 등을 완전히 밀착하여 붙인 경우나 점자 기록은 허용된다.
② 문자나 도안을 표시하는 경우 전체 면적의 20% 범위를 넘지 않는 정도에 한하여 발광물질을 사용할 수 있다.
③ 수취인 주소와 우편번호를 정확히 기재해야 하며, 일체의 가려짐 및 겹침이 없어야 한다. 이때 수취인 우편번호는 상·하·좌·우에 4㎜ 이상의 여백이 있어야 한다.
④ 우편번호 작성란을 인쇄하는 경우에는 5개의 칸으로 구성하여야 한다.

06

다음 중 방문접수소포(우체국소포)에 대한 설명으로 옳지 않은 것은?

① 방문소포는 개별방문소포와 계약소포로 구별된다.
② 계약소포의 경우 지방우정청장의 특별감액이 가능하다.
③ 우편관서와 발송인이 사전 계약에 따라 계약소포 물품을 편의점 등의 일정한 장소에 모아 일괄하여 계약소포로 발송하는 것을 다수지 발송계약이라 한다.
④ 계약소포 발송 전에 '업체명, 내용품, 발송시각, 주소, 이벤트 홍보 문안' 등을 문자로 미리 알려 주는 서비스를 LMS(Long Message Service) 문자전송 서비스라고 한다.

07

다음 중 물품등기로 취급하기에 적절치 않은 것은?

① 다이아몬드
② 금을 재료로 한 고가의 시계
③ 신용카드
④ 상품권

08

국내 우편요금에 대한 설명으로 옳지 않은 것은?

① 동일한 10통 이상의 우편물에 중량이 다른 1통의 우편물이 추가되는 경우에는 별납으로 접수할 수 없다.
② 요금후납 계약을 위한 담보금액은 1개월분의 우편요금 등을 개략적으로 추산한 금액의 2배 이상이다.
③ 요금수취인부담 우편물의 발송 유효기간은 계약일로부터 2년이 원칙이다. 다만, 국가기관, 지방자치단체 또는 정부투자기관에 있어서는 발송 유효기간을 제한하지 아니할 수 있어 2년을 초과하여 발송 유효기간을 정할 수 있다.
④ 소포우편물의 창구접수(등기소포), 방문접수 우편요금(부가취급수수료 제외)에 대한 감액이 가능하지만, 창구접수 감액은 접수정보를 고객이 사전에 제공했을 때만 적용할 수 있다.

09

다음 중 우편물의 손실보상 범위에 해당하지 않는 것은?

① 우편업무 수행 중에 우편운송원, 우편집배원, 우편전용 비행기·차량·선박 등의 통행료를 지급하지 아니하고 도로, 교량을 통행한 경우
② 운송원의 조력을 받았을 경우 조력자에 대한 보상
③ 우편업무 수행 중에 도로의 장애로 담장 또는 울타리 없는 택지, 전답, 기타의 장소를 통행한 경우 이로 인하여 입은 손실을 피해자가 보상 청구하는 경우
④ 우편물을 교부할 때 외부에 파손의 흔적이 있거나 또는 중량의 차이가 있는 경우

10

우편물 배달의 특례에 대한 설명으로 옳지 않은 것은?

① 동일건물 내의 수취인에게 배달할 우편물은 그 건축물이나 구내의 관리사무소, 접수처, 관리인에게 일괄 배달이 가능하다.
② 사서함 우편물 중 등기우편물은 따로 보관했다가 주민등록증 등 신분증으로 정당한 수령인인지 반드시 확인한 후 우편물을 내어준다.
③ '우체국 보관'의 표시가 있는 우편물의 보관기간은 우편물이 도착한 다음 날부터 계산하여 10일로 한다.
④ 집배원 배달 전이나 배달하지 못해 반송하기 전 보관하고 있는 우편물은 수취인의 청구에 의해서 창구 교부한다. 단, 선박이나 등대로 가는 우편물에 대해서는 창구에서 교부할 수 없다.

11

다음 중 휴가철 등 장기간 집을 비울 때 우편물 배달에 관한 설명으로 옳은 것은?

① 수취인이 장기부재 신고서에 돌아올 날짜가 15일 이내라고 미리 신고한 경우 돌아올 날짜의 다음 날에 배달한다.
② 수취인 주소지에 동거인이 있는 경우라도 배달해서는 안 된다.
③ 돌아올 날짜가 15일 이후일 경우 그 우편물을 배달우체국에 보관한다.
④ 수취인 주소지에 동거인이 없는 경우 즉시 반송한다.

12

국내우편물 배달에 관한 설명으로 옳은 것은?

① 무인우편물 보관함이 설치된 경우, 모든 우편물을 수취인 부재 시 보관함에 배달할 수 있다.
② 수취인이 2명 이상인 경우에는 그중 1인에게 배달하는 것이 우편물 배달의 일반원칙이다.
③ 우편사서함 번호와 주소가 함께 기재된 우편물 중 익일특급우편물은 주소지에 배달하여야 한다.
④ 배달의 우선순위에서 일반통상우편물(국제선편통상우편물 중 서장 및 엽서 포함)은 제1순위에 해당된다.

13

다음이 설명하는 만국우편연합(UPU : Universal Postal Union)의 상설기관은 무엇인가?

> 총회에서 선출된 41개 국가로 구성되고 총회와 총회 사이의 기간에 연합의 활동을 감독 및 조정하고 우편에 관한 정부정책 및 감사 등과 관련된 사안을 담당한다.

① 관리이사회 ② 우편운영이사회
③ 국제사무국 ④ 집행이사회

14

다음 중 각 괄호 안에 들어가야 할 도시가 아닌 것은?

> ㉠ 만국우편연합의 전신인 일반우편연합의 탄생 근거가 된 협약은 (　　) 조약
> ㉡ 우리나라가 만국우편연합에 처음 참석한 총회는 (　　) 총회
> ㉢ 아시아·태평양우편연합의 창설대회가 열린 곳은 (　　)

① 마닐라 ② 베른
③ 워싱턴 ④ 로마

15

국제통상우편물에 관한 내용으로 옳은 것은?

① 우편엽서는 관제엽서와 사제엽서로 구분한다. 둘 다 우편요금을 표시하는 증표를 인쇄할 수 있다.
② 항공서간은 원형을 변경하여 사용할 수 없으며 등기로 발송할 수도 없다.
③ 인쇄물은 신속하고 간편하게 검사를 받을 수 있으면서도 그 내용품이 충분히 보호받을 수 있도록 포장되어야 한다.
④ 소형포장물은 무게가 가벼운 상품이나 선물 발송 시 이용하며, 송장 첨부는 할 수 없다.

16

다음 중 국제통상우편물에서 서장(Letter)에 대한 설명으로 바르지 않은 것은?

① 서장은 특정인에게 보내는 통신문(Correspondence)을 기록한 우편물(타자한 것을 포함)을 말한다.
② 멸실성 생물학적 물질 및 방사성 물질이 들어 있는 우편물은 서장에 포함되지 않는다.
③ 법규를 위반한 우편엽서, 항공서간 등은 서장으로 분류한다.
④ 물량이나 포장 상태를 보아 할인 요금을 미리 낸 우편물과 혼동할 수 있는 우편물인 경우에는 우편물의 주소 면에 서장임을 표시하는 'Letter'라는 단어를 추가한다.

17

다음 중 국제특급우편의 접수에 관한 설명으로 옳은 것은?

① 국제특급우편물의 기표지를 작성할 때에는 중량은 10g 단위로 기재하며, 달러 가격을 아라비아 숫자로 기록한다.
② 10만 원 이상의 물품일 경우 반드시 고객에게 보험 이용 여부를 문의한 후 이용할 때는 해당 칸에 표시해야 한다.
③ 내용물이 서류인 EE운송장인 경우 CN23 세관신고서를 사용한다.
④ 우리나라와 EMS를 교환하는 나라 중 상대국 보험취급 여부에 따라 보험취급도 할 수 있다.

18

국제소포우편물 운송장에 대한 설명으로 옳지 않은 것은?

① 접수담당자가 국제소포우편물의 운송장을 작성하여 소포우편물 외부에 떨어지지 않도록 부착한다.
② 국제소포우편물 운송장은 5연식으로 되어 있으며, 별도의 복사지 없이도 제1면의 기록 내용이 제5면까지 복사된다.
③ 운송장에는 우편물의 총중량(100g 미만의 단수는 100g 단위로 절상)과 요금, 접수우체국명, 접수일자 등을 접수담당자가 명확히 기록하여야 한다.
④ 운송장의 소포우편물 중량과 요금은 고쳐 쓸 수 없으므로 잘못 적지 않도록 각별히 주의하여야 한다.

19

서울에 사는 A씨는 미국 샌프란시스코로 유학 간 친구에게 EMS 배달보장서비스를 이용하여 선물을 보냈다. 9월 17일에 접수했다면 배달보장일은 언제인가?

① 9월 19일까지
② 9월 20일까지
③ 9월 22일까지
④ 9월 27일까지

20

다음 중 국제우편 요금체계를 나누는 기준에 해당하지 않는 것은?

① 운송편별
② 우편물종별
③ 국가권역별
④ 구성내용별

제3과목 금융상식

01
다음 환율에 대한 설명 중 옳지 않은 것은?
① 상품이나 서비스의 수출, 외국으로부터의 자본유입, 외국인에 의한 국내투자, 외국인의 국내여행 등은 외화의 공급요인에 해당한다.
② 수출이 늘어나거나 외국인 관광객이 증가하는 등 경상수지 흑자가 늘어나면 외화의 공급이 증가하므로 환율도 상승한다.
③ 환율이 상승하면 우리나라 화폐의 가치는 떨어진다.
④ 환율이 상승하면 경상수지가 개선된다.

02
직접금융에 대한 설명으로 옳지 않은 것은?
① 자금의 최종적 차입자가 자금의 최종적 대출자에게 주식이나 사채 등을 직접적으로 발행함으로써 자금을 조달하는 방식을 말한다.
② 장기설비 투자를 위한 자금 조달에 용이하다.
③ 최종적인 차입자가 발행하는 금융자산을 본원적 증권이라고 한다.
④ 차입자가 대출자의 자금을 흡수하는 방법으로서 본원적 증권만으로 충분하다.

03
甲은 우체국 정기예금인 연이율 5%의 단리이자상품과 5%의 복리이자를 적용하는 상품에 가입하여 1,000만 원을 입금하였다. 3년 후 甲이 받는 금액의 차이는 약 얼마인가? (단, 세금은 없는 것으로 가정하며, 만원 단위로 올림하여 계산한다)
① 20,000원   ② 40,000원
③ 80,000원   ④ 160,000원

04
다음 중 레버리지 투자에 대한 설명으로 옳지 않은 것은?
① 분산투자가 투자위험을 줄이기 위한 전략인 반면 레버리지 투자는 기대수익률을 높이기 위해 투자위험을 오히려 확대하는 전략이라고 할 수 있다.
② 레버리지 효과를 유발하기 위해서는 투자액 일부를 자기자본이 아닌 부채로 조달해야 한다.
③ 자기자본만으로 사업을 하는 것은 불가능하므로, 적절한 수준에서 부채를 사용하는 것이 바람직하다.
④ 레버리지를 높이기 위해 사용한 부채에는 이자부담이 수반되지 않는다는 장점이 있다.

05

다음 단기금융상품펀드(MMF)에 대한 설명 중 옳지 않은 것은?

① 펀드이므로 만기가 있어 입출금이 자유롭지 않은 상품이다.
② 고객의 돈을 모아 주로 CP(기업어음), CD(양도성예금증서), RP(환매조건부채권), 콜 자금이나 잔존만기 1년 이하의 안정적인 국공채로 운용하는 실적배당상품이다.
③ 자산운용회사가 운용하며 은행, 증권사, 보험사 등에서 판매한다.
④ 계좌의 이체 및 결제 기능이 없고, 예금자보호의 대상이 되지 않는다.

06

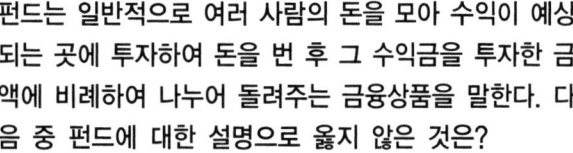

펀드는 일반적으로 여러 사람의 돈을 모아 수익이 예상되는 곳에 투자하여 돈을 번 후 그 수익금을 투자한 금액에 비례하여 나누어 돌려주는 금융상품을 말한다. 다음 중 펀드에 대한 설명으로 옳지 않은 것은?

① 펀드 자금을 운용하는 대가로 자산운용회사가 받은 돈을 운용보수라고 하며 매년 펀드 자산의 일정비율을 보수로 수취한다.
② 규모의 경제로 인해 비용을 절감할 수 있다.
③ 자산의 51% 이상을 주식에 투자하면 주식형 펀드, 채권에 51% 투자하면 채권형 펀드라 한다.
④ 펀드는 예금자보호대상이 아니며 투자성과에 따라 손실이 발생할 수도 있고 심지어 전액 원금 손실에까지 이를 수도 있다.

07

다음은 선물과 옵션에 대한 설명이다. 옳지 않은 것은?

① 선물거래의 가장 기본적으로 중요한 역할은 가격변동 리스크를 줄이는 헤징(hedging)기능이다.
② 옵션계약은 장래의 일정시점 또는 일정기간 내에 특정 기초자산을 정한 가격에 팔거나 살 수 있는 권리를 말한다.
③ 선물거래는 현물시장의 유동성 확대에도 기여한다.
④ 옵션계약은 거래할 기초자산의 가격을 고정시킴으로서 위험을 제거하는 원리이다.

08

예금거래의 성질에 대한 설명으로 옳지 않은 것은?

① 당좌예금은 위임계약과 소비임치계약이 혼합된 계약이다.
② 보통예금, 저축예금은 언제든지 입출금이 자유로우며 질권 설정도 가능하다.
③ 상호금융은 쌍무계약의 성질을 지닌 것으로 보아왔으며, 최근 편무계약으로 보아야 한다는 견해도 주장되고 있다.
④ 예금채권에 대한 질권의 효력은 그 예금의 이자에도 미친다.

09
다음 중 상속에 대한 옳은 설명은?

① 법정상속인 경우, 직계존속과 배우자는 1순위로 상속을 받게 된다.
② 배우자가 직계비속이나 직계존속과 공동상속인이 될 때, 상속분도 동일하다.
③ 대습상속의 원칙상 남편이 사망한 후 남편의 부모가 사망한 경우에 재혼하지 않은 처는 상속을 받을 수 없다.
④ 유류분이란 유증에 의한 경우에 법정상속인 중 직계비속과 배우자는 법정상속분의 2분의 1까지, 직계존속과 형제자매는 3분의 1까지 수증자에게 반환을 청구할 수 있는 권리를 말한다.

10
약관에 대한 설명으로 옳지 않은 것은?

① 약관은 당해 예금상품의 약관, 예금별 약관, 예금거래기본약관 순으로 적용된다.
② 약관의 조항은 우체국과 예금주 사이에 개별적으로 합의한 사항에 우선한다.
③ 약관 계약을 위해서는 약관을 계약의 내용으로 하기로 하는 합의가 있어야 한다.
④ 계약의 해지, 기업의 면책사항, 고객의 계약위반시의 책임가중 등 중요한 내용은 고객에게 설명해야 한다.

11
우체국 체크카드에 대한 설명으로 옳지 않은 것은?

① 2022년 12월 기준 우체국 체크카드는 개인 16종, 법인 4종 등 총 20종의 상품이 있다.
② 우체국 우리동네 Plus 체크카드는 전국 가맹점뿐만 아니라 지역별 가맹점을 포함한 지역별 추가 캐시백 혜택을 제공하는 특화 카드이다.
③ 성공파트너 체크카드는 건설업에 종사하는 건설근로자를 위한 특화카드이다.
④ 우체국 체크카드는 회원이 가입신청서를 작성하여 카드 발급을 요청하면 우체국에서 이를 심사하여 금융단말기에 등록하고, 카드를 교부함으로써 효력이 발생한다.

12
예금자 보호에 대한 설명으로 옳지 않은 것은?

① 일반은행은 예금자보호법에 따라 예금자 원금과 소정의 이자를 포함하여 1인당 5천만 원까지 보호된다.
② 농협은행 및 수협은행 본·지점의 예금은 일반은행처럼 예금자보호법에 따라 보호된다.
③ 농·수협 지역조합의 예금은 예금자보호법에 따른 보호대상이 아니기 때문에 보호를 받을 수 없다.
④ 정부·지방자치단체·한국은행·금융감독원·예금보험공사 및 부보금융회사의 예금은 보호대상에서 제외된다.

13
보험료 계산의 기초에 대한 설명으로 옳지 않은 것은?

① 예정이율이 낮아지면 보험료는 비싸지고, 예정이율이 높아지면 보험료는 싸진다.
② 예정사업비율이 낮아지면 보험료는 싸지고, 예정사업비율이 높아지면 보험료는 비싸진다.
③ 순보험료는 장래의 보험금 지급의 재원이 되는 보험료로 위험보험료와 저축보험료로 분리할 수 있다.
④ 보험료는 대수의 법칙에 의거하여 예정사망률, 예정이률, 예정사업비율의 3대 예정률을 기초로 계산한다.

14
다음 중 보험계약의 성립과 철회에 관한 서술로 틀린 것은?

① 보험계약은 보험계약자의 청약과 보험자의 승낙으로 성립된다.
② 보험계약자는 청약을 한 날 또는 제1회 보험료를 낸 날로부터 20일 이내에 청약을 철회할 수 있다.
③ 보험자는 계약자의 청약에 의해 피보험자가 계약에 적합하지 않을 경우 계약을 거절할 수 있다.
④ 보험계약은 초일을 산입하지 않는다.

15
다음 중 옳지 않은 것은?

① 보험사가 위험 변경 증가의 통지를 받은 때에는 1월 내에 보험료의 증액을 청구할 수 있다.
② 보험사고 발생 시 보험계약자 등의 통지 해태로 인해 손해가 증가된 때에는 보험자는 그 증가된 손해를 보상할 책임이 없다.
③ 보험기간 중에 보험계약자 또는 피보험자가 위험 변경 증가의 통지 의무를 세을리 한 때에는 보험사는 그 사실을 안 날로부터 15일 내에 한하여 계약을 해지할 수 있다.
④ 보험자는 보험료 지급 최고 후 해당 기간 내에 보험계약자가 보험료의 지급을 지체한 경우 별도의 해지 통보를 통해 계약을 해지할 수 있다.

16
우체국보험의 모집 및 언더라이팅에 대한 설명으로 옳지 않은 것은?

① 저축성보험(금리확정형보험은 제외) 계약의 경우 계약자가 보험계약 체결권유 단계에서 설명 의무사항을 설명받았고, 이를 이해하였음을 전화 등 통신수단을 통하여 청약 후 10일 이내에 확인을 받아야 한다.
② 새로운 보험계약을 청약하게 한 날부터 1개월 이내에 기존보험계약을 소멸하게 하는 행위는 기존보험계약을 부당하게 소멸시키거나 소멸하게 하는 행위에 해당한다.
③ 청약심사(언더라이팅)란 일반적으로 보험사의 "위험의 선택" 업무로서 위험평가의 체계화된 기법으로 신체적 위험, 환경적 위험, 도덕적 위험(재정적 위험)에 주의할 필요가 있다.
④ 보험모집자가 계약체결시 3대 기본지키기를 이행하지 않았을 경우에는 계약자는 계약이 성립한 날부터 6개월 이내에 취소권을 행사할 수 있다.

17

<보기>의 내용에 해당하는 보험의 종류는 무엇인가?

| 보기 |

위험보장을 목적으로 사람의 질병·상해 또는 이에 따른 간병에 관하여 금전 및 그 밖의 급여를 지급할 것을 약속하고 대가를 수수하는 계약으로서 대통령령으로 정하는 계약이다. (보험업법 제2조 제1호)

① 변액보험 ② 제3보험
③ 질병보험 ④ 실손의료보험

18

생명보험 상품의 주요 구성 요소 중 특약에 대한 설명으로 옳지 않은 것은?

① 고정부가특약은 계약자 선택과 무관하게 주 계약에 고정시켜 판매된다.
② 종속특약은 특정 상품 이외의 다른 상품에는 부가할 수 없다.
③ 독립특약은 별도의 독립된 상품으로 개발되어 일정 상품에 부가될 수 있다.
④ 선택부가특약은 계약자가 선택하는 경우에만 부가된다.

19

다음 중 무배당 우체국연금보험 2109의 특징으로 틀린 것은?

① 시중금리가 떨어지더라도 최저 1.5%의 금리를 보장한다.
② 종신연금형, 상속연금형/확정기간연금형, 더블연금형 등의 유형이 있어 다양한 목적의 재테크 기회로 활용할 수 있다.
③ 45세 이후부터 연금을 받을 수 있다.
④ 확정기간연금형의 연금지급기간은 5년을 주기로 한다.

20

다음 중 보험계약이 부활하기 위한 요건으로 알맞은 것은?

① 보험 부활 계약자는 보험사에 기존의 개인 정보가 남아있으므로 보험자에 대하여 중대한 사항에 대한 고지의무를 생략해도 된다.
② 보험계약자의 부활 청구 후 20일 동안 보험자가 낙부통지를 하지 않으면 해당 보험계약은 부활한 것으로 본다.
③ 계속보험료의 미지급으로 인해 보험계약이 해지된 경우 해지환급금이 지급되었어도 무관하다.
④ 보험계약자는 부활 가능 기간 내에 약정 이자를 포함한 연체 보험료를 보험자에게 지급하고 보험계약의 부활 청구 후 보험자의 승낙을 받아야 한다.

제4과목 | 컴퓨터 일반(기초영어 포함)

01

다음 SQL의 명령어 중 성격이 다른 하나는?

① SELECT
② CREATE
③ DELETE
④ UPDATE

02

다음 설명 중 옳은 것은?

① 2진수 0100은 그레이 코드로 변환하면 0110이다.
② 2진수 11100111을 16진수로 변환하면 (E8)이다.
③ 십진수 9를 이진수로 표현하면 1000이다.
④ 10진수 한자리를 표시하기 위한 최소 Bit수는 3Bit이다.

03

아래 보기와 일치하는 알고리즘 설계 기법은?

―| 보기 |―
- 모든 가능한 경우의 수 중에서 특정한 조건을 만족하는 경우만 살펴본다.
- 지금의 경로가 해가 될 것 같지 않으면 그 경로를 더 이상 가지 않고 되돌아간다.
- DFS(깊이 우선 탐색) 알고리즘을 운행하는 방법이다.

① 분할 정복(Divide and Conquer)
② 탐욕적(Greedy) 알고리즘
③ 선형(linear) 알고리즘
④ 백트래킹(Backtracking)

04

캐시 메모리에 대한 설명으로 옳은 것을 모두 고른 것은?

㉠ 적중률(hit ratio)이 높을수록 캐시 메모리 성능은 낮다.
㉡ 캐시 메모리의 쓰기(write) 기법 중에 write-back 기법은 적중(hit) 시 캐시 메모리와 함께 메인 메모리의 내용도 갱신한다.
㉢ 메인 메모리보다 용량은 작지만 접근 속도가 빠르다.
㉣ 성능 향상을 위해 시간적 지역성, 공간적 지역성 등을 이용한다.

① ㉠, ㉡
② ㉠, ㉢
③ ㉡, ㉢
④ ㉢, ㉣

05

다음 중 웹 서버와 웹 브라우저 사이의 모든 정보를 암호화해주는 웹 표준 암호화 통신은 무엇인가?

① SSH
② SSL
③ IPSec
④ SET

06

데이터베이스 무결성 제약 조건과 관련 특징이 옳은 것은?

① 개체 무결성 제약 조건 - 외래키 제약
② 참조 무결성 제약 조건 - 기본키 제약
③ 도메인 무결성 제약 조건 - 속성값 제약
④ 키 무결성 제약 조건 - NULL 제약

07

다음 그래프에 대한 최소비용 신장 트리의 비용을 계산하시오.

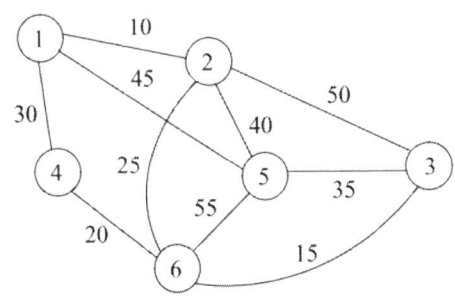

① 95　　② 105
③ 120　　④ 150

08

Selective Repeat ARQ에서 6번 프레임까지 전송을 하였는데 수신측에서 3번 프레임에 오류가 있다고 재전송을 요청해 왔을 경우 재전송되는 프레임의 수는?

① 1개　　② 2개
③ 3개　　④ 4개

09

다음 엑셀 함수식에 대한 결과가 잘못 설명된 것은?

① =CHOOSE(3, "사과", "귤", "감") → 감
② =COUNT(3, TRUE, 사과, 4) → 4
③ =ROUNDUP(ABS(−50.5), −1) → 60
④ =INT(−35.6) → −36

10

다음 중 SSD(Solid State Drive)에 대한 설명으로 올바르지 않은 것은?

① 태양광(solar)을 충전하여 전원으로 쓰기 때문에 반영구적 저장이 가능하다.
② NAND플래시 또는 DRAM 등 반도체를 이용하여 구현된다.
③ HDD(하드디스크)를 대체할 차세대 저장장치로 각광받고 있다.
④ 소형이면서 충격에 강하며, 소음 발생이 없는 비휘발성 장치이다.

11

소프트웨어 형상관리(configuration management)에 대한 설명으로 옳지 않은 것은?

① 형상관리는 소프트웨어에 가해지는 변경을 제어하고 관리하는 활동을 포함한다.
② 기준선(baseline) 변경은 공식적인 절차에 의해서 이루어진다.
③ 개발 과정의 산출물인 원시코드(source code)는 형상관리 항목에 포함되지 않는다.
④ 형상관리는 소프트웨어 운용 및 유지보수 단계뿐 아니라 소프트웨어 개발 단계에서도 적용될 수 있다.

12

공격자가 자신의 정보를 숨기고 탐지를 피하기 위한 용도로 다른 사람의 신분을 자신으로 위장하여 역추적을 어렵게 만드는 해킹기술은?

① Spoofing　　② Spam
③ Phishing　　④ Sniffing

13
3개의 프레임이 있고 참조열이 보기와 같을 때 LRU 페이지 교체 알고리즘을 운용 시 페이지 적중 횟수는?

┤ 보기 ├
〈 1, 0, 2, 2, 1, 7, 6, 0 〉

① 2회　　② 3회
③ 4회　　④ 5회

14
IEEE 802.15 표준은 개인 무선 통신망(WPAN)을 규정한다. 아래 표준과 내용이 다른 것은?

① IEEE 802.15.1 : 블루투스(buletooth)
② IEEE 802.15.2 : 와이파이(Wi-Fi)
③ IEEE 802.15.4 : 지그비(Zigbee)
④ IEEE 802.15.5 : 메시네트워크(Mesh Network)

15
-13.5를 IEEE 754 단정도(32bit) 부동 소수점으로 표현할 때 지수부에 해당하는 값은?

① 00000100　　② 01111111
③ 10000010　　④ 10000001

16
빅 데이터를 규정하는 3가지 요소(3V)가 아닌 것은?

① 페타바이트(PB)급 이상의 데이터 크기(volume)
② 데이터 처리 속도(velocity)
③ 저장 매체의 가치(value)
④ 정형 및 비정형 데이터 등 다양한 형태(variety)

17
소프트웨어 테스트에서 오류의 80%는 전체 모듈의 20% 내에서 발견된다는 법칙은?

① Brooks의 법칙　　② Jackson의 법칙
③ Moore의 법칙　　④ Pareto의 법칙

18
아래 내용이 의미하는 것은?

- 특정 프로그램을 개발하기 위한 여러 요소들과 메뉴얼인 룰을 제공한다.
- 소프트웨어 구성에 필요한 기본 구조를 제공하여 재사용이 가능하다.

① 리팩토링　　② 라이브러리
③ 플랫폼　　④ 프레임워크

19

다음 우리말을 영어로 잘못 옮긴 것을 고르시오

① 우리가 영어를 단시간에 배우는 것은 결코 쉬운 일이 아니다.
   → It is by no means easy for us to learn English in a short time.

② 우리 인생에서 시간보다 더 소중한 것은 없다.
   → Nothing is more precious than time in our life.

③ 아이들은 길을 건널 때 아무리 조심해도 지나치지 않다.
   → Children cannot be too careful when crossing the street.

④ 그녀는 남들이 말하는 것을 쉽게 믿는다.
   → She easily believes that others say.

20

다음 빈칸에 들어갈 연결어로 가장 적절한 것은?

Today, Lamarck is unfairly remembered in large part for his mistaken explanation of how adaptations evolve. He proposed that by using or not using certain body parts, an organism develops certain characteristics.
Lamarck thought that these characteristics would be passed on to the offspring. Lamarck called this idea *inheritance of acquired characteristics*.
_____, Lamarck might explain that a kangaroo's powerful hind legs were the result of ancestors strengthening their legs by jumping and then passing that acquired leg strength on to the offspring. However, an acquired characteristic would have to somehow modify the DNA of specific genes in order to be inherited.
There is no evidence that this happens. Still, it is important to note that Lamarck proposed that evolution occurs when organisms adapt to their environments. This idea helped set the stage for Darwin.

① However
② Nevertheless
③ For example
④ As a result

 memo

2023 계리직 공채 대비 동형 모의고사

제1과목 한국사 (상용한자 포함)
제2과목 우편상식
제3과목 금융상식
제4과목 컴퓨터 일반 (기초영어 포함)

정답 및 해설

제1회 정답 및 해설

맞은 개수 / 80

빠른 정답

제1과목 한국사 (상용한자 포함)	01	02	03	04	05	06	07	08	09	10
	①	④	④	③	①	①	④	②	①	③
	11	12	13	14	15	16	17	18	19	20
	②	①	③	④	③	②	④	②	②	④

제2과목 우편상식	01	02	03	04	05	06	07	08	09	10
	④	②	④	③	③	②	①	③	③	④
	11	12	13	14	15	16	17	18	19	20
	②	④	③	④	③	②	④	②	②	①

제3과목 금융상식	01	02	03	04	05	06	07	08	09	10
	①	①	①	③	④	②	③	④	③	①
	11	12	13	14	15	16	17	18	19	20
	③	③	③	④	①	②	②	④	④	③

제4과목 컴퓨터 일반 (기초영어 포함)	01	02	03	04	05	06	07	08	09	10
	③	②	④	③	④	④	④	③	①	②
	11	12	13	14	15	16	17	18	19	20
	②	③	②	②	③	①	④	③	④	③

제1과목 | 한국사(상용한자 포함)

01 → ①

주로 강가나 해안 지역에서 유적이 발견되는 것으로 보아 (가)는 신석기 시대에 해당한다. 신석기 시대 사람들은 바닷가나 강가에 자리 잡고 움집에서 살았으며, 가락바퀴나 뼈바늘로 옷이나 그물을 만들어 사용하였다.

오답해설

②, ③ 청동기 시대, ④ 구석기 시대에 대한 내용이다.

02 → ④

제시된 자료는 초기국가(연맹체사회)의 생활상을 보여주고 있는데, (가) 고구려, (나) 동예, (다) 부여에 대한 설명이다. ④는 고구려와 부여에 대한 설명이므로 (가)와 (다)가 맞다.

오답해설

① 부여, ② 옥저, ③ 동예에 대한 설명이다.

03 → ④

자료의 (가)는 고구려의 연가 7년명 금동 여래 입상, (나)는 발해의 석등이다. 발해는 고구려 문화를 계승하여 모줄임 천장 구조의 무덤을 축조하였다.

오답해설

① 백제, ② 고구려, ③ 통일신라의 문화이다.

04 → ③

자료에서의 이진아시는 대가야를 건국한 시조이다. 즉 제시문은 가야 연맹 중에 대가야를 다루고 있다. 대가야의 중심지는 고령으로 높은 문화적 수준과 철기 생산력을 가졌으며 세력이 약화된 금관가야를 제치고 5세기에 성장했다.

③ 금관가야에 대한 설명으로, 본가야라고도 한다. 원래 9촌(村)의 장(長)이 있어서 각 촌을 다스리다가 수로왕이 나와서 9촌을 통일하였다.

05 → ①

9세기 흥덕왕 대에 장보고는 당나라 산둥 반도의 적산촌에 신라인의 불교 사찰인 법화원을 건립하고, 이를 지원하였다.

오답해설

② 시장 감독 관청인 동시전을 설치한 것은 지증왕 대이다.
③ 사방에 통신·교통 기관인 우역을 설치하고 수도와 지방을 연결하는 도로망인 관도를 수리한 것은 소지마립간 대이다.
④ 불교의 공인을 위해 순교한 이차돈을 추모하여 백률사 석당(이차돈 순교비)을 건립한 것은 헌덕왕 대이다.

06 → ①

제시된 자료는 거란의 1차 침입과 관련된 내용이다. 고려는 국초부터 친송 정책과 북진 정책을 유지하고 있었다. 이에 거란은 고구려의 옛 땅을 내놓을 것과 송과의 관계를 끊고 자신들과 교류할 것을 요구하며 침입해 왔다. 당시 고려는 서희가 협상에 나서 강동 6주를 확보하게 되었다. 고려가 화친한 뒤에도 송과 계속해서 교류하자 불안감을 느낀 거란은 강조의 정변을 계기로 40만 대군을 이끌고 고려에 다시 쳐들어왔다.

오답해설
② 명나라, ③ 원나라(몽골), ④ 여진에 대한 설명이다.

07 → ④

제시된 지문은 혜심의 「유불일치설」을 설명하고 있다.

오답해설
① 요세, ② 지눌, ③ 균여에 대한 설명이다.

08 → ②

밑줄 친 왕은 공민왕이다. 공민왕은 반원 개혁정책을 추진하였고, 최고 학부인 성균관을 순수 유교 교육 기관으로 개편하여 유학 교육을 강화하였다.
㉠ 공민왕은 정방을 혁파하여 인사권을 장악하였다.
㉢ 공민왕은 기철 등 친원 세력을 숙청하고, 내정을 간섭하던 정동행성 이문소를 폐지하였다.

오답해설
㉡ 창왕 때의 일이다.
㉣ 우왕 때의 일이다.

09 → ①

정치면에서는 유교, 일상생활에서는 불교나 도교의 영향력이 강하던 시기는 고려 시대이다. 고려 시대 농민의 공동체 조직으로 향도가 있었다. 향도는 미륵을 만나 구원받고자 하는 기원을 담아 바닷가에 향나무를 묻는 불교의 신앙 조직이었는데, 고려 후기부터 점차 신앙적 성격에서 벗어나 마을 제사 등 공동체 생활을 주도하였다.

오답해설
② 고려 시대에는 무과가 없었으며, 서얼의 관직 진출에 큰 차별이 없었다.
③ 조선 후기에 무덤 자리를 고르는 음택풍수와 부모에 대한 효 관념이 결합되어 묘지 자리를 두고 소송을 벌이는 산송 문제가 자주 발생하였다.
④ 조선 후기에 일반화되었다.

10 → ③

오답해설
㉠ 풍흉에 따라 연분 9등법, 토지비옥도를 고려해 전분 6등법을 실시하였고, 양전사업은 고려부터 20년을 원칙으로 하였으므로 ㉮는 6, ㉯는 20이다.
㉡ ㉰는 수등이척법으로, 조선 후기 효종 때부터 수세지 확보를 위해 양척동일법을 시행하였다.

11 → ②

자료는 연산군 때의 무오사화와 관련한 것이다. 김종직 사후 그 후예들이 언론을 주도하고 있을 때, 이를 견제하고자 한 연산군과 훈구 세력에 의해 일어난 사건이 무오사화이다. 이때 사초에 연루된 김일손 등이 처벌을 받았고, 이미 죽은 김종직은 부관참시형을 당했다. 그 결과 영남 사림 대부분이 몰락하고 언론권이 마비되었다.

오답해설
① 동인이 남인과 북인으로 나누어진 것은 정여립 모반 사건 때문이다.
③ 예송 발생은 현종 때이다.
④ 척신들이 정계를 주도한 시기는 명종 때이다.

12 → ①

제시된 지문은 임오군란이다. 임오군란의 결과 청은 군대를 조선에 상주시키고, 마젠창과 묄렌도르프를 고문으로 파견하여 조선의 내정과 외교 문제에 깊이 간섭하였다. 또한 청은 조선에 상민 수륙 무역 장정의 체결을 강요하여, 청나라 상인에게 통상 특혜를 허용하도록 하였다.

오답해설
② 임오군란 이후 일본과 맺은 조약은 제물포 조약이다. 조선 정부는 일본과 제물포 조약을 체결하여 배상금을 물고, 일본 공사관의 경비병 주둔을 인정하였다.
③, ④ 갑신정변 이후의 사실이다.

13 → ④

(가)는 오페르트 도굴 사건(1868), (나)는 제너럴 셔먼호(1866), (다)는 병인양요(1866), (라)는 신미양요(1871)이다.
즉, 제너럴 셔먼호(나) – 병인양요(다) – 오페르트 도굴 사건(가) – 신미양요(라)의 순이다.

14 → ③

(가) 신채호의 '조선혁명선언'(1923), (나) 박은식의 『한국통사』(1915)이다.
박은식은 역사를 혼과 백으로 보면서 '역사는 신(神)이요, 나라는 형(形)이다'라고 주장(민족혼 강조)하였다. 1910년에 조선광문회로 활동했으며, 『한국통사』, 『한국독립운동지혈사』는 그의 대표적인 저작이다.

오답해설
① 이승만, ② 한용운, ④ 신채호에 대한 설명이다.

15 → ②

(가)는 경신참변(간도 참변, 1920), (나)는 한·중 연합군의 쌍성보 전투(1932)와 관련된 자료이다. 일본군은 봉오동과 청산리에서 대패한 후 그에 대한 보복으로 간도의 한인들을 무차별 살해하는 만행을 저질렀다(간도 참변). 이후 독립군은 소련령으로 이동하여 흑룡강 연안의 자유시로 들어갔다. 여기서 적색군의 공격으로 큰 피해를 입었는데 이것이 자유시 참변이다(1921). 자유시 참변 이후 독립군은 조직을 정비하고 역량을 강화하기 위해 통합 운동을 추진하여 참의부·정의부·신민부의 3부가 성립되었다. 한편, 일제와 만주 군벌 사이에 독립군의 탄압, 체포, 구속, 인도에 관한 이른바 미쓰야 협정이 맺어져(1925) 독립군의 활동은 큰 위협을 받게 되었다.

오답해설
① 조선 의용대는 1938년, ③ 동북 항일 연군은 1936년이고, ④ 1940년에 창설된 한국광복군에 대한 설명이다.

16 → ②

(가)는 대한민국 임시정부, (나)는 조선의용대이다.
② 임시정부는 1940년 한국광복군을 창설하였고, 중국 국민당과 연합하여 작전을 수행하였다.

17 → ④

ⓒ 좌식계급(고구려의 지배층) → ⓛ 신라의 민정문서(통일신라로 추정, 연수유전답을 성덕왕 때 지급한 정전으로 추정) → ⓔ 조선 시대(16세기 양반들에 의한 지주제 경영이 나타나기 이전에 행해졌던 농장경영 형태의 일반적인 양상으로 병작반수와 달리 노비가 작개지 경작에 대한 대가로 사경지 경작 몫을 챙겼다) → ⓞ 이익의 한전론(중농학파인 이익의 한전론은 하한선, 중상학파 박지원의 한전론은 상한선) → ⓜ 광무개혁의 양전·지계사업(대한제국 시기 양안이 지계로 바뀜)

18 → ②

밑줄 친 위원회는 반민족 행위 특별 조사 위원회(반민 특위)이다. 제헌헌법 제101조에 근거하여 반민족행위처벌법을 제정하고 그에 따라 반민 특위가 조직되어 활동하였다.

오답해설
① 이승만은 처음부터 소극적인 태도를 취하였다.
③ 친일파의 재산 압수는 물론 신체적 처벌도 제대로 이루어지지 못하였다.
④ 좌우의 대립과 분열의 시작은 신탁 통치가 원인이었다.

19 → ②

② 場握(×) → 掌握
- 장악(掌握): 손안에 잡아 쥔다는 뜻으로, 무엇을 마음대로 할 수 있게 됨을 이르는 말

오답해설
① 패권(覇權): 국제 정치에서, 어떤 국가가 경제력이나 무력으로 다른 나라를 압박하여 자기의 세력을 넓히려는 권력
③ 경쟁(競爭): 같은 목적에 대하여 이기거나 앞서려고 서로 겨룸
④ 목도(目睹): 눈으로 직접 봄

20 → ④

④ 확고(確固): 태도나 상황 따위가 튼튼하고 굳음
천명(闡明): 진리나 사실, 입장 따위를 드러내어 밝힘

오답해설
① 莫大(×) → 尨大 / 無散(×) → 霧散
- 尨大(방대): 규모나 양이 매우 크거나 많음
- 莫大(막대): 더할 수 없을 만큼 많거나 큼
- 霧散(무산): 안개가 걷히듯 흩어져 없어짐, 또는 그렇게 흐지부지 취소됨
② 訥辯(×) → 詭辯
- 詭辯(궤변): 상대편을 이론으로 이기기 위하여 상대편의 사고(思考)를 혼란시키거나 감정을 격앙시켜 거짓을 참인 것처럼 꾸며 대는 논법
- 訥辯(눌변): 더듬거리는 서툰 말솜씨
③ 正權(×) → 政權 / 憉湃(×) → 澎湃
- 정권(正權): 정당한 권리
- 정권(政權): 정치상의 권력. 또는 정치를 담당하는 권력
- 팽배(澎湃): 어떤 기세나 사조 따위가 매우 거세게 일어남

제2과목 우편상식

01 → ④

우편관서에서 <u>운송 중이거나 발송 준비를 마친</u> 우편물에 대해서는 압류를 거부할 수 있다. 다만, 발송 준비를 마치기 전의 우편물은 압류 거부를 할 수 없다.

오답해설
① 우편업무를 위해서만 사용하는 물건과 우편업무를 위해 사용 중인 물건은 압류할 수 없다.
② 선박이 위험에 처했을 때 화물을 처분하고 발생한 해손에 대해 공동 분담하는 것이 원칙인데, 이 경우 우편물은 면제된다.
③ 우편업무를 위해서만 사용하는 물건(우편에 관한 서류를 포함)에 대해서는 국세·지방세 등의 제세공과금을 매기지 않는다.

02 → ②

우편서비스는 보편적 우편서비스와 선택적 우편서비스로 구분하며 서비스 대상은 다음과 같다.

보편적 우편서비스	선택적 우편서비스
① 2kg 이하의 통상우편물	① 2kg을 초과하는 통상우편물
② 20kg 이하의 소포우편물	② <u>20kg을 초과하는 소포우편물</u>
③ 위 ①, ②의 우편물의 기록취급 등 특수취급우편물	③ 위 ①, ②의 우편물의 기록취급 등 특수취급우편물
④ 그 밖에 대통령령으로 정하는 우편물	④ 우편과 다른 기술 또는 서비스가 결합된 서비스 : 전자우편, 모사전송(FAX)우편, 우편물 방문접수 등
	⑤ 우편시설, 우표, 우편엽서, 우편요금 표시 인영이 인쇄된 봉투 또는 우편차량장비 등을 이용하는 서비스
	⑥ 우편 이용과 관련된 용품의 제조 및 판매
	⑦ 그 밖에 우편서비스에 부가하거나 부수하여 제공하는 서비스

중량이 25kg인 쌀자루를 송달하는 경우 20kg을 초과하는 소포우편물에 해당하므로 선택적 우편서비스로 구분된다.

03 → ④

배달기한은 우정사업본부가 약속한 우편물 배달에 걸리는 시간을 의미한다. 주요한 우편물의 배달기한은 다음과 같다.

구분	배달기한	비고
통상우편물(등기 포함), 일반소포	접수한 다음 날부터 <u>3일 이내</u>	
익일특급, 등기소포	접수한 <u>다음 날</u>	※ 제주선편 : D+2일 (D : 우편물 접수한 날)
당일특급	접수한 당일 <u>20:00 이내</u>	

04 → ③

ⓒ 통상우편물의 최소 부피는 ① 평면의 길이가 14cm, 너비 9cm ② 원통형은 "지름의 2배"와 길이를 합하여 23cm (단, 길이는 14cm 이상)이다.
ⓒ 소포우편물의 최소 부피는 ① 가로·세로·높이 세 변을 합하여 35cm(단, 가로는 17cm 이상, 세로는 12cm 이상) ② 원통형은 "지름의 2배"와 길이를 합하여 35cm(단, 지름은 3.5cm 이상, 길이는 17cm 이상)이다.

오답해설
㉠ 통상우편물의 무게는 최소 2g ~ 최대 <u>6,000g</u>이다.
㉣ 소포우편물의 최대부피는 ① 가로·세로·높이 세 변을 합하여 <u>160cm</u>이고 ② 다만, 어느 변이나 <u>1m</u>를 초과할 수 없다.

05 → ③

등기취급을 전제로 우체국과 발송인과 별도의 계약에 따라 수취인을 직접 만나서 우편물을 배달하면서 서명이나 도장을 받는 등 응답이 필요한 사항을 받거나 서류를 넘겨받아 발송인이나 발송인이 지정하는 자에게 회신하는 부가취급제도는 회신우편이다. <u>회신우편의 부가취급수수료는 1,500원이다.</u> 계약등기 우편의 부가취급수수료는 다음과 같다.

부가취급서비스	수수료	비고
회신우편	1,500원	일반형 및 맞춤형 계약등기
본인지정배달	1,000원	
착불배달	500원	
우편주소 정보제공	1,000원	
반송수수료 사전납부	반송수수료×반송률	일반형 계약등기

06 → ②

㉠ 당일특급우편물의 배달기한은 접수한 날 20시 이내이다. 만약 당일특급이 D+1일 0시~20시까지 지연배달된 경우에는 국내특급수수료를 손해배상하여야 하고, D+1일 20시 이후 배달분에 대하여는 우편요금과 국내특급수수료를 배상하여야 한다.
㉡ 외국에서 국내 배달우체국에 도착한 국제특급우편물은 국내당일특급우편물의 예에 따라 배달한다.

오답해설

㉢ 익일특급은 **전국을 취급지역으로** 히되, 접수 다음 날까지 배달이 곤란한 지역에 대해서는 별도의 추가 일수와 사유 등을 고시한다.
㉣ 당일특급우편물을 재배달할 경우 2회째에는 가장 빠른 방법으로 배달하고, **3회째부터 통상적인 배달의 예에 따른다**.

07 → ①

㉠ 인터넷우표는 고객편의 제고와 위조, 변조를 방지하기 위하여 단독으로 사용할 수 없으며 수취인 주소가 함께 있어야 한다.
㉡ 민원우편은 우정사업본부장이 정하여 고시하는 민원서류에 한정하여 취급할 수 있다.

오답해설

㉢ 우체국 축하카드에는 등기통상, 당일특급, 익일특급, 배달증명 서비스 등의 서비스를 부가할 수 있지만, **내용증명은 부가할 수 없다**.
㉣ 모사전송 우편서비스의 이용 수수료는 내용문 최초 1매 500원, 추가 1매당 200원이며, **복사비는 1장당 50원이다**.

08 → ③

요금수취인부담의 취급 대상은 통상우편물, 등기소포우편물, 계약등기이며, 각 우편물에 부가서비스도 취급할 수 있다.

오답해설

① 요금별납은 동일인이 동시에 우편물의 종류, 중량, 우편요금 등이 동일한 우편물을 다량으로 발송할 경우에 이용할 수 있으며, **10통 이상**의 통상우편물이나 소포우편물 발송 시 가능하다.
② 요금 등의 체납 금액은 「국세징수법」에 따른 체납 처분의 예에 따라 징수한다(「우편법」 제24조 제1항). 제1항의 경우 체납 요금 등에 대하여는 대통령령으로 정하는 바에 따라 '**연체료를 가산하여**' 징수한다(동조 제2항).
④ 요금후납은 우편물의 요금(부가취급수수료 포함)을 우편물을 발송할 때에 납부하지 않고 1개월간 발송 예정 **우편요금의 2배**에 해당하는 금액을 담보금으로 제공받고, 1개월간의 요금을 다음 달 20일까지 납부하는 제도이다.

09 → ③

파손, 훼손, 분실로 손해배상을 하는 경우 '손실·분실'에 해당하는 금액을 한도로 하여 배상한다. 다만, 실제 손해액이 최고 배상금액보다 적을 때는 실제 손해액으로 배상한다.

오답해설

① 다만, 손해배상 결정서를 받은 청구인은 우편물을 받은 날부터 **5년** 안에 배상액을 청구할 수 있다. 그 이후에는 시효로 인해 권리가 소멸된다.
② 손해배상 청구는 **발송인**이나 발송인의 승인을 얻은 **수취인**이 할 수 있다.
④ 손해배상은 **우편물을 발송한 날**부터 1년 이내에 청구할 수 있다.

10 → ④

㉠ 사서함 사용계약 우체국장은 사서함에 배달된 우편물을 정당한 사유 없이 30일 이상 수령하지 않을 때에는 사서함 사용계약을 **해지할 수 있다**. 하지만 무조건 해지하여야 하는 것은 아니다.
㉡ 사서함번호와 주소가 함께 기록된 우편물을 사서함에 넣을 수 있으며, 이 중에서 **당일특급, 특별송달, 보험취급, 맞춤형 계약등기** 우편물은 주소지에 배달한다. 등기소포 우편물은 이에 해당되지 않는다.
㉢ 사서함 신청을 받은 우체국장은 국가기관, 지방자치단체, 일일 배달 예정물량이 100통 이상인 다량이용자, 우편물 배달 주소지가 사서함 설치 우체국의 관할구역인 신청자 순서로 **우선적으로 계약할 수 있다**. 하지만 이는 계약 우체국장의 재량이지 반드시 이 순서대로 계약해야 하는 것은 아니다.

11 → ②

당일특급우편물은 국내특급우편자루를 사용하고 다른 우편물과 구별하여 해당 배달국이나 집중국으로 별도로 묶어서 발송한다.

오답해설

① 우편물의 발송순서는 **특급우편물, 일반등기우편물, 일반우편물 순으로 발송**하며, 일반우편물을 담은 운송용기는 운송달증을 등록한 뒤에 발송한다.
③ 부가취급우편물은 덮개가 있는 우편상자에 담아 덮개에 운송용기 국명표를 부착하고 묶음끈을 사용하여 **반드시 봉함한 후 발송**한다.
④ 운반차에 여러 형태의 우편물을 함께 넣을 때에는 작업을 쉽게 하기 위하여 **일반소포 → 등기소포 → 일반통상 → 등기통상 → 중계우편물의 순으로** 적재한다.

12 → ④

국제특급우편(EMS)의 교환은 국가 간 EMS 표준다자간 협정이나 양자 협정으로 합의한 내용에 따라 취급한다(국가별 상세한 취급 사항은 EMS 운영 가이드에 따름).

오답해설
① 만국우편연합(UPU)의 총회는 연합의 최고 의결기관으로서 매 **4년마다** 개최되며 전 회원국의 전권대표로 구성되며, 전 세계 우편사업의 기본 발전 방향을 설정한다.
② 만국우편연합(UPU)의 상설기관은 관리이사회, 우편운영이사회 및 **국제사무국**이 있다.
③ 만국우편연합(UPU)의 화폐단위는 국제통화기금(IMF)의 국제준비통화인 SDR(Special Drawing Rights)이고 공용어는 **프랑스어**이다. 영어는 프랑스어와 함께 업무용 언어로 사용된다.

13 → ③

ⓒ K-Packet은 EMS와 같은 경쟁서비스이며 고객맞춤형 국제우편 서비스로서 평균 송달기간은 7~10일이다.
ⓒ 온라인으로 판매되는 소형물품(2kg 이하)의 해외배송에 적합한 서비스로 'L'로 시작하는 우편물번호를 사용하며, 1회 배달 성공률 향상을 위해 해외우정당국과 제휴하여 수취인 서명 없이 배달하기로 약정한 국제우편서비스이다.

오답해설
㉠ 우체국과 계약 시 **최소 발송물량에 대한 제한 없다**.
㉣ 미국행 K-Packet은 상대국가에서 제공하는 **종추적 정보 외의** 행방조사, 손해배상 등 **기타 청구는 할 수 없다**.

14 → ④

K-Packet을 접수할 때에는 기표지(운송장)의 발송인란에 통관, 손해배상, 반송 등의 업무처리를 위하여 반드시 한 명의 주소·성명을 기재하여야 한다.

오답해설
① 국제우편 중 보통소포우편물 내용품의 중량을 측정할 때에는 100g 미만의 단수는 100g 단위로 절상하고, **보험소포우편물**의 중량을 측정할 때에는 10g 미만의 단수는 **10g으로 절상**한다. 따라서 보험소포우편물의 중량이 '8kg 883g인 경우, **8,890g으로 기록**한다.
② 우편자루배달인쇄물을 접수할 때에는 하나의 **국제통상우편물**로 취급한다. 우편자루배달인쇄물의 통관절차대행수수료는 4,000원이며 우편요금과 별도로 징수한다.
③ 국제특급우편(EMS)은 내용품에 따라 서류용과 비서류용 2가지로 구분되며, 서류는 서류용 주소기표지인 **세관표지(CN22)**를 작성하고 **비서류**는 비서류용 주소기표지인 **세관신고서(CN23)**를 작성한다.

15 → ③

국제우편 요금별납 우편물 및 요금후납 우편물에는 우편날짜도장의 날인을 생략한다.

오답해설
① 국제우편 요금별납은 **우편취급국을 제외한** 모든 우체국에서 취급하고, 국제우편 요금후납은 우편취급국을 포함하여 **후납계약을 맺은 우체국**에서 발송한다.
② 국제우편 요금후납서비스는 동일인이 **매월 100통 이상** 발송하는 국제 통상우편물 및 국제 소포우편물을 대상으로 한다.
④ 접수된 **요금별납 우편물**은 별도 우편자루 체결·발송을 원칙으로 한다. 다만, 물량이 적을 경우에는 단단히 묶어서 다른 우편물과 함께 발송한다.

16 → ②

국제우편요금 수취인부담(International Business Reply Service) 우편물은 **모두 항공 취급하며, 그 밖의 부가취급은 불가하다**.

오답해설
① 국제회신우표권(International Reply Coupons)은 만국우편연합 국제사무국에서 발행하며 각 회원국에서 판매. 국제회신 우표권 1장은 그 나라에서 외국으로 발송되는 항공 보통서장 최저 요금의 우표와 교환한다.
③ EMS 배달보장서비스는 최상의 EMS 배송서비스를 제공하는 고품질 서비스로서, 카할라우정연합 국가 간에 'EMS 배달보장일 계산 프로그램'에 발송지(접수우체국)와 수취인의 우편번호를 입력하면 상대국 공휴일, 근무일, 항공스케줄을 참고하여 배달보장날짜를 알려주는데 만약 알려준 배달예정일보다 늦게 배달되면 지연사실 확인 즉시 우편요금을 배상해 주는 보장성 서비스이다.
④ 수출우편물 발송확인 서비스는 외국으로 발송하는 국제우편물 중 수출신고 대상물품이 들어 있는 경우 우체국에서 해당 우편물의 발송 사실을 세관에 확인하여 주는 서비스이다.

17 → ④

계약국제특급우편 요금감액 대상은 우체국과 발송인과의 국제특급우편(EMS) 이용계약에 따라 월 **50만원**을 초과하여 국제특급우편물(EMS)을 발송하는 이용자로 이용금액에 따라 아래와 같이 감액률이 적용된다.

50~150	150~500	500~1천	1천~2천	2천~5천	5천~1억	1억~2억	2억 초과
4%	6%	8%	10%	12%	14%	16%	18%

단, 18% 이상 감액률은 우정사업본부장이 승인한 후 적용한다.

18 → ②

㉠ EMS 배달보장서비스의 대상 국가는 카할라 우정연합 회원국가로 일본, 미국, 중국, 호주, 홍콩, 영국, 스페인, 프랑스, 태국, 캐나다 등이 있다.
㉢ 우편취급국을 포함한 모든 우체국에서 위 국가로 발송하는 EMS 우편물에 대하여 배달보장일 제공이 가능하다.

오답해설

㉡ EMS 배달보장서비스 적용 우편물의 경우, 우체국에서 제공한 배달예정일보다 **하루라도 늦어진 경우 우편요금을 반환한다**.
㉣ 배달보장일 계산프로그램에서 안내되는 배달보장일자가 EMS 배달보장서비스 배달기한이 되는데, **아시아지역은 접수 + 2일 이내**이고, 미국, 호주, 유럽은 접수 + 3일 이내이다.

19 → ③

EMS 프리미엄의 고중량화물 서비스는 70kg 초과 고중량화물을 팔레트 단위로 Door to Door 방식으로 배송하는 전문특송 서비스이다. 전국 총괄 우체국(5급 이상)에서 접수할 수 있으며, EMS 계약고객을 대상으로 서비스를 제공한다.

오답해설

① 수출우편물 발송확인 서비스는 외국으로 발송하는 국제우편물 중 수출신고 대상물품이 들어 있는 경우 우체국에서 해당 우편물의 발송 사실을 세관에 확인하여 주는 서비스이다. 수출신고수리를 받은 물품은 「관세법」상 외국물품으로, **수리일로부터 30일 내**에 선(기)적하여야 하며, 이 기일까지 선(기)적하지 아니한 경우에는 과태료(10만원) 부과와 수출신고수리가 취소될 수 있다.
② EMS 프리미엄 서비스는 1~5개 지역 및 서류용과 비서류용으로 구분되며, **최고 5천만원까지** 내용품의 가액에 한해 보험 취급이 가능하다.
④ **2005년 7월 25일부터** EMS 배달보장서비스가 시행되어 운영 중이며, 실무에서 처리할 경우, 도착국가에서 통관보류나 수취인 부재 등의 사유로 인한 미배달은 배달완료로 간주한다.

20 → ①

행방조사의 청구권자는 발송인이나 수취인이다. **분실된 경우에는 발송인, 파손된 경우에는 발송인이나 수취인**이 된다.

오답해설

② 발송국가와 도착국가(배달국가)는 물론이고 **제3국에서도 청구가 가능**하다.
③ 청구기한은 우편물을 **발송한 다음 날부터** 계산하여 6개월이다. 다만, 국제특급우편물의 경우에는 4개월 이내, EMS 프리미엄의 청구기한은 발송한 날부터 3개월, 배달보장서비스는 30일 이내이다.
④ 행방조사 청구의 대상우편물은 **등기우편물, 소포우편물, 국제특급우편물**이다.

제3과목 　금융상식

01 → ①

명목금리는 물가상승분을 포함한 금리이고, 실질금리는 물가상승분을 제외한 금리이다. 따라서 실질금리는 명목금리에서 물가상승률을 뺀 금리이다. 그러므로 명목금리는 실질금리에 물가상승률을 더한 값이 된다.

02 → ①

CMA는 **종합금융회사**나 증권회사가 고객의 예탁금을 어음 및 국·공채 등 단기금융상품에 직접 투자하여 운용한 후 그 수익을 고객에게 돌려주는 단기 금융상품이다. (2008년 기출) 자금을 단기금융상품에 투자하고 **실적배당**을 한다는 점에서는 MMF와 유사하지만 MMDA처럼 이체와 결제, 자동화기기(ATM)를 통한 입출금 기능을 갖고 있다는 점에서 차이가 있다. 종합금융회사의 CMA는 예금자보호 대상이 되지만 증권회사의 CMA는 그렇지 않다. 예탁금에 제한이 없고 **수시 입출금이 허용**되면서도 실세금리 수준의 수익을 올릴 수 있는 장점을 가지고 있다.

03 → ①

친양자는 양자와 달리 기존의 모든 친족관계가 소멸되고 새롭게 양부와 양모의 친족관계로 편입된다. 따라서 친양자로 입양된 자는 양부모의 예금을 상속받을 수는 있지만, **친생부모의 예금은 상속받을 수 없다**. 친양자제도는 2008년에 도입되었는데, 미성년자를 대상으로 부부가 공동입양하여야 한다.

오답해설
② 직계비속은 법정 상속의 1순위자에 해당하는데, 만약 직계비속에 아들과 손자가 모두 포함된 경우에는 아들이 손자보다 선순위 상속자가 되는 것이다.
③ 유언의 경우 단독의 법률행위에 해당하므로 특정유증의 경우 수증자는 상속인 또는 유언집행자에 대하여 채권적 청구권만을 갖게 되며, 이에 상응하는 의무는 지지 않는다.
④ 제한능력자인 미성년자에 대하여 친권자가 재산관리권을 행사할 수 있지만, 공동상속인에 친권자와 미성년자가 모두 포함된 경우에는 미성년자에 대하여 특별대리인을 선임하여 미성년자를 대리하도록 해야 한다.

04 → ③

착오송금이란 송금인의 착오로 인해 송금금액, 수취금융회사, 수취인 계좌번호 등이 잘못 입력돼 이체된 거래로서, 착오송금액은 법적으로 수취인의 예금이기 때문에 **송금인은 수취인의 동의 없이는 자금을 돌려받을 수 없다**. 하지만 송금인은 수취인에게 부당이득반환청구가 가능하고, 수취인이 반환을 거부할 경우 송금인은 부당이득반환청구의 소를 제기할 수 있다. 수취인은 잘못 입금된 금원을 송금인에게 돌려줄 때까지 보관할 의무가 있으므로, 수취인이 착오입금된 돈을 임의로 인출하여 사용하는 경우 형사상 횡령죄에 해당될 수 있다.

05 → ④

예금계약에 대해서는 당해 **예금상품의 약관이 우선적으로 적용**되고 그 약관에 규정이 없는 경우에는 예금별 약관, 예금거래기본약관의 내용이 차례로 적용된다.

오답해설
① 작성자불이익의 원칙 : 약관의 의미가 불명확한 때에는 작성자인 기업 측에 불이익이 되고 고객에게는 유리하게 해석되어야 한다는 원칙이다.
② 객관적·통일적 해석의 원칙 : 이는 약관은 해석자의 주관이 아니라 객관적 합리성에 입각하여 해석되어야 하며 시간, 장소, 거래상대방에 따라 달리 해석되어서는 안 된다는 원칙이다.
③ 현행 예금거래약관은 예금거래의 공통적인 사항을 정하고 있는 예금거래기본약관과 예금의 법적성질에 따라 입출금이 자유로운 예금약관과 거치식예금약관·적립식예금약관의 이원적 체계로 구성되어 있으며, 개별적인 예금상품의 특성에 따라 더 세부적인 내용을 약관이나 특약의 형식으로 정하고 있다.

06 → ②

텔레뱅킹은 실명확인증표가 있는 개인(외국인, 재외교포 포함) 및 기업이면 누구나 이용 가능하다. 단 본인의 수시입출식 예금계좌(보통, 저축, 기업자유, 가계당좌, 당좌예금)가 있어 출금계좌로 지정할 수 있어야 하며, 금융기관 영업점에 신청해야 한다.

오답해설
① 통장이나 카드 없이 금융거래가 가능한 무매체 거래는 고객이 사전에 **금융기관에 신청하여** 무매체 거래용 고유승인번호를 부여받은 뒤 CD/ATM에서 주민등록번호, 계좌번호, 계좌비밀번호, 고유승인번호를 입력하여 각종 금융서비스를 이용할 수 있는 거래를 말한다.
③ 기명식 선불카드는 카드실물에 회원의 성명이 인쇄되어 있거나 신용카드업자 전산에 회원으로서의 정보가 존재하여 발급 이후에 양도가 불가능하다. **기명식 선불카드는 최고 500만 원까지 충전할 수 있다**.

④ 전자금융의 발전 과정은 다음과 같다.

| 제 1 단계 : PC기반 금융업무 자동화 |
| 제 2 단계 : 네트워크 기반 금융전산 공동망화 |
| 제 3 단계 : 인터넷 기반 금융서비스 다양화 |
| 제 4 단계 : **모바일 기반 디지털금융 혁신화** |
| 제 5 단계 : **신기술 기반 금융IT 융합화** |

07 □□□ → ②

「우체국예금·보험에 관한 법률」 제46조의2에 따라 과학기술정보통신부장관은 보험을 효율적으로 운영하고 위험을 적절하게 분산하기 위하여 필요하다고 인정하면 재보험에 가입할 수 있다.

오답해설
① 우체국예금은 「**우체국예금·보험에 관한 법률**」에 의해 국가가 전액 지급을 보장한다.
③ 우체국보험은 「우체국예금·보험에 관한 법률」에 따라 계약 보험금 한도액이 보험종류별로 피보험자 1인당 **4천만원**으로 제한되어 있다.
④ 우체국예금은 **주식 발행이 없으므로** 자기자본에 **자본금 및 주식발행 초과금이 없다.**

08 □□□ → ④

우체국 체크카드는 카드 유효기간이 만료되거나, 회원 본인의 사망 또는 피성년후견인/피한정후견인으로 우체국에 신고 등록한 경우 효력이 상실되며, 법인 회원의 경우 폐업, 청산에 따라 우체국에 신고 등록한 경우에도 효력이 상실된다.

오답해설
① 우체국체크카드의 사용한도는 개인, 법인 등 고객에 따라 일별 월별 한도의 차이가 있다. 법인의 경우 일한도는 기본 한도 6백만 원 최대 한도 1억 원, 월한도는 기본 한도 2천만 원 최대 한도 3억 원이다. 우체국 체크카드의 사용한도는 다음과 같다.

구분		기본 한도		최대 한도	
		일한도	월한도	일한도	월한도
개인	만 12세 이상	3만 원	30만 원	3만 원	30만 원
	만 14세 이상	6백만 원	2천만 원	5천만 원	5천만 원
법인		6백만 원	2천만 원	1억 원	3억 원

② Biz플러스 체크카드는 마트, 주유소, 신차구매 등 개인사업자 및 소상공인을 위한 맞춤형 혜택을 제공하는 법인카드이다. 전 가맹점 이용액 0.3% 포인트 적립은 다드림 카드에 대한 내용이다.
③ 라이프플러스 체크카드는 쇼핑, 레저/스포츠, 반려동물 업종 국내 주요 가맹점 10% 캐시백 혜택을 제공하는 개인카드이다. 라이프플러스 카드에는 현금카드기능과 복지카드기능이 있고, 점자카드와 해외겸용이 가능하다. 하지만 교통카드 기능과 가족카드 기능은 제공되지 않는다.

09 □□□ → ③

ⓒ 우체국 행복지킴이통장은 저소득층 생활안정 및 경제활동 지원 도모를 목적으로 기초생활보장, 기초(노령)연금, 장애인연금, 장애(아동)수당 등의 기초생활 수급권 보호를 위한 「압류방지 전용 통장」으로 관련 법령에 따라 압류방지 수급금에 한해 입금이 가능한 예금이다. 가입대상은 다음과 같다.

가입 대상	아래에서 정하는 실명의 개인 ① 「국민기초생활보장법」에서 정하는 기초생활 수급자 ② 「기초연금법」에서 정하는 기초(노령)연금 수급자 ③ 「장애인연금법」에서 정하는 장애인연금 수급자 ④ 「장애인복지법」에서 정하는 장애수당, 장애아동수당 수급자 ⑤ 「한부모가족지원법」에서 정하는 한부모가족지원 보호대상자 ⑥ 「국민건강보험법」에서 정하는 요양비등 보험급여수급자 ⑦ 「긴급복지지원법」에서 정하는 긴급지원 대상자 ⑧ 「어선원 및 어선 재해보상보험법」에서 정하는 어선원 보험의 보험급여 지급대상자 ⑨ 「노인장기요양보험법」에서 정하는 특별현금급여비 수급자 ⑩ 「건설근로자의 고용개선 등에 관한 법률」에서 정하는 건설근로자 퇴직공제금 수급자 ⑪ 「아동수당법」에서 정하는 아동수당 수급자 ⑫ 「중소기업협동조합법」에서 정하는 소기업·소상공인 공제금 수급자 ⑬ 「아동복지법」에서 정하는 자립수당 수급자 ⑭ 「재난적의료비 지원에 관한 법률」에서 정하는 재난적 의료비 지원금액 수급자

ⓒ 이웃사랑정기예금은 국민기초생활수급자, 장애인, 한부모가족, 소년소녀가정, 조손가정, 다문화가정 등 사회 소외계층과 장기기증희망등록자, 골수기증희망등록자, 헌혈자, 입양자 등 사랑나눔 실천자 및 농어촌 지역(읍·면 단위 지역 거주자) 주민의 경제생활 지원을 위한 공익형 정기예금이다. 한편, 우체국 새출발자유적금은 사회 소외계층 및 농어촌 고객의 생활 안정과 사랑 나눔실천(헌혈자, 장기기증자 등) 국민 행복 실현을 위해 우대금리 등의 금융혜택을 적극 지원하는 공익형 적립식 예금으로, 새출발 희망 패키지와 새출발 행복 패키지로 구분된다. 이에 따르면 입양자는 새출발 행복 패키지의 가입 대상자에 해당한다.

새출발 희망	새출발 행복
기초생활수급자, 근로장려금수급자, 장애인 연금·장애수당·장애아동수당수급자, 한부모가족지원보호대상자, 소년소녀가장, 북한이탈주민, 결혼이민자	헌혈자, 입양자, 장기·골수기증자, 다자녀가정, 부모봉양자, 농어촌 읍면단위 거주자, 개인신용평점 상위92% 초과 개인, 협동조합종사자, 소상공인

오답해설

㉠ e-Postbank정기예금은 인터넷뱅킹, 스마트뱅킹으로 가입이 가능한 온라인 전용상품으로 온라인 **예·적금 가입, 자동이체 약정, 체크카드 이용실적**에 따라 우대금리를 제공하는 정기예금이다. 우대금리를 제공할 때 **자동재예치 실적은 고려치 않는다**.

㉣ 우체국 하도급지킴이통장은 조달청에서 운영하는 '정부계약 하도급관리시스템'을 통해 발주한 공사대금 및 입금이 하도급자와 근로자에게 기간 내 집행될 수 있도록 관리, 감독하기 위한 전용통장으로 **압류방지 전용 통장은 아니다**.

10 → ①

MoneyGram 특급송금 미국 댈러스 소재 머니그램社와 제휴한 Agent 간 네트워크 상 정보에 의해 자금을 송금·수취하는 **무계좌 거래로 송금 후 약 10분 뒤에 송금번호(REF.NO)만으로 수취가 가능**한 특급해외송금 서비스이다.

오답해설

② 유로지로 해외송금의 중계은행 수수료는 없지만, **수취은행 수수료는 'USD 3 / EUR 2'이다**.
③ SWIFT의 거래유형은 **계좌송금**이고, 유로지로(Eurogiro)의 거래유형은 **계좌송금과 주소지송금**이다.
④ **유로지로**에 관한 설명이다. 유로지로는 유럽지역 우체국 금융기관이 주체가 되어 설립한 Eurogiro社의 네트워크를 사용하는 EDI(전자문서 교환)방식의 국제금융 송금서비스로 우정사업자와 민간 금융기관이 회원으로 가입 후 회원 간 쌍무협정(Bilateral Agreement)을 통해 해외송금 업무를 수행한다.

11 → ③

금융회사가 금융거래정보 등을 제공한 경우에는 정보 등을 제공한 날로부터 10일 이내에 제공한 거래정보 등의 주요 내용, 사용 목적, 제공받은 자 및 제공일자 등을 명의인에게 서면으로 통보하여야 한다.

오답해설

① 금융거래정보 등을 제공한 경우 관련 서류의 보관기간은 **정보제공일로부터 5년간**이며 금융회사 등이 기록·관리하여야 하는 사항은 1) 요구자의 인적사항, 요구하는 내용 및 요구일자, 2) 제공자의 인적사항 및 제공일자, 3) 제공된 거래정보 등의 내용, 4) 제공의 법적근거, 5) 명의인에게 통보된 날이다.

② 금융거래정보의 제공사실 통보의무 위반행위, 금융거래 정보제공 내용 기록·관리의무 위반행위를 한 경우에는 3천만 원 이하의 **과태료**를 부과하도록 규정하고 있다.
④ 통보유예기간이 종료되면 종료일로부터 **10일 이내**에 명의인에게 정보제공사실과 통보유예 사유 등을 통보해야 한다.

12 → ③

금융정보분석원(KoFIU)은 금융기관 등으로부터 자금세탁관련 의심거래를 수집·분석하여 불법거래, 자금세탁행위 또는 공중협박 자금조달행위와 관련된다고 판단되는 금융거래 자료를 법집행기관(검찰청·경찰청·국세청·관세청·금융위·중앙선관위 등)에 제공한다. 그 후 **법집행기관에서 거래내용을 조사·수사**하여 기소 등의 의법조치를 하는 것이다.

오답해설

① 자금세탁(Money Laundering)의 개념은 일반적으로 "자금의 위법한 출처를 숨겨 적법한 것처럼 위장하는 과정"을 의미하며, 각국의 법령이나 학자들의 연구목적에 따라 구체적인 개념은 다양하게 정의되고 있다.
② 의심거래보고제도(Suspicious Transaction Report, STR)에서 불법재산 또는 자금세탁행위를 하고 있다고 의심되는 합당한 근거의 판단주체는 금융회사 종사자이며, 그들의 주관적 판단에 의존하는 제도라는 특성이 있다.
④ 고객확인제도(Customer Due Diligence, CDD)에서 말하는 '계좌의 신규개설'에는 여신, 보험·공제계약, 대출·보증·팩토링 계약의 체결, 양도성예금증서, 표지어음의 발행, 금고대여 약정, 보관어음 수탁 등이 포함된다.

13 → ③

정태적 위험은 사회적인 것이 아닌 개인적인 위험으로 개별적 사건 발생은 우연적·불규칙적이나, 집단적으로 관찰 시 일정한 확률을 가지기 때문에 예측이 가능한 반면, 동태적 위험은 사회적인 특정 징후로 예측이 가능한 면도 있으나 위험의 영향이 광범위하며 발생 확률을 통계적으로 측정하기 어렵다.

오답해설

① 위험은 **사건발생에 연동되는 결과에 따라** 순수위험과 투기적 위험으로 분류하며, **위험의 발생 상황에 따라** 정태적 위험(개인적 위험)과 동태적 위험(사회적 위험)으로 분류한다.
② 손해보험 중 특종보험은 해상·화재·자동차·보증·장기보험 등을 제외한 모든 형태의 보험으로 상해보험, 건설공사보험, 항공보험, 유리보험, 동물보험, 배상책임보험 및 도난보험 등 기타 보험이 이에 해당된다. 즉, **해상보험은 특종보험에서 제외되고, 상해보험은 특종보험에 포함**된다.

④ 보험의 대상이 되는 불확실성(위험)의 조건에는 다수의 동질적 위험단위, 우연적이고 고의성 없는 위험, 한정적 측정가능 손실, 측정 가능한 손실확률, 비재난적 손실, 경제적으로 부담 가능한 보험료 수준 등을 꼽을 수 있다. 이중 한정적 측정가능 손실(Determinable and Measurable Loss)은 피해의 발생원인, 발생시점, 장소, 피해의 정도가 명확히 식별 가능하고 손실금액을 측정할 수 있어야 하며, 이를 위한 객관적 자료 수집과 처리를 통해 정확한 보험금 지급 및 적정 보험료 산정이 가능해야 한다는 것이다. 보험회사 또는 인수집단의 능력으로 보상이 가능한 규모의 손실을 의미하는 것은 **비재난적 손실**에 해당한다.

14 □□□ → ④

보험기간은 보험에 의한 보장이 제공되는 기간으로 상법에서는 보험자의 책임을 **최초의 보험료를 지급받은 때로부터 개시**한다고 규정되어 있다.

오답해설

① 피보험자는 보험계약에서 정의한 보험사고가 발생함으로써 손해를 입는 사람을 말한다. 즉 본인의 생명이나 건강 등을 담보시킨 사람을 가리킨다.
② 보험료는 보험계약자가 보험사고에 의한 보장을 받기 위하여 보험자(보험회사)에게 지급하여야 할 금액으로 만약 보험료를 납부하지 않는다면 그 계약은 해제 혹은 해지된다.
③ 보험사고란 보험에 담보된 재산 또는 생명이나 신체에 관하여 보험자(보험회사)가 보험금 지급을 약속한 사고(위험)가 발생하는 것으로 생명보험의 경우 피보험자의 사망·생존, 장해, 입원, 진단 및 수술, 만기 등이 보험금 지급사유로 규정된다.

15 □□□ → ①

종신보험은 **보험기간을 정하지 않고** 피보험자가 일생을 통하여 언제든지 사망했을 때 보험금을 지급하는 보험

오답해설

② 저축성보험은 생명보험 고유의 기능인 위험보장보다는 생존시에 보험금이 지급되는 저축기능을 강화한 보험으로 목돈 마련에 유리한 고수익 상품이다.
③ 연금보험은 소득의 일부를 일정기간 적립했다가 노후에 연금을 수령하여 일정수준의 소득을 계속 유지함으로써 노후의 생활능력을 보호하기 위한 보험이다. 연금은 가입자가 원할 경우 지급기간을 확정하여 받거나 종신토록 받을 수 있다.
④ 교육보험은 자녀의 교육자금을 종합적으로 마련할 수 있도록 설계된 보험으로, 부모 생존시뿐만 아니라 사망시에도 양육자금을 지급해주는 특징이 있다. 즉, 교육보험은 일정시점에서 계약자와 피보험자가 동시에 생존했을 때 생존급여금을 지급하고, 계약자가 사망하고 피보험자가 생존하였을 때 유자녀 학자금을 지급하는 형태를 가진다.

16 □□□ → ②

㉠ **사행계약성** : 보험계약에서 보험자의 보험금지급 의무는 **우연한 사고**의 발생을 전제로 하고 있으나 정보의 비대칭성으로 보험범죄나 인위적 사고의 유발과 같은 도덕적 위험이 내재해 있으며 이를 규제하기 위하여 피보험이익, 실손 보상원칙, 최대선의 원칙 등을 두고 보험의 투기화를 막는 제도적 장치가 있다.
㉡ **계속계약성** : 보험계약은 보험회사가 일정기간 안에 보험사고가 발생하면 보험금을 지급하는 것을 내용으로 하여 그 기간 동안에 보험관계가 지속되는 계속계약의 성질을 지니며, 상법상 독립한 계약이다. 따라서 보험계약자 등은 **보험료를 모두 납부한 후에도 보험자에 대한 통지 의무**와 같은 보험 계약상의 의무를 진다.
㉢ **부합계약성** : 보험계약은 다수인을 상대로 체결되고 보험의 **기술성과 단체성**으로 인하여 그 **정형성**이 요구되므로 부합계약에 속한다. 보험계약은 일반적으로 보험회사가 미리 작성한 보통보험약관을 매개로 체결되는데 보험계약자는 약관을 승인하거나 거절하는 형식을 취하므로 약관 해석 시 작성자 불이익의 원칙을 두고 있다.

17 □□□ → ②

생명보험에서 피보험자와 보험계약자가 동일할 경우 '자기의 생명보험', 양자가 각각 다른 사람일 경우 '**타인의 생명보험**'이라고 한다. 또한 보험수익자와 보험계약자가 동일한 경우 '자기를 위한 보험', 양자가 각각 다른 사람일 경우 '**타인을 위한 보험**'이라 한다.

오답해설

① 해당 보험계약을 부활하였다 하더라도 보험계약이 실효된 이후 시점부터 부활될 때까지의 기간에 발생한 보험사고에 대하여는 **보험자는 책임을 지지 않는다**. 단, 계약자가 약정이자를 포함한 연체보험료를 지급하고 보험계약 부활을 청구한 때부터 보험자가 승낙하기 전까지 사이에 보험사고 발생시 보험자가 거절할 사유가 없는 한 보상책임을 지게 된다.
③ **보험계약의 취소에 대한 설명**이다. 보험계약의 무효란 외형상 계약은 성립되어 있으나 법률상 그 효력이 처음부터 발생하지 않은 것을 의미한다.
④ 고지의무는 계약 청약시 뿐 아니라 **부활시에도 이행하여야 한다**.

18 → ④

ⓔ은 5%, ⓒ은 3%, ⓐ은 2%, ⓑ은 1%의 할인율이 적용된다.
- ⓔ 의료급여 수급권자에게 실손의료비보험의 보험료를 할인한다. 이때, 의료급여법상의 '의료급여 수급권자'로서의 증명서류를 제출해야 하며 영업보험료의 **5%**를 할인하고 있다.
- ⓒ 무배당 우리가족암보험 2109의 피보험자가 B형 간염 항체 보유시 항체보유 사실을 증명할 수 있는 서류를 제출하고 체신관서가 확인시에는 서류제출시점 이후의 차회보험료부터 영업보험료(갱신계약 영업보험료 포함)의 **3%**를 할인하여 영수한다. 다만, 제1회 보험료는 할인에서 제외된다.
- ⓐ 무배당 win-win단체플랜보험 2109는 단체별 피보험자수에 따라 다음과 같이 보험료(특약보험료 포함) 할인이 적용된다. 따라서 피보험자가 300명인 경우 **2%**의 할인을 받을 수 있다.

피보험자수	5인~20인	21인~100인	101인 이상
할인율	1%	1.5%	2%

- ⓑ 무배당 우체국통합건강보험 2109는 고액계약 보험료할인 대상상품이다. 할인율은 다음과 같다. 고액 할인은 주계약 보험료(특약보험료 제외)에 한하여 적용되므로 주계약 보험가입금액이 2,500만원인 경우에는 **1%**의 할인을 받을 수 있다.

보험가입금액	2천~3천만원 미만	3천~4천만원 미만	4천만원
할인율	1%	2%	3%

19 → ④

근로소득자(일용근로자 제외)가 보장성보험에 가입한 경우 납입한 보험료(연간 100만원 한도)의 12%(장애인전용보험은 15%)에 해당하는 금액을 해당 과세기간의 종합소득산출세액에서 공제해 준다. 보장성보험 세액공제의 대상자는 근로소득자이며 **사업소득자, 일용근로자 등은 제외된다**.

오답해설
① 보장성보험은 주로 사망, 질병, 재해 등 각종 위험보장에 중점을 둔 보험으로, 생존 시 지급되는 보험금의 합계액이 이미 납입한 보험료를 초과하지 않는다. 반면, 저축성보험은 생존 시 지급되는 보험금의 합계액이 이미 납입한 보험료를 초과하는 보험이다.
② 세액공제 대상 보험계약은 보험계약 또는 보험료 납입 영수증에 보장성보험으로 표시된 보험을 대상으로 한다. 따라서 주계약뿐만 아니라 특약으로 가입한 보장성보험도 세액공제를 받을 수 있다.
③ 보험료 계산의 방식 중 3이원방식은 보험료는 수지상등의 원칙에 의거하여 예정사망률(예정위험률), 예정이율, 예정사업비율의 3대 예정률을 기초로 계산한다. 그리고 현금흐름방식은 기존의 3이원방식 가격요소와 함께 계약유지율, 판매량, 투자수익률 등 다양한 가격요소를 반영하여 보험료를 산출하는 방식이다. 따라서 보장성 보험료를 산출할 때에 예정이율, 예정위험률, 예정사업비율이 필요하다.

20 → ③

보험계약을 체결하려는 자는 보험청약을 하고, 이 청약에 대해서 **체신관서**가 승낙하는 것을 **계약선택**이라고 한다. 계약선택 시 체신관서는 역선택을 피하기 청약심사(언더라이팅)을 실시한다. 역선택이란 특정군의 특성에 기초하여 계산된 위험보다 높은 위험을 가진 집단이 동일 위험군으로 분류되어 보험계약을 체결함으로써 그 동일 위험군의 사고발생률을 증가시키는 현상이다.

제 4 과목 | 컴퓨터 일반(기초영어 포함)

01 → ③

시간 단위	용량 단위
$1ms = 10^{-3}s$	$1K = 1024 = 2^{10}$
$1\mu s = 10^{-6}s$	$1M = 1024 \times K = 2^{20}$
$1ns = 10^{-9}s$	$1G = 1024 \times M = 2^{30}$
$1ps = 10^{-12}s$	$1T = 1024 \times G = 2^{40}$
$1fs = 10^{-15}s$	$1P = 1024 \times T = 2^{50}$
$1as = 10^{-18}s$	$1E = 1024 \times P = 2^{60}$
$1zs = 10^{-21}s$	$1Z = 1024 \times E = 2^{70}$

02 → ②

생성자는 여러 개 작성할 수 있지만 호출은 한번만 가능하다.

03 → ④

DMA와 CPU 장치는 같은 시스템 버스를 공유하지만 입출력 작업은 CPU의 레지스터를 거치지 않고 I/O장치와 메모리 간 직접 전송이 가능하다. 입출력은 사이클 스틸링을 통해 진행되고 사이클 스틸이 진행되는 동안 메모리 접근 외 다른 작업은 가능하다.

04 → ③

금액을 구하기 위해 단가표에서 상품코드에 일치하는 단가를 참조하고 수량을 곱하여 금액을 구하면 된다. 단가를 참조하기 위해 vlookup 함수를 사용한다.
= VLOOKUP(참조기준값, 참조범위(절대참조), 열 번호, 일치여부) (일치:FALSE)에서
= VLOOKUP(B2, $B$8:$C$10, 2, FALSE)
- 따라서 금액(D2) = 수량(C2) * VLOOKUP(B2, $B$8:$C$10, 2, FALSE)

05 → ④

① 물리계층 : 회선 연결을 위한 기계적, 전기적, 기능적, 절차적 특성을 정의
② 세션계층 : 세션을 생성, 유지, 종료하는 데 필요한 동기점, 전송방향 등 대화 관리를 제공
③ 네트워크계층 : 목적지로 가는 최적 경로를 설정하는 라우팅을 수행하는 계층
④ 전송계층(Transport) : 종단 간(End-to-End) 신뢰성을 제공하기 위한 규정을 정의한 프로토콜

06 → ④

쿠키는 처음 웹사이트 접속 시 웹 서버에서 생성되고 클라이언트 사용자에게 전송되어 사용자 컴퓨터에 저장되는 텍스트 파일이다.

07 → ④

임계경로 : 모든 작업을 마칠 수 있는 가장 긴 경로
① V1, V2, V3, V6 : 경로 없음
② V1, V3, V6 : 2+5=7
③ V1, V2, V4, V6 : 3+2+2=6
④ V1, V3, V4, V6 : 2+4+2=8

08 → ③

- A = 10, B = A - - 를 수행하면 B = 10을 기억
- B + = 20을 수행하면 B = 30을 기억
- printf("%d", *C); 에서 포인터변수 *C는 B의 내용을 가리키게 되므로 30이 출력된다.

09 → ①

[모듈의 독립성 판단 기준]
1) 결합도 : 모듈 사이의 관련성으로 결합도는 작을수록(낮을수록) 좋다.
2) 응집도 : 모듈 내부의 관련성으로 응집도는 클수록(높을수록) 좋다.

10 → ②

1) 구조 다이어그램 : 클래스, 패키지, 배치 다이어그램
2) 행위 다이어그램 : 상태, 시퀀스 다이어그램

11 → ②

① IEEE : 국제 전기전자 기술자 협회, LAN의 표준을 제정
② OWASP : 웹 보안 취약점 연구 단체
③ Gartner : 미국의 정보 기술 연구 및 자문 회사로 시장 동향을 분석 발표
④ ISO : 국제 표준화 기구, 여러 국제 표준을 발표

12 → ③

1) TCP : 연결형, 신뢰성 서비스
2) IP : 비연결형, 비신뢰성 서비스
3) UDP : 비연결형, 비신뢰성 서비스, TCP보다 고속 전송

13

[GoF의 디자인 패턴]
1) 오랜 시간 개발자들의 경험과 시행착오를 통해 완성된 패턴이다.
2) 소프트웨어 설계 시 공통적으로 발생하는 유사한 문제들에 대한 해법을 제시한다.
3) 문제 유형별로 가장 적합한 설계를 일반화하여 체계적으로 정리해 놓은 것이다.

14

1) SRT : 선점 알고리즘으로 실행시간이 작은 프로세스부터 CPU를 할당받아 실행되지만 더 작은 실행시간 프로세스가 들어오면 CPU를 선점 당하는 알고리즘이다.
2) 프로세스 차트는 아래와 같다.

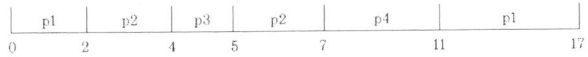

3) 반환시간=종료시간-도착시간, 평균반환시간=(각 프로세스 반환시간의 합)/프로세스 수
4) 평균 반환시간=((17-0)+(7-2)+(5-4)+(11-6))/4=28/4=7

15

Data Mining : 데이터베이스나 데이터웨어하우스에서 감춰진 데이터들의 관계와 의미를 분석하는 지식 발견 기술을 의미한다.

16

㉠ RAID 0은 장애 복구가 안된다.
㉡ RAID 1은 장애 복구가 가능하다.
㉢ RAID 2는 패리티 디스크를 사용하지 않는다.
㉣ RAID 5는 라운드 로빈 방식의 패리티 블록을 사용한다. (O)

17

데이터와 연산을 하나로 묶는 개념은 캡슐화에 대한 설명이다.

18

즉시 갱신 기법에서는 로그에 〈commit〉 있는 완료된 트랜잭션(T1)은 redo(재실행)를 수행하고, 〈commit〉이 없는 미완료 트랜잭션(T2)은 undo(실행취소)를 실행한다. 따라서 A, B는 재실행되어 각각 900, 2100이 되고 C는 처음 상태인 3000이 된다.

19

[해석]
가장 흔하게 사용되는 선전기법 중 하나는 선전자의 의견이 일반인들의 의견을 반영하고 선전자들이 일반인들의 이익을 위해 일한다는 걸 대중에게 확신시키는 것이다. 육체노동자들에게 연설하는 정치인은 소매를 올리고 넥타이를 풀며 육체노동자들이 쓰는 특정 어구를 사용하려 한다. 정치인은 그가 '그저 그 무리의 한 사람'이라는 인상을 주기 위해 의도적으로 부정확하게 언어를 사용할지도 모른다. 이런 기법은 보통 정치인이 연설을 듣는 청중들과 의견이 같다는 인상을 주기 위해 화려한 추상어도 사용한다. 노동조합의 지도자들, 사업가, 장관들, 교육자들 그리고 광고업자들은 그저 우리처럼 평범한 사람들임을 보임으로써 우리의 확신을 얻기 위해 이런 기법을 사용해왔다.

[해설]
④ by는 전치사로서 뒤에 (동)명사가 오는데 by+동명사는 '~함으로써'의 의미이므로 어법상 옳다.
① 주어는 one이고 'of ~ techniques'는 수식어구로 one을 꾸며주고 있으므로 복수동사 are을 단수동사 is로 고쳐야 한다.
② 병렬구조를 묻는 문제로서 조동사 may에 연결되는 동사원형이 와야 하므로 undoing을 undo로 고쳐야 한다.
③ 동사를 수식하는 건 부사이므로 형용사 incorrect를 동사 use를 수식하는 부사 incorrectly로 고쳐야 한다.

[어휘]
- propaganda 선전
- convince 확신시키다
- propagandist 선전업자
- blue-collar 육체노동자
- idiom 관용구, 표현
- on purpose 의도적으로
- glittering 화려한
- generality 일반성, 추상성

20

[해석]
롤러코스터가 트랙의 첫 번째 기구에 오를 때 그것은 위치(잠재적인)에너지를 만들어내는데 그것은 육지 위로 올라갈수록 중력의 당기는 힘이 더 강해진다. 롤러코스터가 기구의 꼭대기에 이르고 내려가기 시작할 때 그 위치(잠재적인)에너지는 운동에너지, 즉 활동에너지가 된다. 롤러코스터가 트랙을 따라가면 에너지를 잃는다는 것이 흔하게들 생각하는 오해이다. 하지만 에너지 보존법칙이라고 불리는 중요한 물리법칙은 에너지가 결코 만들어지거나 파괴될 수 없다고들 한다. 그것은 단순하게 한 형태에서 다른 형태로 변한다. 트랙이 다시 오르막으로 오를 때마다 그 기구의 가속도, 그것의 운동에너지는 그것을 위로 옮기고 위치(잠재적인)에너지를 만들고 롤러코스터는 위치(잠재적인)에너지를 운동에너지로 반복적으로 전환

하다가 다시 반복한다. 그 놀이가 마무리될 때쯤 롤러코스터는 두 표면 사이의 균열을 생기게 하는 제동장치에 의해 속도가 느려진다. 이러한 움직임은 그것을 뜨겁게 하고 제동하는 동안 운동에너지는 열에너지로 바뀐다는 것을 의미한다. 기구를 타는 사람들은 롤러코스터가 트랙의 끝쯤에서 에너지를 잃는다고 잘못 생각할 수도 있지만 그저 에너지가 다른 형태로 변하는 것뿐이다.

[해설]
롤러코스터가 움직일 때 발생하는 에너지를 설명하는 글이므로 정답은 ③이다.

[어휘]
- potential energy 위치(잠재적인)에너지
- gravity 중력
- crest 꼭대기에 오르다
- descent 내려오기
- kinetic energy 운동에너지
- misperception 오해
- momentum 운동량
- convert 전환하다
- mechanism 기계장치
- friction 마찰력

제2회 정답 및 해설

맞은 개수 　/ 80

빠른 정답

제1과목 한국사 (상용한자 포함)	01	02	03	04	05	06	07	08	09	10
	②	③	④	③	③	①	①	③	③	④
	11	12	13	14	15	16	17	18	19	20
	③	②	④	④	②	②	②	③	①	①

제2과목 우편상식	01	02	03	04	05	06	07	08	09	10
	①	②	③	③	③	①	③	①	④	③
	11	12	13	14	15	16	17	18	19	20
	③	②	②	②	③	④	②	②	②	③

제3과목 금융상식	01	02	03	04	05	06	07	08	09	10
	①	③	④	④	②	②	③	②	③	⑤
	11	12	13	14	15	16	17	18	19	20
	①	③	④	②	②	④	③	③	③	①

제4과목 컴퓨터 일반 (기초영어 포함)	01	02	03	04	05	06	07	08	09	10
	②	③	①	②	④	①	④	④	③	①
	11	12	13	14	15	16	17	18	19	20
	④	①	④	②	③	③	③	①	②	①

제1과목 | 한국사(상용한자 포함)

01 → ②

㉠ 신석기 시대의 움집은 주로 원형으로 가운데 불씨를 보관하거나 취사, 난방을 하는 화덕이 있었다.
㉢ 신석기 시대의 대표적인 유적지이다.
㉣ 신석기 시대에는 원시 신앙이 발생하였다. 애니미즘은 자연 현상이나 태양, 물 등 자연물에도 정령이 있다고 믿는 것이고, 토테미즘은 자기 부족의 기원을 특정한 동식물과 연결해 그 동식물을 숭배하는 것이다. 또한 샤머니즘은 하늘이나 영혼을 인간과 연결해 주는 무당과 그 주술을 믿는 것이다.

오답해설

㉡, ㉤은 구석기 시대의 모습이다.

02 → ③

자료의 (가)는 고구려, (나)는 부여, (다)는 동예의 제천 행사에 대한 것이다.

오답해설

①은 옥저, ②는 동예, ④는 부여에 대한 설명이다.

03 → ④

제시된 자료는 신라의 국호를 정하는 과정으로 6세기 지증왕 대의 일이다. 지증왕은 국호를 '신라'로 정하고, '왕'의 칭호를 사용하였으며, 우경을 장려하고 순장을 금지하는 한편, 수도와 지방의 행정 제도를 정비하고, 우산국을 정벌하기도 하였다.

오답해설

① 6세기 진흥왕, ② 4세기 내물왕, ③ 6세기 법흥왕에 대한 설명이다.

04 → ③

㉢은 5세기 고구려의 장수왕에 대한 설명이다. 신라의 요청을 받아 왜구를 토벌한 것은 광개토대왕 시대이다. 장수왕의 남진으로 신라와 백제는 많은 영토를 잃게 되어 양국이 동맹하게 되는 계기가 마련되었다.

05 → ③

아직기는 백제의 문화 전파를 보여 주는 인물이다. 백제의 아직기는 일본의 태자에게 한자를 가르쳤고, 왕인은 천자문과 논어를, 노리사치계는 불경과 불상을 전하였다.

06 → ①

제시된 사료는 최치원에 대한 내용이다. 신라 말기 당에 유학했다가 돌아온 6두품 출신 유학생들은 신라 골품제 사회를 비판하면서 새로운 유교 정치 이념을 제시하였다.

오답해설

② 호족, ③ 신라 중대 6두품, ④ 신라 하대 농민들이 초적으로 변하는 것에 대한 설명이다.

07 → ①

(나) 무왕 시기에는 '인안'이라는 연호를 사용하였고, 당의 산둥 반도를 공격하기도 하였다.
(다) 문왕 즉위 이후에는 당, 신라 등과 친선관계를 유지하며 당의 선진 문물과 제도를 받아들였다.
(라) 선왕 때에는 옛 고구려 땅 대부분을 차지하며 중국인들로부터 '해동성국'이라 불리기도 하였다.

08 → ③

(가)는 거란, (나)는 몽골, (다)는 왜(일본), (라)는 여진(금)에 해당한다.
③ 홍건적의 침입으로 개경이 함락되고, 공민왕이 안동으로 피신하기도 하였다.

09 → ③

『고려도경』은 1123년 송나라 사신으로 왔던 서긍이 지은 책이다.
③ 성종 때의 건원중보를 비롯하여 숙종 때 삼한통보, 해동통보 등이 발행되었다. 다만 널리 유통되지 못하였다.

오답해설
① 고려 시대에는 무신을 차별하여 무신정변이 일어났다.
② 토산물이 모두 관가로 들어간다는 데에서 짐작할 수 있다.
④ 고려 시대에는 남녀의 가정에서의 지위가 비슷하였다.

10 → ④

『승정원일기』는 인조 이전의 자료가 임진왜란과 이괄의 난으로 소실되어 인조 대부터 순종 대까지 280여 년간의 역사를 기록한 자료만 남아 있다.

오답해설
① 조종 성헌 준수는 조선 시대 법전 편찬의 기본 원칙이었다. 조선 시대에는 선왕(조종)의 법은 존중되어야 한다는 조종 성헌 준수의 원칙 아래 법전이 편찬되어, 고쳐야 할 조문이 있을 경우 원전의 조문은 그대로 두고 고칠 내용을 각주로 명기하였다.
② 『실록』이 완성된 이후 편찬에 사용된 「사초」는 세초 작업을 통해 파기되었다. 세초 작업은 「사초」의 유출과 『실록』에 대한 시비의 소지를 예방하기 위해 『실록』 편찬에 사용된 「사초」나 초고를 파기한 제도였다.
③ 여러 관청의 『등록』을 모아 정기적으로 『시정기』를 편찬한 기관은 춘추관이다. 실록청은 국왕 사후에 『실록』 편찬을 위해 춘추관에 임시로 설치한 관청으로, 「사초」, 『시정기』, 『의정부등록』, 『비변사등록』 등을 모아 『실록』을 편찬하였다.

11 → ③

제시된 지도는 태종 때 제작된 혼일강리역대국도지도이다. 혼일강리역대국도지도는 태종 때 이회가 제작하고 권근이 발문을 지은 것으로, 아라비아 지도의 영향을 받은 중국지도를 참고하여 한·중·일 삼국과 유럽 및 아프리카가 그려져 있다. 그러나 아메리카와 호주는 당시에 발견되지 않아 지도에 빠져 있다.

오답해설
①, ④ 조선방역지도, ② 동국지도에 대한 설명이다.

12 → ②

제시된 글은 세종 때 편찬된 『삼강행실도』의 서문이다.
② 신문고(등문고)는 태종 때 처음 설치되었으며, 연산군 때 폐지되었다가 영조 때 부활하였다.

오답해설
① 세종 13년(1431)에 간행되었다.
④ 세종 때 삼포개항(1426, 부산포, 염포, 제포) 이후 신숙주를 보내 계해약조(1443)를 맺었다.
* **계해약조** : 무역량 조정(세견선 50척, 세사미두 200석, 거류 왜인 60명), 도서(무역허가증) 발급, 출입자의 문인(도항증서, 대마 도주가 발급) 휴대

13 → ④

ⓒ 조선 통신사에 관한 기록물은 2017년에 유네스코 세계기록유산으로 등재되었다. 조선 통신사에 관한 기록물은 1607년부터 1811년까지 12회에 걸쳐 일본에 파견되었던 조선의 외교 사절단인 조선 통신사에 관한 자료를 총칭하는 것이다.
ⓒ 조선 통신사는 일본 파견 시 부산에서 오사카까지는 배로 이동하였고, 오사카에서 에도(도쿄)까지는 육로를 이용하여 갔다.
ⓔ 조선 통신사를 통해 조선의 선진 문물이 일본에 유입되었으나 통신사가 파견되면 그들의 사행에 필요한 경비를 일본 막부에서 지급해야 했다. 이로 인해 18세기 후반 일본에서는 점차 막대한 예산이 나가는 통신사에 대해 부정적으로 인식이 변화하였고, 일본에서 반한적인 성격의 국학 운동이 일어나는 배경이 되었다.

오답해설
ⓐ 조선 통신사는 임진왜란 이후 일본으로 파견된 비정기적인 사절단으로, 기유약조가 체결(1609)되기 이전인 1607년부터 파견되기 시작하였다.

14 → ④

자료는 허통을 청원하고 정조 때 규장각 검서관에 등용되는 것으로 보아 서얼의 활동이다. 서얼은 조선 시대에 문과 응시가 금지되었으나 무반이나 기술관으로는 진출하였다.

오답해설
① 고려 시대에는 서얼에 대한 차별이 없었다.
② 기술관, ③ 부농에 대한 내용이다.

15 → ②

균역법은 군포 징수를 1년에 2필에서 1필로 줄여줌으로써 농민들의 부담을 경감시켜 주기 위한 정책이었으나 약화된 국가 재정을 보충하기 위해 결작 징수(1결당 2두), 어장세, 염세, 선세 등을 균역청에서 관장, 다시 백성들의 부담을 가중시켰다.

오답해설

① 대동법, ③ 영정법, ④ 환곡제도에 대한 설명이다.

16 → ②

제시된 자료는 정미의병 당시 의병들의 인식을 보여 준다. 1907년 고종의 강제 퇴위와 군대 해산을 계기로 일어난 의병 투쟁은 그 규모나 성격 면에서 의병 전쟁으로 발전하였는데, 이 시기의 의병을 정미의병이라고 한다. 의병은 해산 군인의 합류로 사기와 전투력이 크게 증강되었다. 아울러 의병 부대의 구성도 더욱 다양해졌으며, 경상도의 신돌석, 황해도·경기도의 김수민, 함경도의 홍범도 등이 평민 의병장으로 명성을 날렸다. 당시 의병 지도자들은 전국의 의병을 연합하여 서울 진공 작전을 시도하였다.

② 을미의병(1896)이 해산된 이후에 해당한다.

17 → ③

(나) 제1차 미·소 공동위원회 결렬 이후 이승만이 단독정부 수립을 주장한 정읍 발언(1946. 6. 3)
(라) 38도선 이남만의 선거를 결의한 UN소총회(1948. 2)
(가) 단독정부 수립을 반대했던 제주 4·3 사건(1948. 4)
(다) 여·순 사건(1948. 10)

18 → ①

제시된 글은 2차 정상회담이 이뤄진 2007년 10·4 남북 공동 선언의 내용이다. 노무현 정부는 김대중 정권의 대북 정책인 햇볕 정책을 계승하고 발전시켰다.

오답해설

ⓒ 김대중 정부 때의 사실이다. 김대중 정부는 1998년부터 금강산 관광사업을 시행하여 남북 교류의 전기를 마련하였고, 이어 2000년 9월 경의선 복구사업, 개성 공단 설치 등 다방면의 남북 교류와 협력을 활성화하였다.
ⓔ 1972년 7·4 남북 공동 성명의 합의문이다.
ⓜ 1991년 남북 기본 합의서의 내용이다. 여기에서는 남북한 관계를 통일 과정의 '잠정적 특수 관계'라고 규정하고, 상호 체제를 인정하였다.

19 → ②

② 拔本塞源(발본색원) : 근본을 빼내고 원천을 막아 버린다는 뜻으로 사물의 폐단을 없애기 위해서 그 뿌리째 뽑아 버림을 이른다.

오답해설

① 糊口之策(호구지책) : 입에 풀칠하기 위한 방책. 가난한 살림에서 그저 겨우 먹고살아 가는 방책
③ 主客顚倒(주객전도) : 주인과 손의 위치가 서로 뒤바뀐다는 뜻으로, 사물의 경중·선후·완급 따위가 서로 뒤바뀜을 이르는 말
④ 袖手傍觀(수수방관) : 팔짱을 끼고 보고만 있다는 뜻으로, 간섭하거나 거들지 아니하고 그대로 버려둠을 이르는 말

20 → ①

① 탐구(探究) : 진리나 학문이나 원리 등을 깊이 연구함

오답해설

② 定義(×) → 正義
  • 정의(正義) : 진리에 맞는 올바른 도리
③ 朔漠(×) → 索莫
  • 삭막(索莫) : 황폐하여 쓸쓸함
④ 桎曲(×) → 桎梏
  • 질곡(桎梏) : 몹시 속박하여 자유를 가질 수 없는 고통의 상태

제2과목 | 우편상식

01 → ①

㉠ 조직 또는 계통을 이용하여 타인의 서신을 송달할 경우에는 서신송달의 정부독점권을 침해할 가능성이 많으므로 단 1회의 송달을 하는 것도 금지한다.
㉢ 우편물의 발송·수취나 그 밖에 우편 이용에 관하여 제한능력자의 행위라도 능력자가 행한 것으로 간주된다. 이에 따라 제한능력자의 행위임을 이유로 우편관서에 대하여 임의로 이용관계의 무효 또는 취소를 주장할 수 없다.

오답해설

㉡ 우편업무 전용 물건은 **압류 금지 및 제세공과금 부과 면제**의 대상이 된다.
㉣ 상품의 가격·기능·특성 등을 문자·사진·그림으로 인쇄한 표지 포함 16쪽 이상인 책자 형태의 상품안내서는 **서신의 예외**에 해당하므로 서신 독점의 대상에 포함되지 않는다.

02 → ②

우편이용 관계의 법적 성질은 우편 이용자와 우편관서 간의 우편물 송달 계약을 내용으로 하는 **사법(私法)상의 계약 관계(통설)**이다. 다만, 우편사업 경영 주체가 국가이며 공익적 성격을 띠고 있으므로 이용관계에서 다소 권위적인 면이 있다.

오답해설

① 우편사업은 「정부기업예산법」에 따라 정부기업으로 정해져 있다. 구성원이 국가공무원일 뿐만 아니라 사업의 전반을 법령으로 정하고 있기 때문에 경영상 제약이 많지만, 적자가 났을 때에는 다른 회계에서 지원을 받을 수 있다.
③ 우편관서는 철도, 궤도, 자동차, 선박, 항공기 등의 경영자에게 운송요구권을 가진다. 이 경우 우편물을 운송한 자에 대하여 정당한 보상을 한다.
④ 우편이용 관계는 제3자(수취인)를 위한 우편관서와 발송인과의 계약이므로 우편이용 관계자는 우편관서, 발송인 및 수취인이다.

03 → ③

①, ②, ③ 우편서비스는 보편적 우편서비스와 선택적 우편서비스로 구분하며 서비스 대상은 다음과 같다.

보편적 우편서비스	선택적 우편서비스
① 2kg 이하의 통상우편물	① <u>2kg을 초과하는 통상우편물</u>
② <u>20kg 이하의 소포우편물</u>	② 20kg을 초과하는 소포우편물
③ 위 ①, ②의 우편물의 기록취급 등 특수취급우편물	③ 위 ①, ②의 우편물의 기록취급 등 특수취급우편물
④ 그 밖에 대통령령으로 정하는 우편물	④ 우편과 다른 기술 또는 서비스가 결합된 서비스 : 전자우편, 모사전송(FAX)우편, 우편물 방문접수 등
	⑤ <u>우편시설, 우표, 우편엽서, 우편요금 표시 인영이 인쇄된 봉투 또는 우편차량장비 등을 이용하는 서비스</u>
	⑥ 우편 이용과 관련된 용품의 제조 및 판매
	⑦ 그 밖에 우편서비스에 부가하거나 부수하여 제공하는 서비스

오답해설

④ 소포우편물에는 원칙적으로 서신을 넣을 수 없으나 물건과 관련이 있는 납품서, 영수증, 설명서, 감사인사 메모 등은 함께 보낼 수 있다(예 우체국쇼핑 상품설명서, 선물로 보내는 소포와 함께 보내는 감사인사 메모).

04 → ③

규격을 위반하여 규격외 요금을 징수해야 하는 우편물은 다음의 사유로 ㉠, ㉢, ㉣ 세 개다.
㉠ 봉투의 재질이 비닐인 우편물 ⇒ 봉투의 재질은 종이여야 한다.
㉢ 수취인 우편번호를 6자리로 기재한 우편물 ⇒ 5자리 우편번호를 사용해야 한다.
㉣ 누르지 않은 자연 상태에서 두께가 10mm인 우편물 ⇒ 두께는 최대 5mm이다.
그 외 ㉡, ㉤, ㉥은 규격요건이 아니라 권장요건을 준수하지 않은 경우에 해당한다.

05 → ③

민원우편의 요금은 민원우편의 송달에 필요한 왕복우편요금과 민원우편 부가취급수수료를 접수(발송)할 때 미리 받는다. 즉, 발송할 때의 취급요금(우편요금 + 등기취급수수료 + 부가취급수수료)과 회송할 때의 취급요금(50g 규격요금 + 등기취급수수료 + 익일특급수수료)을 합하여 미리 받아야 한다.

오답해설

① 특별송달우편물에 첨부된 우편송달통지서 용지의 무게는 <u>우편물의 무게에 합산</u>한다.
② 민원우편 회송용 봉투에 날인하는 요금선납 날짜도장은 <u>최초의 발송 민원우편 접수우체국의 접수한 날의 우편날짜도장으로 날인</u>하는 것이며, 회송민원우편 접수우체국에서 날인하는 것이 아님에 주의하여야 한다.
④ 착불배달은 우편물이 수취인 불명, 수취거절 등으로 반송되는 경우 발송인에게 <u>우편요금 및 반송수수료</u>를 징수한다. 다만, 맞춤형 계약등기는 우편요금(표준요금 + 무게구간별 요금)만 징수한다.

06 → ①

내용증명의 발송인은 내용문서의 원본과 그 등본 2통을 제출하여야 한다. 단, 발송인에게 등본이 필요하지 않은 경우에는 등본 1통만 제출이 가능하며, 이 경우 우체국 보관 등본 여백에 "발송인 등본 교부 않음"이라고 표시해야 한다.

오답해설

② 내용증명 시 우편관서는 내용과 발송 사실만을 증명할 뿐, 그 사실만으로 <u>법적 효력이 발생되는 것은 아님</u>에 주의해야 한다.
③ 내용증명은 발송인이 수취인에게 어떤 내용의 문서를 언제 발송하였다는 사실을 우편관서가 공적으로 증명해 주는 우편서비스이다. 또한 수취인에게 우편물을 배달하거나 교부한 경우, 그 사실을 배달우체국에서 증명하여 발송인에게 통지하는 제도는 <u>배달증명에 해당한다</u>.
④ 내용문서의 원본이나 등본의 문자나 기호를 정정·삽입·삭제한 경우에는 정정·삽입·삭제한 문자와 정정·삽입·삭제한 글자 수를 난외나 끝부분 빈 곳에 적고 그곳에 <u>발송인의 인장 또는 지장을 찍거나 서명을 하여야 한다</u>. 즉, 외국인일 경우에 한하여 서명을 할 수 있는 것은 아니다.

07 → ③

㉠ 나만의 우표 : 개인의 사진, 기업의 로고·광고 등 고객이 원하는 내용을 신청받아 우표를 인쇄할 때 비워놓은 여백에 컬러복사를 하거나 인쇄하여 신청고객에게 판매하는 IT기술을 활용한 신개념의 우표 서비스(기본형, 홍보형, 시트형, 카드형)

㉡ 전자우편서비스 : 고객(정부, 지자체, 기업체, 개인 등)이 우편물의 내용문과 발송인·수신인 정보(주소·성명 등)를 전산매체에 저장하여 우체국에 접수하거나 인터넷 우체국을 이용하여 신청하면 내용문 출력과 봉투 제작 등 우편물 제작에서 배달까지 전 과정을 우체국이 대신하여 주는 서비스로서 편지, 안내문, DM 우편물을 빠르고 편리하게 보낼 수 있는 서비스

㉢ 우체국쇼핑 : 전국 각 지역에서 생산되는 특산품과 중소기업 우수 제품을 우편망을 이용하여 주문자나 제3자에게 직접 공급하여 주는 서비스

구분	주요 내용
특산물	검증된 우수한 품질의 농·수·축산물을 전국 우편망을 이용해 생산자와 소비자를 연결해주는 서비스
제철식품	출하시기의 농수산 신선식품, 소포장 가공식품, 친환경 식품 등을 적기에 판매하는 서비스
생활마트	중소기업의 공산품을 개인에게 판매하는 오픈마켓 형태 서비스
B2B	우수 중소기업상품의 판로를 확보하고 기업의 구매비용 절감과 투명성을 높이기 위하여 기업과 기업 간의 거래환경을 제공하는 서비스
꽃배달	우체국이나 인터넷을 이용하여 꽃배달 신청을 할 경우 전국의 업체에서 지정한 시간에 수취인에게 직접 배달하는 서비스
전통시장	대형 유통업체의 상권 확대로 어려워진 전통시장 소상인들의 판로 확보를 위해 전국의 전통시장 상품을 인터넷몰에서 판매하는 서비스
창구판매	창구에서 우체국쇼핑상품을 즉시 판매하는 서비스

08 → ①

㉡ 중량 20kg 초과 소포 1개를 2개로 분할하여 접수할 경우 2,000원 감액이 적용된다. 단, 동일 시간대, 동일 발송인, 동일 수취인이고, 분할한 소포 1개의 무게는 10kg을 초과해야 한다.

오답해설

㉠ 소포우편물의 감액대상은 <u>창구접수(등기소포), 방문접수 우편요금(부가취급수수료 제외)</u>이다.
㉢ 요금후납의 방법으로 우체국 창구에 <u>100개 접수한 경우, 10% 금액을 할인받을 수 있다</u>.

구분		3%	5%	10%	15%
창구 접수	요금즉납	1~2개	3개 이상	10개 이상	50개 이상
	요금후납	–	70개 이상	100개 이상	130개 이상

㉣ 방문접수의 경우 접수정보를 사전연계하여 접수정보 입력, 사전결제, 픽업장소 지정 시 <u>수량과 무관하게 개당 500원을 감액</u>한다.

09 → ④

요금수취인부담우편물의 발송 유효기간은 요금수취인부담 **계약일로부터 2년이 원칙이다**. 다만, 국가기관, 지방자치단체 또는 정부투자기관에 있어서는 발송 유효기간을 제한하지 아니할 수 있어 2년을 초과하여 발송 유효기간을 정할 수 있다.

오답해설

① 요금수취인부담우편물의 취급대상은 **통상우편물, 등기소포우편물, 계약등기**이며, 각 우편물에 부가서비스도 취급할 수 있다.
② 우편요금 후납우편물의 대상은 다음과 같다.
 ㉠ 한 사람이 매월 100통 이상 발송하는 통상우편물, 소포우편물
 ㉡ 모사전송(팩스)우편물, 전자우편
 ㉢ 우편요금표시기 사용 우편물
 ㉣ 우편요금 수취인부담 우편물
 ㉤ 반환우편물 중에서 요금후납으로 발송한 등기우편물
 ㉥ 발송우체국장이 정한 조건에 맞는 국가 또는 지방자치단체 우편물
 ㉦ **우체통에서 발견된 습득물 중 우편물에서 이탈된 것으로 인정되지 않는 주민등록증**
③ 우편요금 별납우편물은 관할 지방우정청장이 별납우편물을 접수할 수 있도록 **정한 우체국이나 우편취급국에서 이용이 가능하다**.

10 → ③

이용자 실비지급제도는 **우정사업본부장**이 공표한 기준에 맞는 우편서비스를 제공하지 못할 경우에 예산의 범위에서 교통비 등 실비의 전부나 일부를 지급하는 제도이다. 부가취급 여부ㆍ재산적 손해 유무를 요건으로 하지 않고 실비를 보전하는 점에서 손해배상과 성질상 차이가 있다(「우편법 시행규칙」 제15조의 2).

11 → ③

등기우편물 등 부가취급우편물은 우편물류시스템으로 부가취급우편물 송달증을 생성하고 송달증과 현품 수량을 대조 확인한 후 발송한다.

오답해설

① 부가취급우편물을 운송용기에 담을 때에는 책임자나 책임자가 지정하는 사람이 참관하여야 한다.
② 우편물의 발송순서는 특급우편물, 일반등기우편물, 일반우편물 순으로 발송한다.
④ 우편물은 형태별로 분류하여 해당 우편상자에 담되 우편물량이 적을 경우에는 형태별로 묶어 담고 운송용기 국명표는 혼재 표시된 국명표를 사용한다.

12 → ②

보관우편물의 보관기간은 우편물이 도착한 다음 날부터 계산하여 10일로 한다. 다만, 교통이 불편하거나 그 밖의 사유로 수취인이 10일 이내에 우편물을 교부받을 수 없다고 인정될 때에는 20일의 범위 안에서 교부기간을 연장할 수 있다.

오답해설

① 같은 건축물이나 같은 구내의 수취인에게 배달할 우편물은 그 건축물이나 구내의 관리사무소, 접수처, 관리인에게 배달이 가능하다(예 공공기관, 단체, 학교, 병원, 회사, 법인 등).
③ 배달의 우선순위
 ㉠ 제1순위 : 기록취급우편물, 국제항공우편물
 ㉡ 제2순위 : 준등기우편물, 일반통상우편물(국제선편통상우편물 중 서장 및 엽서 포함)
 ㉢ 제3순위 : 제1순위, 제2순위 이외의 우편물
 ㉣ 제1순위부터 제3순위까지의 우편물 중 한 번에 배달하지 못하고 잔량이 있는 경우에는 다음 편에서 다른 우편물에 우선하여 배달하여야 한다.
④ 교통이 불편한 도서ㆍ농어촌 지역, 공동생활 지역 등 정상적인 우편물의 배달이 어려울 경우 마을공동수취함을 설치하고 우편물을 배달한다.

13 → ②

- UPU의 상설기관 : 총회, 관리이사회, 우편운영이사회, 국제사무국
- APPU의 상설기관 : 총회, 집행이사회, **아시아ㆍ태평양우정대학**, 사무국

오답해설

① 아시아ㆍ태평양우편연합(APPU)은 한국과 필리핀이 공동 제의하여 1961년 1월 23일 마닐라에서 한국, 태국, 대만, 필리핀 4개국이 협약에 서명함으로써 창설되었다. 또한, 대만은 UN 및 UPU의 회원자격이 중국으로 대체됨에 따라 1974년에 이 연합의 회원자격도 중국이 대체한다.
③ 아시아ㆍ태평양우편연합(APPU)의 설립목적을 구체적으로 실현하기 위하여 우편업무의 발전과 개선에 관한 연구를 목적으로 우정 직원을 서로 교환하거나 독자적 파견하기 위한 협정을 체결할 수 있다.
④ 아시아ㆍ태평양우편연합(APPU)의 사무국은 태국 방콕에 소재하고 있으며 현재 회원국은 32개국이다.

14 → ③

인쇄물의 요건을 갖추지 않은 것 중 인쇄물로 취급하는 것에는 ㉠ 관계 학교의 교장을 통하여 발송하는 것으로 학교의 학생끼리 교환하는 서장이나 엽서 ㉡ 학교에서 학생들에게 보낸 통신강의록, 학생들의 과제 원본과 채점 답안(다만, 성적과 직접 관계되지 않는 사항은 기록할 수 없음) ㉢ 소설이나 신문의 원고 ㉣ 필사한 악보 ㉤ 인쇄한 사진 ㉥ 동시에 여러 통을 발송하는 타자기로 치거나 컴퓨터 프린터로 출력한 인쇄물 등이 있다.

오답해설

① 인쇄물(Printed papers)은 종이, 판지나 일반적으로 인쇄에 사용되는 재료에 접수국가 우정당국이 인정한 방법에 따라 여러 개의 동일한 사본으로 생산된 복사물이다. 인쇄물로 접수 가능한 물품은 서적, 정기간행물, 홍보용 팸플릿, 잡지, 상업광고물, 달력, 사진, 명함, 도면 등이다. CD, 비디오테이프, OCR, 포장박스, 봉인한 서류는 인쇄물로 접수할 수 없다.
② 우편엽서에는 앞면 윗부분에 우편엽서를 뜻하는 영어(Postcard)나 프랑스어(Carte postale)로 표시하여야 한다. 다만, 그림엽서의 경우에 꼭 영어나 프랑스어로 표시해야 하는 것은 아니다.
④ 소형포장물 우편물의 내부나 외부에 ㉠ 상거래용 지시 사항, ㉡ 수취인과 발송인의 주소·성명, ㉢ 제조회사의 마크나 상표, ㉣ 발송인과 수취인 사이에 교환되는 통신문에 관한 참고사항, ㉤ 물품의 제조업자 또는 공급자에 관한 간단한 메모, 일련번호나 등기번호, 가격·무게·수량·규격에 관한 사항, 상품의 성질, 출처에 관한 사항은 기록이 가능하다.

15 → ④

소형포장물 내용품의 가격이 300SDR 이하인 경우에는 기록요령이 간단한 세관표지(CN22)를, 내용품의 가격이 300SDR이 초과되는 경우에는 세관신고서(CN23)를 첨부한다.

16 → ③

㉠ 스페인 - ES
㉡ 오스트레일리아 - AU
㉢ 캐나다 - CA
㉣ 인도네시아 - ID
㉤ 영국 - GB
㉥ 브라질 - BR
참고로 SE는 스웨덴, BG는 불가리아의 약호이다.

17 → ②

국제특급우편(EMS)의 접수 가능 물품과 접수 금지 물품은 다음과 같다.

접수 가능 물품	접수 금지 물품

• 업무용 서류(Business Documents)
• 상업용 서류(Commercial papers)
• 컴퓨터 데이터(Computer data)
• 상품 견본(Business samples)
• 마그네틱 테이프(Magnetic tape)
• 마이크로 필름(Microfilm)
• 상품(Merchandise : 나라에 따라 취급을 금지하는 경우도 있음)
	• 동전, 화폐(Coins, Bank notes)
	• 송금환(Money remittances)
	• 유가증권류(Negotiable articles)
	• 금융기관 간 교환 수표(Check clearance)
	• UPU일반우편금지물품 (Prohibited articles)
	  - 취급상 위험하거나 다른 우편물을 더럽히거나 깨뜨릴 우려가 있는 것
	  - 마약류 및 향정신성 물질
	  - 폭발성·가연성 또는 위험한 물질
	  - 외설적이거나 비도덕적인 물품 등
	• 가공 또는 비가공의 금, 은, 백금과 귀금속, 보석 등 귀중품
	• 상대국가에서 수입을 금하는 물품
	• 여권을 포함한 신분증

18 → ②

계약국제특급 이용우체국(집배국)에 한정하여 취급하며, 수취인으로부터 징수할 IBRS EMS우편물의 요금은 통당 10,000원이다.

오답해설

① 기존의 국제우편요금수취인부담 제도를 활용하는 제도로 수취인이 요금을 부담한다.
③ 취급대상 우편물은 EMS에 한정하며, 최대 무게는 2kg이다. 또한 발송가능국가는 일본뿐이다.
④ IBRS EMS는 인터넷쇼핑몰 등을 이용하는 온라인 해외거래 물량 증가에 따라 늘어나는 반품 요구를 충족하기 위해 기존의 국제우편요금수취인부담 제도를 활용하여 반품을 수월하게 하는 제도이다.

19 → ②

「우정사업본부 고시 제2018-32호」에 따르면 국제특급우편물의 손해배상액은 다음과 같다.

• 내용품이 서류인 국제특급우편물의 분실	• 52,500원 범위 내의 실손해액과 납부한 국제특급우편요금
• 내용품이 서류인 국제특급우편물이 일부 도난 또는 훼손된 경우	• 52,500원 범위 내의 실손해액과 납부한 국제특급우편요금
• 내용품이 서류가 아닌 국제특급우편물이 분실·도난 또는 훼손된 경우	• 70,000원에 1Kg당 7,870원을 합산한 금액 범위 내의 실손해액과 납부한 국제특급우편요금
• 보험취급한 국제특급우편물이 분실·도난 또는 훼손된 경우	• 보험가액 범위 내의 실손해액과 납부한 국제특급우편요금(보험취급수수료 제외)
• 배달예정일보다 48시간 이상 지연배달된 경우 단, EMS 배달보장서비스는 배달예정일보다 지연배달된 경우	• 납부한 국제특급우편요금(보험취급수수료 제외)

내용품이 서류가 아닌 국제특급우편물이 분실·도난 또는 훼손된 경우이기 때문에 70,000원에 1Kg당 7,870원을 합산한 금액 범위 내의 실손해액과 납부한 국제특급우편요금이 배상되어야 한다. 일단 실손해액은 70,000원+(7,870원×10kg) =148,700원(내용품 가격은 160,000원이나 합산한 금액 범위 내의 실손해액을 적용하므로 148,700원이 된다)이다. 따라서 **실손해액 148,700원에 국제특급우편요금 56,200원을 더하면 총 배상액은 204,900원이다.**

20 → ③

손해배상금의 부담은 우편물의 분실, 파손 또는 도난 등 사고에 대한 책임이 있는 우정당국이 진다. 한편, 국제특급의 경우 지급된 배상금은 원칙적으로 발송우정당국이 부담하고 있으나 상대국에 따라 귀책사유가 있는 우정당국이 배상하는 경우도 있다.

오답해설
① EMS프리미엄의 행방조사 청구기한은 발송한 날부터 3개월, 배달보장서비스는 30일 이내, K-packet은 발송한 날로부터 6개월 이내이다.
② 행방조사청구 요금
  ㉠ 항공우편에 의한 청구 : 무료
  ㉡ 모사전송(팩스)에 의한 청구 : 해당 모사전송(팩스) 요금
  ㉢ 국제특급우편에 의한 청구 : 해당 국제특급우편요금(청구요금은 우표로 받아 청구서 뒷면에 붙이고 소인 처리)
  ㉣ 처음에 배달통지청구우편물로 발송한 우편물의 배달통지서(CN07)가 통상적인 기간 안에 회송되어 오지 아니한 경우에 청구하는 행방조사청구는 이른바 '무료행방조사청구'로서 청구료를 징수하지 아니한다.
④ 국제우편물의 손해배상 청구권자는 원칙적으로 수취인에게 배달되기 전까지 발송인이며, 배달된 후에는 수취인에게 청구 권한이 있다.

제3과목 | 금융상식

01 → ①

가계는 **생산요소의 공급주체**로서 생산요소인 노동, 자본, 토지를 제공하며, 그 결과로 얻은 소득을 소비하거나 저축한다.

오답해설
② 기업은 생산의 주체로서 노동, 자본, 토지라는 생산요소를 투입하여 재화와 용역(서비스)을 생산하며, 그 결과로 창출한 생산량이 투입량을 초과하면 이윤(profit)을 얻는다
③ 정부는 규율(regulation)과 정책(policy)의 주체로서 가계와 기업이 경제행위를 하는 방식을 규율하고 정책을 수립·집행하며 그에 필요한 자금을 세금 등으로 징수하거나 지출한다.
④ 해외는 국외자로서 국내부문의 과부족을 수출입을 통하여 해결해 준다.

02 → ③

상품이나 서비스의 수출, 외국으로부터의 자본유입, 외국인에 의한 국내투자, 외국인의 국내여행 등으로 외화가 국내로 공급(유입)되면 환율은 하락하게 된다. 반면, 외국회사가 국내 채권시장에서 자금을 조달하면 외화가 유출되는 것이고, 이런 경우 외화의 수요(유출)가 증가함으로써 환율은 상승하게 된다.

03 → ④

상장지수펀드(ETF)와 유사한 형태의 금융상품인 상장지수증권(ETN; Exchange Traded Notes)은 기초지수 변동과 수익률이 연동되도록 증권회사가 발행하는 파생결합증권으로서 거래소에 상장되어 거래되는 증권이다. 발행회사인 증권회사는 투자수요가 예상되는 다양한 ETN을 상장시켜 투자자가 쉽게 ETN을 사고 팔 수 있도록 실시간 매도·매수호가를 공급한다. ETF는 만기가 없는 반면에 ETN은 1~20년 사이에서 만기가 정해져 있다는 점에서도 차이가 있다.
ETF와 ETN은 모두 인덱스 상품이면서 거래소에 상장되어 거래된다는 점에서는 유사하나 ETF의 경우는 자금이 외부 수탁기관에 맡겨지기 때문에 발행기관의 신용위험이 없는 반면에 **ETN은 발행기관인 증권회사의 신용위험에 노출된다.**

오답해설
① 선물환거래는 계약시 합의된 환율에 따라 미래의 특정일에 한 통화에 대하여 다른 통화의 일정량을 인도 또는 인수하기로 약속하는 거래이다. 따라서 수입업자는 선물환의 매입계약을 통해 환율변동에 따른 환리스크를 헤지(위험회피, 위험분산)할 수 있다.
② 투자자보호 조치의 일환으로 설명의무 미이행 또는 중요사항에 대한 허위설명이나 설명누락 등으로 손실이 발생할 경우 금융투자회사에 배상책임이 부과된다. 아울러 투

자자가 금융상품투자로 지급하는 금전 총액에서 취득하게 되는 금전 총액을 공제한 원본 결손액에 대한 불법행위로 인한 손해 여부의 입증책임을 금융투자업자가 지도록 하였다. 이는 입증책임의 전환을 통해 금융소비자(투자자)를 보호하기 위한 조치이다.
③ 선물계약과 옵션계약은 유사한 부분도 있으나 선물계약이 매입측과 매도측 쌍방이 모두 계약이행의 의무를 지게 되는 반면, 옵션계약은 계약당사자 중 일방이 자기에게 유리하면 계약을 이행하고 그렇지 않으면 계약을 이행하지 않을 수 있는 권리를 갖고 상대방은 이러한 권리행사에 대해 계약이행의 의무만을 지게 된다는 점에서 차이가 있다.

04 ○○○ → ④

ⓒ 유상증자는 기업이 신주를 발행하여 자본금을 증가시키는 것으로 재무구조를 개선하고 타인자본에 대한 의존도를 낮추는 대표적인 방법이다. 반면 무상증자는 주금 납입 없이 이사회 결의로 준비금이나 자산재평가적립금 등을 자본에 전입하고 전입액 만큼 발행한 신주를 기존주주에게 보유 주식수에 비례하여 무상으로 교부하는 것으로, 회사와 주주의 실질재산에는 변동이 없다. 한편, 유·무상증자를 위해서는 주주가 확정되어야 하며 이를 위해 유·무상증자 기준일을 정하고 기준일 현재 주주인 사람을 증자 참여 대상자로 확정하게 된다. 이때 유·무상증자 기준일 전일은 유·무상증자 권리락일(자산분배가 공표된 기업의 주식이 그 자산의 분배권이 소멸된 이후 거래되는 첫날)이 되어 그날 이후 주식을 매수한 사람은 증자에 참여할 권리가 없다. 따라서 권리락일에는 신주인수권 가치만큼 기준주가가 하락하여 시작하게 된다.
ⓔ 매매가 체결된 주식의 결제시점은 체결일로부터 3영업일로 되어 있다. 예를 들어 목요일에 매매가 체결된 주식은 토요일과 일요일 외에 다른 휴장일이 없다면 다음 주 월요일이 결제일이 되어 개장 시점에 매입의 경우는 증권계좌에서 매입대금이 출금되면서 주식이 입고되고, 매도의 경우는 증권계좌에 매도 대금이 입금되면서 주식이 출고된다.

오답해설

㉠ 신종자본증권은 일정 수준 이상의 자본요건을 충족할 경우 자본으로 인정되는 채무증권으로, 채권과 주식의 중간적 성격을 가지고 있어 하이브리드채권으로 불리기도 한다. 통상 30년 만기의 장기채로 고정금리를 제공하고 청산 시 주식보다 변제가 앞선다는 점(후순위채 보다는 후순위)에서 채권의 성격을 가지고 있으나 만기 도래 시 자동적인 만기연장을 통해 원금상환부담이 없어진다는 점에서 영구자본인 주식과 유사하다. 변제 시 일반 후순위채권보다 늦은 후순위채라는 점에서 투자자에게 높은 금리를 제공하는 반면에 대부분의 경우 발행 후 5년이 지나면 발행기업이 채권을 회수할 수 있는 <u>콜옵션(조기상환권)이 부여되어 있다</u>.

ⓛ 채권 발행일로부터 원금상환일까지의 기간을 만기 또는 원금상환기간이라고 하며, 이미 발행된 채권이 일정기간 지났을 때 그때부터 원금상환일까지 남은 기간을 잔존기간이라고 한다. 다른 요인들이 모두 동일하다면 <u>채권은 잔존기간이 짧아질수록 가격의 변동성이 감소한다</u>.

05 ○○○ → ②

양도성예금증서(CD; Certificate of Deposit)는 정기예금에 양도성을 부여한 특수한 형태의 금융상품으로 은행이 무기명 할인식으로 발행하여 거액의 부동자금을 운용하는 수단으로 자주 활용된다.

오답해설

① 예금계약은 예금자가 금전의 보관을 위탁하고 금융회사가 이를 승낙하여 자유롭게 운용하다가 같은 금액의 금전을 반환하면 되는 <u>소비임치계약이다</u>.
③ 점외수금의 경우에는 그 수금직원이 영업점으로 돌아와 수납직원에게 금전을 넘겨주고 그 수납직원이 이를 확인한 때에 예금계약이 성립하는 것으로 보아야 한다. 그러나 영업점 이외에서 예금을 수령할 수 있는 대리권을 가진 자, 예컨대 <u>지점장(우체국장) 또는 대리권을 수여 받은 자 등이 금전을 수령하고 이를 확인한 때에는 즉시 예금계약이 성립하는 것으로 보아야 한다</u>.
④ 공동대표이사 제도는 회사의 대표자가 독단 또는 전횡으로 권한을 남용하는 것을 방지하기 위하여 여러 사람의 대표자가 공동으로서만 대표권을 행사할 수 있도록 하는 제도이다. 따라서 <u>예금거래도 공동으로 하는 것이 원칙이다</u>.

06 ○○○ → ③

체크카드는 연체 리스크가 없는 직불카드의 장점과 전국의 신용카드 가맹점망을 이용할 수 있는 신용카드 프로세스를 그대로 적용할 수 있는 신용카드의 장점을 가지고 있다.

오답해설

① 선불카드 구매 시 현금, 체크카드 및 신용카드를 사용하며, <u>유효기간은 대부분 발행일로부터 5년이고 연회비는 없다</u>. 단 개인 신용카드로 구매 및 충전할 수 있는 이용한도는 1인당 월 최대 100만 원(선불카드 금액과 상품권 금액 합산)이다.
② 직불카드와 신용카드의 가장 큰 차이는 바로 결제방식의 차이라고 할 수 있는데 신용카드는 신용공여에 기반을 둔 후불결제방식을, <u>직불카드는 예금계좌를 기반으로 한 즉시결제방식을 이용한다</u>는 점이다.
④ <u>하이브리드 신용카드</u>에 대한 설명이다. 하이브리드 체크카드는 계좌 잔액범위 내에서는 체크카드로 결제되고 잔액이 소진되면 소액 범위 내에서 신용카드로 결제되는 것을 말한다.

07 → ②

전자금융의 발전 과정은 다음과 같다.

| 제 1 단계 : PC기반 금융업무 자동화
| 제 2 단계 : 네트워크 기반 금융전산 공동망화
| 제 3 단계 : 인터넷 기반 금융서비스 다양화
| 제 4 단계 : 모바일 기반 디지털금융 혁신화
| 제 5 단계 : 신기술 기반 금융IT 융합화

08 → ③

우체국금융은 은행법에 따른 은행업 인가를 받은 일반은행이나 보험업법에 따른 보험업 인가를 받은 보험회사와는 달리 「우체국예금·보험에 관한 법률」등 소관 특별법에 의해 운영되는 국영금융기관으로 **대출, 신탁, 신용카드 등 일부 금융업무에 제한을 받고 있다.**

오답해설

① 과거 우체국금융은 우편사업의 부대업무로 운영되며 과도한 국가 재정 목적의 활용으로 인한 적자 누적과 우편사업 겸업에 따른 전문성 부재 논란이 이어지며 사업을 중단하고 1977년 농업협동조합으로 이관하였다.
③ 1990년 6월에 전국 우체국의 온라인망이 구축되었고 1995년에는 우체국 전산망과 은행 전산망이 연결되어 전국을 하나로 연결하는 편리한 우체국 금융서비스를 제공할 수 있는 큰 틀을 갖추었다.
④ 우편대체 계좌대월 등 일부 특수한 경우를 제외하고는 여신이 없다. 단, 환매조건부채권매도 등을 통한 차입부채는 있을 수 있다.

09 → ②

㉠ 법인용 체크카드의 현금 입출금 기능은 법인사업자를 제외한 개인사업자에 한하여 선택 가능하다.
㉣ 우체국 포미 하이브리드 체크카드는 현금카드기능과 복지카드기능이 가능하고, 교통기능은 후불 적용되며 가족카드와 점자카드는 발급이 불가하고 해외에서 사용이 가능하다.

오답해설

㉡ 우체국 소상공인정기예금은 소상공인·소기업 대표자를 대상으로 노란우산공제에 가입하거나 우체국 수시입출식 예금 평균 잔고 실적에 따라 우대금리를 제공하는 서민자산 형성 지원을 위한 공익형 정기예금이다. **신용카드 가맹점 결제계좌 약정 시 우대금리를 제공하지는 않는다.**
㉢ 초록별 사랑 정기예금은 종이통장 미발행, 친환경 활동 및 기부참여 시 우대혜택을 제공하는 것은 맞지만 **만 50세 이상 중년층 고객을 위한 우대금리 및 세무, 보험 등 부가서비스를 제공하지는 않는다.** 만 50세 이상 중년층 고객을 위한 예금 상품은 **시니어 싱글벙글 정기예금**이다.

10 → ③

해외송금 서비스는 수취인의 해외은행계좌로 송금하는 당발송금과 해외은행으로부터 수취인의 한국 우체국계좌로 송금을 받는 타발송금 업무가 있다. 또한, 매월 약정한 날짜에 송금인 명의의 우체국계좌에서 자금을 인출하여 해외의 수취인에게 자동으로 송금해주는 SWIFT 자동송금서비스도 제공하고 있다.

오답해설

① 우체국과 은행이 업무제휴를 맺고 양 기관의 전산시스템을 전용선으로 상호 연결하여 제휴은행 고객이 각 우체국 창구에서 기존의 타행환 거래 방식이 아닌 **자행거래 방식으로** 입출금 거래를 할 수 있도록 하고 있다.
② 우체국 창구 방문 신청 또는 인터넷뱅킹·스마트뱅킹을 이용하여 환전(원화를 외화로 바꾸는 업무) 거래와 대금 지급을 완료하고, 원하는 수령일자(**환전예약 신청 당일 수령은 불가**) 및 장소를 선택하여 지정한 날짜에 외화 실물을 직접 수령하는 서비스이다.
④ 우체국은 신한은행 및 머니그램社와 제휴하여 계좌번호 없이 8자리 송금번호 및 수취인 영문명으로 송금하면 약 10분 뒤 수취인 **지역 내 머니그램 Agent를 방문하여** 수취 가능한 특급송금 서비스를 제공하고 있다.

11 → ①

보호대상 금융회사는 **은행**, **보험회사**(생명보험·손해보험회사), 투자매매업자·투자중개업자, 종합금융회사, 상호저축은행이다. 농협은행, **수협은행** 및 **외국은행 국내지점**은 보호대상 금융회사이지만 농·수협 지역조합, 신용협동조합, 새마을금고는 현재 예금보험공사의 보호대상 금융회사는 아니며, 관련 법률에 따른 자체 기금에 의해 보호된다. 우체국의 경우 예금보험공사의 보호대상 금융회사는 아니지만, 「우체국예금·보험에 관한 법률」 제4조(국가의 책임)에 의거하여 우체국예금(이자 포함)과 우체국보험 계약에 따른 보험금 등 전액에 대하여 국가에서 지급을 책임지고 있다.

오답해설

② 양도성예금증서(CD), 환매조건부채권(RP), 주택청약저축은 비보호 금융상품이지만, **외화예금은 보호 금융상품에 해당한다.**
③ 정부와 **지방자치단체** 및 국·공립학교, 한국은행, 금융감독원, 예금보험공사, 부보금융회사의 예금은 **보호대상에서 제외**한다. 따라서 서울시가 시중은행에 가입한 정기예금 1억 원은 예금자보호를 받지 못한다.
④ 예금보험제도는 금융회사가 예금을 지급할 수 없게 되면 법에 의해 **예금보험공사가 대신하여** 예금을 지급하는 공적보험제도이다. 예금자보호법에 의해 설립된 예금보험공사는 평소에 금융회사로부터 예금보험료를 받아 예금보험기금을 적립한 후 금융회사가 예금지급을 할 수 없는 상황이 되면 금융회사를 대신하여 예금보험금을 지급한다.

12 → ③

현금흐름방식의 장점은 상품개발 시 수익성 분석을 동시에 할 수 있으며 상품개발 후 리스크 관리가 용이하고, 새로운 가격요소 적용으로 정교한 보험료의 산출이 가능하다는 점 등이다.

오답해설

① 기초율 가정적용 시 3이원방식은 보수적 표준기초율을 일괄 가정하는 반면, 현금흐름방식은 <u>각 보험회사별로 최적 가정을 한다</u>. 3이원방식에는 기대이익이 내재되지만, 현금흐름방식은 기대이익이 별도로 구분된다.
② <u>보험료 산출이 비교적 간단하고 기초율 예측 부담이 경감되는 방식은 3이원방식이다</u>.
④ 현금흐름방식은 3이원을 포함하여 다양한 기초율을 가정한다. 경제적 가정에는 투자수익률, 할인율, 적립이율 등이 포함되고, 계리적 가정에는 위험률, 해지율, 손해율, 사업비용 등이 포함된다. 즉 <u>적립이율은 경제적 가정에 해당한다</u>.

13 → ④

보험회사가 보험계약을 체결, 유지 및 관리하기 위한 경비에 사용되는 보험료로 예정사업비율을 기초로 계산되며 <u>신계약비, 유지비, 수금비</u>로 구분된다.

오답해설

① 영업보험료(총보험료)는 보험계약자가 실제로 보험회사에 납입하는 보험료를 뜻하며, 이는 순보험료와 부가보험료로 구성된다.
② 저축보험료는 만기보험금, 중도급부금 등의 지급 재원이 되는 보험료이다.
③ 위험보험료는 사망보험금, 장해급여금 등 보험사고 발생시 보험금 지급 재원이 되는 보험료이다.

14 → ②

우체국보험은 <u>1929년</u> 5월에 제정된 '조선간이생명보험령'에 따라 1929년 10월에 조선총독부 체신국에서 종신보험과 <u>양로보험</u>을 판매하기 시작한 것을 시초로 하고 있다. 이후 1952년 12월에 '국민생명보험법' 및 '우편연금법'을 제정함에 따라 기존 일본식 명칭이었던 '간이생명보험'을 '<u>국민생명보험</u>'으로 개칭하였고, 생명보험 4종 및 연금보험 4종으로 보험사업을 확대하기 시작하였다.

15 → ②

우체국보험은 민영보험과는 달리 금융감독원의 감독을 받지 않고, <u>과학기술정보통신부, 감사원, 국회, 금융위원회 등의 감독을 받는다</u>.

오답해설

① 인보험은 계약자의 생명이나 신체를 위협하는 사고가 발생한 경우 보험자가 일정한 금액 또는 기타의 급여를 지급하는 보험을 말한다. 우체국보험에서도 당연히 생명보험등 인보험 분야의 상품을 취급한다.
③ 「우체국예금·보험에 관한 법률」제28조(보험의 종류와 금액 등) 및 「동법 시행규칙」제35조(보험의 종류)에 의한 우체국보험의 종류는 아래 〈표 7-1 우체국보험 종류〉와 같다. 또한, 「동법 시행규칙」제36조(계약보험금 및 보험료의 한도)에 따른 계약보험금 한도액은 보험종류별로 피보험자 1인당 4천만 원으로 하되, 연금보험(단, 연금저축계좌에 해당하는 보험은 제외)의 최초 연금액은 피보험자 1인당 1년에 900만 원 이하로 한다.
④ 「우체국예금·보험에 관한 법률」제4조(국가의 책임)에 의거하여 우체국예금(이자 포함)과 우체국보험 계약에 따른 보험금 등 전액에 대하여 국가에서 지급을 책임지고 있다.

16 → ④

무배당 우체국New100세건강보험 2203은 사전적 건강관리서비스를 위하여 보험에 가입한 피보험자가 '국민체력100' 체력인증을 받은 경우, 보험료 일부를 지원한다.

오답해설

① 무배당 우체국안전벨트보험 2109의 보험료는 <u>성별에 따른 차이는 있으나 나이에 관계없이 동일한 보험료가 적용된다</u>.
② 우체국연금저축보험 2109은 니즈에 맞는 연금지급형태 선택으로 종신(종신연금형) 또는 확정기간(확정기간연금형)동안 안정적인 연금을 지급한다. 종신연금형, 상속연금형, 확정기간연금형, 더블연금형의 구분은 <u>무배당 우체국연금보험 2109</u>과 관련이 있다.
③ 무배당 우체국요양보험 2109에 가입한 피보험자가 <u>장기요양 1~2등급의 진단을 받은 경우</u> 사망보험금 일부를 선지급하여 노후요양비를 지원한다.

17 → ③

무배당 파워적립보험 2109는 절세형상품으로 관련 세법에서 정하는 요건에 부합하는 경우 이자소득 비과세 혜택이 주어진다.

오답해설

① 무배당 어깨동무보험 2109의 경우, 연간 납입보험료 100

만 원 한도 내에서 연간 납입보험료의 **15%가 세액공제 금액이 된다.**
② 무배당 그린보너스저축보험플러스 2203는 관련 세법에서 정하는 요건에 부합하는 경우 일반형은 이자소득이 비과세되고 금융소득종합과세에서도 제외되며, 비과세종합저축은 조세특례제한법 제88조의2에서 정한 **노인 및 장애인 등의 계약자에게** 만기뿐만 아니라 중도해약 시에도 이자소득이 비과세되는 절세형 상품이다.
④ 우체국온라인연금저축보험 2109를 **중도에 해지하는 경우에는 분리과세를 적용한다.** 이는 일반 연금 외 수령으로 기타소득세(지방소득세 포함 16.5%)가 부과되나, 만약 부득이한 사유로 인한 연금 외 수령이 인정되는 경우에는 연금소득세(지방소득세 포함 3.3 ~ 5.5%)를 부과한다.

18 ☐☐☐ → ③

0세부터 65세까지 가입 가능한 건강보험으로 각종 질병, 사고 및 주요성인질환을 종합적으로 보장하는 우체국 보험상품은 **무배당 우체국건강클리닉보험(갱신형) 2109**이다. 이 상품은 3대질병 진단(최대 3,000만원), 중증수술(최대 500만원) 및 중증장해(최대 5,000만원)를 고액 보장하며, 10년 만기 생존 시마다 건강관리자금을 지급한다. "국민체력100" 체력 인증시 보험료 지원혜택도 제공한다.

19 ☐☐☐ → ③

보험료 미납으로 실효(해지)될 상태에 있는 보험계약에 대하여 계약자의 신청이 있는 경우 해약환급금 범위내에서 자동대출(환급금대출)하여 보험료를 납입할 수 있다. 따라서, 계약자의 신청이 있는 경우라도 환급금대출금과 환급금대출이자를 합산한 금액이 해약환급금(당해 보험료가 납입된 것으로 계산한 금액을 의미함)을 초과하는 때에는 보험료의 자동대출납입을 지속할 수 없다. 보험료의 자동대출납입 기간은 최초 자동대출납입일부터 1년을 한도로 하며 그 이후의 기간에 대한 보험료의 자동대출 납입을 위해서는 재신청을 하여야 한다.

오답해설
① 부활이란 계약자에게 편의를 제공하기 위하여 법령에서 규정한 바에 따라 보험료납입 연체로 인하여 해지(효력상실)된 계약의 계속적인 유지를 원할 경우 소정의 절차에 따라 계약의 효력을 부활시키는 제도이다. 우체국보험 약관에 의거 보험료의 납입연체로 인한 해지계약이 해약환급금을 받지 않은 경우 **계약자는 해지된 날부터 3년 이내에 체신관서가 정한 절차에 따라 계약의 부활(효력회복)을 청약할 수 있다.** 체신관서가 부활(효력회복)을 승낙한 때에 계약자는 부활(효력회복)을 청약한 날까지의 연체된 보험료에 약관에서 정한 이자를 더하여 납입하여야 한다.
② 보험계약자가 보험수익자를 변경하는 경우, 보험금의 지급 사유가 발생하기 전에 변경 전에 **피보험자가 서면으로 동의하여야 한다.**

④ '중대 사유'의 사실이 있을 경우에 체신관서는 그 사실을 안 날부터 1개월 이내에 계약을 해지할 수 있으며, 이 경우 체신관서는 그 취지를 계약자에게 통지하고 해당 상품의 약관에 따른 **해약환급금을 지급한다.**

* 중대사유

구분	내용
1	계약자, 피보험자 또는 보험수익자가 고의로 보험금 지급 사유를 발생시킨 경우
2	계약자, 피보험자 또는 보험수익자가 보험금 청구에 관한 서류에 고의로 사실과 다른 것을 기재하였거나 그 서류 또는 증거를 위조 또는 변조한 경우. (다만, 이미 보험금 지급사유가 발생한 경우에는 보험금 지급에 영향을 미치지 않음)

20 ☐☐☐ → ④

ⓒ 체신관서는 계약자 또는 피보험자가 약관 및 상법상의 "고지의무"에도 불구하고, 고의 또는 중대한 과실로 중요한 사항에 대하여 사실과 다르게 알린 경우에는 체신관서가 별도로 정하는 방법에 따라 계약을 해지하거나 보장을 제한할 수 있다. 하지만 고지의무 위반 시 해지 또는 보장 제한의 불가 사유 중 어느 하나에 해당할 때에는 계약을 해지하거나 보장을 제한할 수 없다.

〈고지의무 위반시 해지 또는 보장제한 불가 사유〉
1. 체신관서가 계약 당시에 그 사실을 알았거나 과실로 인하여 알지 못하였을 때
2. **체신관서가 그 사실을 안 날부터 1개월 이상 지났거나** 또는 보장개시일부터 보험금 지급사유가 발생하지 않고 2년이 지났을 때
3. 계약을 체결한 날부터 3년이 지났을 때
4. 보험을 모집한 자(이하 "모집자 등"이라 합니다)가 계약자 또는 피보험자에게 고지할 기회를 주지 않았거나 계약자 또는 피보험자가 사실대로 고지하는 것을 방해한 경우, 계약자 또는 피보험자에게 사실대로 고지하지 않게 하였거나 부실한 고지를 권유했을 때

ⓔ 고지의무 위반으로 인하여 계약이 해지될 때에는 해약환급금을 지급하며, 보장을 제한할 때에는 보험료, 보험가입금액 등이 조정될 수 있다. 다만, **고지의무를 위반한 사실이 보험금 지급사유 발생에 영향을 미쳤음을 체신관서가 증명하지 못한 경우에는 계약의 해지 또는 보장을 제한하기 이전까지 발생한 해당 보험금을 지급한다.**

오답해설
㉠ 고지의무의 당사자는 **보험계약자 또는 피보험자이다.** 보험수익자는 고지의무의 당사자가 아니다.
㉡ 고지의무는 계약의 청약 시뿐만 아니라 **부활 시에도 이행하여야 한다.**

제 4 과목 　컴퓨터 일반(기초영어 포함)

01 → ②

[클라우드 컴퓨팅 관련 용어]
① N 스크린 : 여러 개의 화면을 통해 콘텐츠를 제공하는 서비스로 다양한 단말기로 접속하는 서비스
③ 오픈 인터페이스 : 개발자라면 누구나 사용할 수 있도록 공개된 인터페이스
④ 프로비저닝 : 사용자의 요구에 맞게 시스템 자원을 할당, 배치, 배포해 두었다가 필요 시 사용할 수 있는 상태로 미리 준비해 두는 것

02 → ③

명령어 수행을 위해선 하나 이상의 마이크로 동작이 반드시 필요하다.

03 → ①

이 문제는 재귀함수 문제로 자기 자신 함수를 호출하고 있다.
1) n=4일 때 f(3)+f(2)
2) n=3일 때 {f(2)+f(1)} + {f(1)+f(0)}
3) n=2일 때 {f(1)+f(0)} + {f(1)} + {f(1)+f(0)}
　f(1)=1, f(0)=0이므로 최종 반환값=1+0+1+1+0=3

04 → ②

애자일에서는 문서보다는 동작하는 소프트웨어에 더 큰 가치를 둔다.

05 → ④

JOIN 연산은 여러 테이블을 결합하여 연산하므로 비용이 많이 든다.

06 → ①

후위식이므로 왼쪽에서 오른쪽으로 진행하면서 연산순서를 지정한 후 중위식으로 변환하여 연산하면 된다.
1) 45+ 에서 중위식으로 변환하면 4+5=9
2) 23* 에서 중위식으로 변환하면 2*3=6
3) 1)의 결과 9, 2)의 결과 6, − 를 중위식으로 변환하면 9−6=3

07 → ④

공개키 암호의 단점은 암호 속도가 비밀키(대칭키)보다 느리다.

08 → ④

캐시기반 평균메모리접근시간 = 적중시의 시간 + 실패시의 시간
= (캐시접근시간*적중률) + (주기억장치접근시간*실패율)에서,
시간단위를 맞추면 $1\mu s = 1000ns$이므로
= (100×0.85) + (1,000×0.15) = 85 + 150 = 235ns

09 → ③

일반화 : 하위 클래스의 공통 특성을 이용하여 상위 클래스를 정의하는 것

10 → ①

1) obj.f() 호출 시 오버라이딩되어 B클래스 System.out.print("3") 실행
2) obj.g() 호출은 static 메소드로 오버라이딩 되지 않으므로 A클래스 System.out.print("2") 실행

11 → ④

1) 분할 영역1 : 내부 단편화 ⇒ 100
2) 분할 영역2 : 외부 단편화 ⇒ 100
3) 분할 영역3 : 내부 단편화 ⇒ 100
4) 분할 영역4 : 외부 단편화 ⇒ 300
5) 전체 단편화 = 내부 단편화 + 외부 단편화 = 600

12 → ①

SSO(Single Sign On) : 한번의 로그인을 이용하여 여러 서비스에 접근 권한을 취득할 수 있는 인증 시스템 또는 솔루션

13 → ④

복수테이블 검색 : PROD, CUST 두 개의 테이블을 조인하기 위한 조인조건식이 필요하고 두 테이블의 공통속성을 이용하여 표기한다. 이때 속성명이 같은 경우는 한정 표현법을 사용하여 테이블명.속성명으로 표시하여 구분한다.

14 → ②

1) 보기 ⓒ : 하나의 클래스에 여러 개의 생성자를 가지는 것은 오버라이딩이 아닌 생성자 오버로딩에 대한 설명이다.
2) 보기 ⓓ : 오버라이딩은 객체 접근 시 부모 클래스의 기능은 가려지고 자식 클래스의 기능만 수행하게 된다.

15 → ③

후위순회(Postorder) : 먼저 기본 트리에서 왼쪽노드 → 오른쪽노드 → 루트노드 순으로 탐색하고 하위 서브 트리가 존재하면 하나로 묶어 같은 방법으로 순회한다.

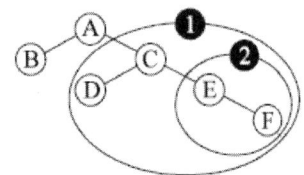

1) AB❶ 서브트리에서 : 왼쪽 노드 B탐색 후 오른쪽 ❶서브 트리로 이동
2) ❶서브 트리에서 : 왼쪽 D탐색 후 오른쪽 ❷서브 트리로 이동
3) ❷서브 트리에서 : 왼쪽 노드는 없고 오른쪽 노드 F탐색 후 E 탐색 후 ❶서브 트리의 루트 C탐색 후 마지막으로 A 탐색
4) 탐색 순서 : B → D → F → E → C → A

16 → ③

프로젝트의 계획 단계에서는 조직, 일정, 비용, 위험 관리 등을 수행한다.
1) 일정 계획 도구 : 간트도표, CPM 네트워크, WBS
2) 비용 계획 도구 : COCOMO, 기능점수
3) 설계 및 구현도구 : 나씨 – 슈나이더만(Nassi–Shneiderman) 도표

17 → ①

서비스 거부 공격(DOS)은 시스템이나 네트워크의 정보를 훔치거나, 접근 권한을 탈취하는 게 목적이 아니고 시스템을 무력화 하는, 가용성을 파괴하는 공격이다.

18 → ①

C2 : C4의 출력 형식을 보면 A2 : A4 셀값에서 왼쪽 기준으로 길이-1의 문자만 추출되었음을 확인할 수 있다.

19 → ②

[해석]
컴퓨터에서 콤팩트 디스크 플레이어, 철도엔진에서 로봇까지 오늘날 기계의 기원은 18세기에 융성했던 정교한 기계식 장난감으로 거슬러 올라간다. 인간이 최초로 만든 복잡한 기계로서 오토마타는 후에 산업혁명 때 사용되는 기술을 위한 성능 시험장을 대표했다. 하지만 그것의 원래 용도는 꽤 유용하지 않았다. 오토마타는 왕실의 장난감이었는데 유럽 전역의 궁전과 궁궐에서 오락의 한 형태이면서 어떤 지배층 가문에서 다른 가문에 보내는 선물의 한 형태였다. 놀이의 근원으로 최초의 오토마타는 필수적으로 대성당을 장식했던 정교한 기계식 시계들을 축소한 것이었다. 이 시계는 더 작고 점점 더 정교한 오토마타를 만드는 데 영감을 주었다. 이 기계가 점점 더 복잡해질수록 시간을 기록하는 기능은 덜 중요하게 되었고 오토마타는 기계식 극장이나 움직이는 장면의 한 형태로서 최초이자 가장 중요한 기계식 오락이 되었다.

[해설]
첫 번째 문장, 'From computers to compact-disc players, railway engines to robots, the origins of today's machines can be traced back to the elaborate mechanical toys that flourished in the eighteenth century'에서 기계의 기원에 대해 설명하는 글임을 알 수 있으므로 정답은 ②이다.

[보기해석]
① 장난감 산업
② 기계의 기원
③ 산업혁명
④ 시계의 기능

[어휘]
- elaborate 정교한
- flourish 융성하다
- represent 표현하다
- proving ground 성능 시험장
- harness 사용하다
- utilitarian 유용한
- royalty 왕궁, 왕실
- scaled-down 축소하다
- adorn 장식하다
- cathedral 대성당
- foremost 가장 중요한

20 → ①

[해석]

Ali가 졸업할 때, 그는 매일 출근하느라 애쓰는 사람들의 대열에 함께하고 싶지 않았다. 그는 집에서 일하기 위해 온라인 선물 주문 사업을 하고 싶어 했다. 그는 그것이 위험한 건 알았지만 최소한 성공할 가능성이 있을거라 생각했다. 처음에 그와 그의 대학 친구는 함께 사업을 시작하기로 계획했다. Ali는 아이디어가 있었고 그의 친구 Igor는 회사에 투자할 돈이 있었다. 그러나 개업 몇 주 전에 Igor가 폭탄선언을 했다. 그는 더 이상 Ali의 계획의 일부가 되고 싶지 않았다. Ali는 그의 결정을 미루라고 설득하려 했으나 Igor는 위험을 감수할 준비가 되지 않았고 너무 늦기 전에 철수할 것이라고 했다. 그러나 2주 후에 Igor가 온라인 선물 주문 회사를 설립함으로써 Ali의 행진(진행)을 훔쳤다. Ali는 이 행위에 충격을 받았고 곧 싸우려했다. 그는 Igor의 행동을 적절한 대처를 요구하는 것으로 받아들였고 그에게 필요한 돈을 빌려달라고 은행에 설득했다. 이런 Ali의 사업세계로의 시작은 인내를 시험하는, 정말 힘든 일이었지만 그는 정말 성공할 것이라 확신한다.

[해설]

빈칸 앞과 뒤의 문맥을 살펴보면 앞에서는 Ali와 그의 친구가 함께 사업을 시작하기로 했다는 긍정적인 내용이고 뒤에서는 친구가 Ali의 계획의 일부가 되길 원치 않는다는 부정적인 내용이므로 빈칸에는 부정적인 뉘앙스의 단어가 들어와야 자연스럽게 연결된다. 따라서 정답은 ①이다.

[어휘]

- commuter 통근자
- struggling to ~하려고 노력하는
- bombshell 폭탄선언
- hang fire 꾸물대다
- beat a retreat 철수하다
- baptism of fire 인내를 시험하는

제3회 정답 및 해설

맞은 개수 / 80

빠른 정답

제1과목 한국사 (상용한자 포함)	01	02	03	04	05	06	07	08	09	10
	②	①	②	②	④	②	①	④	①	②
	11	12	13	14	15	16	17	18	19	20
	①	④	③	②	④	①	③	①	③	④

제2과목 우편상식	01	02	03	04	05	06	07	08	09	10
	②	②	①	②	②	③	④	①	④	④
	11	12	13	14	15	16	17	18	19	20
	①	②	①	④	③	②	②	①	②	③

제3과목 금융상식	01	02	03	04	05	06	07	08	09	10
	②	④	③	④	①	③	④	②	④	②
	11	12	13	14	15	16	17	18	19	20
	③	③	④	③	④	②	②	③	①	④

제4과목 컴퓨터 일반 (기초영어 포함)	01	02	03	04	05	06	07	08	09	10
	②	①	④	④	②	③	②	①	②	①
	11	12	13	14	15	16	17	18	19	20
	③	①	①	②	③	③	④	④	④	③

제1과목 | 한국사(상용한자 포함)

01 → ②

제시문은 『삼국지』 위서동이전이 아니라 후한 때 반고의 『한서』 지리지에 나오는 고조선의 8조 금법이다. 내용은 첫째, 사람을 살해한 자는 사형에 처한다. 둘째, 상해를 입힌 자는 곡식으로 배상한다. 셋째, 도둑질한 자는 노비로 삼거나 50만 전을 내야 한다. 이 외에 부인의 정조를 강조하는 내용도 담겨 있어서 가부장적 사회임을 엿볼 수 있다. 인간의 생명을 경시한 것이 아니라 중시하였기 때문에 살인을 금한다는 것을 알 수 있다. 재산의 사유가 이루어져 있기 때문에 남의 재산을 도둑질한 자는 노비로 삼는다는 조항이 담겨 있다.

02 → ①

오답해설
② 옥저에 대한 설명이다.
③ 부여는 많은 사람들을 부장품과 함께 껴묻는 순장의 풍속이 있었다. 후장은 고구려의 장례 풍습이다.
④ 동예에 대한 설명이다.

03 → ②

제시된 그림은 고구려의 각저총에서 발견된 씨름도이다.
② 백제의 송산리 6호분에 대한 설명이다.

오답해설
① 고구려의 쌍영총. ③ 고구려의 덕흥리 고분. ④ 고구려의 강서대묘에 대한 설명이다.

04 → ②

㉠ 백제 문주왕(475년) - ㉢ 신라 법흥왕(532년) - ㉡ 백제 성왕(554년) - ㉣ 신라 진흥왕(551년) - ㉣ 고구려 영양왕(612년) 순이다.

05 → ④

민정문서는 1933년 일본 도다이사 정창원에서 발견되었다. 민정문서의 조사지역은 서원경(청주)과 그 부근이다.

06 → ②

고려 건국 이후 신라 계통의 학자들을 등용하고 개경과 서경에 학교를 설립하였으며, 학교 운영 자금을 위해 서경에 학보를 설치한 것은 태조이다. 고려 중기에 최충의 문헌공도(9재 학당) 등 사학 12도가 융성하여 관학이 쇠퇴하였다. 사학에서 교육을 받은 학생들이 과거에서 좋은 성적을 거두게 되자 국자감의 관학 교육은 위축되었다. 이에 관학을 진흥하고자 숙종 때 서적포(書籍舖)를 설치하여 도서출판을 활발히 하고, 예종 때 7재와 일종의 장학재단인 양현고(養賢庫)를 설치하였고, 청연각(淸燕閣)과 보문각(寶文閣)이라는 학문연구소를 설치하였다. 인종 때 개경에 6학의 제도와 향교(鄕校)를 중심으로 지방교육을 강화하고 충렬왕 때 교육재단인 섬학전(贍學錢)을 설치하고, 국학에 대성전(大成殿, 문묘, 고려의 사당)을 신축하였다. 또한 경사교수도감을 설치하여 유학 교육을 장려하여 종전의 문학 중심의 학풍을 경세(經世) 중심으로 바꾸었다.

07 → ①

제시된 사료는 충선왕의 소금 전매 제도에 대한 설명이다. 충선왕은 소금의 전매제를 실시하면서 의염창을 설치하였고, 농장과 노비 조사를 위한 전농사를 설치하였다. 또한 사림원 설치를 비롯하여 연경에 학문연구소인 만권당을 설치하였다.

오답해설
②·③ 공민왕, ④ 충목왕에 대한 설명이다.

08 → ④

제시된 자료에서 경기에 군현을 소속시키고 여기에만 과전을 지급한다고 되어 있으므로 경기에만 과전을 지급하는 과전법임을 알 수 있다. 과전법은 공양왕 때 권문 세족의 경제적 기반을 무너뜨리고 신진 사대부의 경제적 기반을 강화하기 위해 실시되었다. 과전법에서는 수조율을 10분의 1로 정하였으며 관리가 죽으면 과전을 반납하도록 되어 있으나 부인이 살아 있을 경우 수신전, 어린 자녀가 있을 경우 휼양전이라 하여 세습을 부분적으로 허용하였다.
④ 세조 때 실시했던 직전법에 대한 설명이다.

09 → ①

제시된 자료에서 상제를 받들고 초제를 거행하는 소격전을 세우고 있는 것으로 보아 도교 사상이 널리 퍼졌음을 보여주고 있다.
㉠ 고구려의 승려인 보덕은 고구려의 보장왕이 당나라에서 도교를 받아들이고 불교를 배척하는 것에 회의를 느껴 백제 전주 고대산에 경복사를 짓고 열반종을 전파하였다.
㉢ 고려 시대 소격전은 조선 시대 소격서로 명칭이 바뀌어 복을 구하고 재앙을 물리치기 위해 하늘에 제사를 지내는 초제를 거행하였다. 조선 시대 소격서에서는 마니산의 참성단에서 초제를 거행하였다.

오답해설
㉡ 사람의 행위에 따라 업보를 받는다는 이론은 업설로 신라 불교의 중심 교리 중 하나이다.
㉣·㉤ 풍수지리설, ㉥ 정감록 등 조선 후기에 유행한 예언 사상에 대한 설명이다.

10 → ②

도성축조도감이 설치되고 한양 도성의 축조가 시작된 것은 태조 대이다. 한양 도성은 정도전이 수립한 도성 축조 계획에 따라 태조 때 축조가 시작되었다.

오답해설
① 정도전은 태조 이성계의 명을 받아 새 궁궐과 여러 전각에 유교의 윤리 덕목이 담긴 이름을 붙였다. 대표적으로 정도전은 임금이 부지런히 정치에 임할 것을 염원하며 경복궁의 정전 이름을 근정전이라고 지었다.

③ 한양의 행정 구역은 도성(都城)과 성저(城底)로 구성되었는데, 도성과 성저를 동·서·남·북·중의 5부(部)와 성저10리 지역으로 나누었다.
④ 조선 후기에 한양 남대문에는 칠패, 동대문에는 이현 등의 시장이 조성되어 종루의 시전과 함께 한양의 3대 시장을 형성하였다.

11 → ①

제시문은 중종 대 등용된 조광조 등 기묘사림의 주장이다. 조광조는 여기서 '천거로 인재를 뽑는 제도'로 현량과(賢良科)를 주장하였다. 이는 조광조 일파가 정계로 사림들을 진출시키기 위해 실시한 정책으로 기묘사화 이후에 폐지되었다.
① 주례를 통치 이념으로 중시하는 것은 15세기 훈구파(관학파)의 정치의식이다.

12 → ④

(가)는 이황, (나)는 이이이다.
④ 선조 때에 서경덕·이황·조식 학파가 동인을 형성하였으며, 이이·성혼 학파가 서인을 형성하였다.

오답해설
① 명종 4년(1549) 이황의 건의로 소수서원이 최초의 사액서원이 되었다.
② 이황의 사상은 임진왜란 이후 일본에 전파되어 일본 성리학의 발전에 큰 영향을 끼쳤다.
③ 이황은 『성학십도』를 통해 군주가 스스로 성학을 따를 것을, 이이는 『성학집요』를 통해 현명한 신하가 군주의 기질을 변화시켜야 한다고 주장하였다.

13 → ③

(다) 일본이 병력을 동원하여 경복궁을 점령하자, 위기의식을 느낀 농민군이 재봉기하기 위해 집결하였다. 이 거병의 주요 목적은 일본과의 항쟁이었다.

14 → ②

고딕 양식의 명동성당은 1898년 완공되었으며, 원각사는 1908년 완공되었다. 원각사에서 1908년 이인직의 은세계가 최초로 공연되었다.
② 남한대토벌작전 – 1909년

오답해설
① 을사조약 – 1905년, 통감부 설치 – 1906년
③ 헤이그 특사 파견 – 1907년
④ 한성 중학교 설립 – 1899년

15 → ④

제시된 사료는 제2차 갑오개혁 때(1894. 12. 12) 공포한 '홍범 14조'의 내용이다. 일본은 청일 전쟁에서 승세를 잡게 되자 조선에 대한 적극 간섭 정책을 취하여 일본의 이노우에를 신임 공사로 조선에 파견하고, 흥선 대원군을 정계에서 은퇴시켰다. 이 무렵 갑신정변의 주동자로서 망명해 있던 박영효와 서광범이 귀국하여 개혁에 참여하였는데, 이로써 김홍집-박영효 연립 내각이 성립되었고, 이 내각에서 제2차 갑오개혁이 실시되었다. 2차 갑오개혁에서는 재판소를 두어 사법권을 행정 기관으로부터 분리 독립시키고, 경찰권을 일원화하여 서울의 치안을 담당하게 하였다.

오답해설
① 을미개혁, ② 광무개혁, ③ 1차 갑오개혁에서 실시한 내용이다.

16 → ①

제시된 자료는 장지연이 을사조약에 항거하여 황성신문에 쓴 '시일야방성대곡'의 일부이다. 국한문 혼용체로 발행되었던 황성신문은 애국적 논설을 실어 일제의 침략 정책을 비판하였다. 또한 국채보상운동 당시 모금 운동에 참여하였다.
㉠ 한성순보, ㉢ 대한매일신보에 해당한다.

17 → ③

제시문은 4·19 혁명에 대한 설명이다.
③ 1987년 6월 민주 항쟁에 대한 설명이다.

18 → ②

제시문은 1965년 한·일 국교 정상화(한·일 협정)에 대한 내용이다.
② 한미 행정 협정(SOFA, 1966)에 대한 설명이다.

19 → ③

③ '淸風明月(청풍명월)'은 맑은 바람과 밝은 달이란 뜻으로, 고향이 크게 변하였다는 말과는 어울리지 않는다. 뽕나무 밭이 변하여 푸른 바다가 된다는 뜻의 '桑田碧海(상전벽해)'를 사용하는 것이 적절하다.

오답해설
① 能小能大(능소능대) : 모든 일에 두루 능함
② 牛耳讀經(우이독경) : 쇠귀에 경 읽기라는 뜻으로, 아무리 가르치고 일러 주어도 알아듣지 못함을 이르는 말
④ 天方地軸(천방지축) : 못난 사람이 종작없이 덤벙이는 일

20 → ④

④ 指向(×) → 止揚
- 止揚(지양) : 더 높은 단계로 오르기 위하여 어떠한 것을 하지 아니함
- 指向(지향) : 어떤 목표로 뜻이 쏠리어 향함. 또는 그 방향이나 그쪽으로 쏠리는 의지

오답해설
- 非難(비난) : 남의 잘못이나 결점을 책잡아서 나쁘게 말함
- 叱責(질책) : 꾸짖어 나무람
- 尊敬(존경) : 남의 인격, 사상, 행위 따위를 받들어 공경함
- 欽慕(흠모) : 기쁜 마음으로 공성하며 사모함
- 隱蔽(은폐) : 덮어 감추거나 가리어 숨김
- 波紋(파문) : 어떤 일이 다른 데에 미치는 영향
- 擴散(확산) : 흩어져 널리 퍼짐

제2과목 우편상식

01 → ②

우편을 우정사업본부가 책임지고 서신 등의 의사를 전달하는 문서나 통화, 그 밖의 물건을 나라 안팎으로 보내는 업무로 보는 것은 넓은 의미의 우편이 아니라 **좁은 의미의 우편에 해당한다**.

02 → ②

우체국 창구에서 직원이 접수한 때나 **우체통에 넣은 때**를 계약의 성립시기로 본다. 또한 방문 접수와 집배원이 접수한 경우에는 **영수증을 교부한 때**가 계약 성립시기가 된다.

03 → ①

등기소포는 우편물의 운송수단, 배달지역, 중량, 부피 등에 해당하는 금액을 **현금, 우표, 우편요금을 표시하는 증표, 「여신전문금융업법」에 따른 신용카드 또는 정보통신망을 이용한 전자화폐·전자결제 등으로 즉납 또는 후납으로 납부할 수 있다**. 또한 우표로도 납부가 가능하며, 납부방법은 우표를 창구에 제출하거나 우편물 표면에 첨부한다.

04 → ②

[등기소포와 일반소포와의 차이]

구분	등기소포	일반소포
취급방법	접수에서 배달까지의 송달과정에 대해 기록	기록하지 않음
요금납부 방법	현금, 우표첨부, 우표납부, 신용카드 결제 등	현금, 우표첨부, 신용카드 결제 등
손해배상	분실·훼손, 지연배달 시 손해배상청구 가능	없음
반송료	반송 시 반송수수료 (등기통상취급수수료) 징수	없음
부가취급서비스	가능	불가능

등기소포는 분실·훼손·지연배달 시 손해배상 청구가 가능하지만, **일반소포의 경우 어떤 경우에도 손해배상 청구를 할 수 없다**.

05 → ②

표면의 문자·도안 표시에 발광·형광·인광물질 사용 및 기계판독률을 떨어뜨릴 수 있는 배경 인쇄 자체가 불가능하다.

06 → ③

우편관서와 발송인이 사전 계약에 따라 계약소포 물품을 일정한 장소에 모아 일괄하여 계약소포로 발송하는 것은 **집하발송**이다(⑩ 편의점택배 등).

오답해설

① 방문소포의 종류
  ㉠ 개별방문소포 : 방문소포 중 발송인의 요청에 따라 방문하여 접수하는 등기소포 우편물
  ㉡ 계약소포 : 방문소포 중 발송인과 우편관서 간 우편물 발송(수취)에 관한 별도의 계약에 따라 접수하는 소포우편물
② 지방우정청장 특별감액 : 지방우정청장이 특별히 감액하여 주는 금액
④ LMS(Long Message Service) 문자전송 서비스 : 계약소포 발송 전에 '업체명, 내용품, 발송시각, 주소, 이벤트 홍보 문안' 등을 문자로 미리 알려 주는 서비스

07 → ④

- 물품등기의 취급대상
  ㉠ 귀금속 : **금, 은, 백금 및 이들을 재료로 한 제품**
  ㉡ 보석류 : **다이아몬드**, 진주, 자수정, 루비, 비취, 사파이어, 에메랄드, 오팔, 가넷 등 희소가치를 가진 것
  ㉢ 주관적 가치가 있다고 신고되는 것 : 응시원서, 여권, **신용카드류** 등

상품권의 경우 유가증권등기로 취급할 수 있다.

08 → ①

요금별납은 10통 이상의 통상우편물이나 소포우편물 발송 시 이용이 가능하다. 또한 동일한 10통 이상의 우편물에 **중량이 다른 1통의 우편물이 추가되는 경우에도 별납으로 접수가 가능하다**.

09 → ④

우편물을 교부할 때 외부에 파손의 흔적이 있거나 또는 중량의 차이가 있는 경우는 손실보상의 대상이 아니라 **손해배상의 대상**이다.

오답해설

① 우편업무를 수행 중인 운송원·집배원과 항공기·차량·선박 등이 통행료를 내지 않고 도로나 다리를 지나간 경우 손실보상을 해야 한다.
② 운송원이 도움을 받은 경우 도와준 사람에게 보상한다.
③ 우편업무를 수행 중에 도로 장애로 담장 없는 집터, 논밭이나 그 밖의 장소를 통행하여 생긴 손실에 대한 보상을 피해자가 청구하는 경우 손실보상을 해야 한다.

10 →④

[수취인 청구에 의한 창구교부]
㉠ 집배원 배달 전이나 배달하지 못해 반송하기 전 보관하고 있는 우편물은 수취인의 청구에 의해서 창구 교부한다.
㉡ **선박이나 등대로 가는 우편물에 대해서도 창구에서 교부한다.**

오답해설
① 같은 건축물이나 같은 구내의 수취인에게 배달할 우편물은 그 건축물이나 구내의 관리사무소, 접수처, 관리인에게 배달이 가능하다(예 공공기관, 단체, 학교, 병원, 회사, 법인 등).
② 등기우편물은 따로 보관하고, 우편물을 따로 보관하고 있다는 내용(사용자가 외국인인 경우에는 'Please, Contact the counter for your mail')의 표찰을 사서함에 투입한다. 그리고 등기우편물을 내줄 때에는 주민등록증 등 신분증으로 정당한 수령인(본인이나 대리수령인)인지 반드시 확인한다.
③ 우편물 보관기간은 우편물이 도착한 다음 날부터 계산하여 10일로 한다. 다만, 교통이 불편하거나 그 밖의 사유로 수취인이 10일 이내에 우편물을 교부받을 수 없다고 인정될 때에는 20일의 범위 안에서 교부기간을 연장할 수 있다.

11 →①

휴가 등으로 수취인이 장기간 집을 비울 때 수취인 장기부재신고서에 돌아올 날짜를 미리 신고한 경우 그 날짜가 15일 이내면 돌아올 날짜의 다음 날에 배달한다.

오답해설
② 휴가 등으로 수취인이 장기간 집을 비울 때 주소지에 동거인이 있는 경우에는 그 **동거인에게 배달한다.**
③ 휴가 등으로 수취인이 장기간 집을 비울 때 수취인 장기부재신고서에 돌아올 날짜를 미리 신고한 경우 그 날짜가 **15일 이후면 "수취인장기부재" 표시하여 반송한다.**
④ 수취인 주소지에 동거인이 없더라도 **장기부재신고서가 있는 경우 즉각 반송할 것이 아니라 규정에 따라 처리해야 한다.**

12 →②

우편물 배달의 일반원칙은 다음과 같다.
㉠ 우편물은 그 표면에 기재된 곳에 배달한다.
㉡ **수취인이 2명 이상인 경우에는 그중 1인에게 배달한다.**
㉢ 우편사서함 번호를 기록한 우편물은 당해 사서함에 배달한다.
㉣ 취급과정을 기록하는 우편물은 정당 수령인으로부터 그 수령사실의 확인[서명(전자서명 포함) 또는 날인]을 받고 배달하여야 한다.

오답해설
① **특별송달, 보험취급 등** 수취인이 직접 수령했다는 사실의 확인이 필요한 우편물은 무인우편물 보관함에 **배달할 수 없다.**
③ 사서함 번호와 주소가 함께 기록된 우편물은 사서함에 넣을 수 있으며, **당일특급, 특별송달, 보험취급, 맞춤형 계약등기** 우편물은 주소지에 배달하여야 한다. **익일특급은 제외**된다.
④ 우편물 배달의 우선순위는 다음과 같다.
 ㉠ 제1순위 : 기록취급우편물, 국제항공우편물
 ㉡ **제2순위** : 준등기우편물, **일반통상우편물**(국제선편통상우편물 중 서장 및 엽서 포함)
 ㉢ 제3순위 : 제1순위, 제2순위 이외의 우편물
 ㉣ 제1순위부터 제3순위까지의 우편물 중 한 번에 배달하지 못하고 잔량이 있는 경우에는 다음 편에서 다른 우편물에 우선하여 배달하여야 한다.

13 →①

[UPU의 상설기관]
㉠ 관리이사회(Council of Administration : CA) : 우편에 관한 **정부정책 및 감사 등과 관련된 사안을 담당**
㉡ 우편운영이사회(Postal Operations Council : POC) : 우편업무에 관한 운영적, 상업적, 기술적, 경제적 사안을 담당
㉢ 국제사무국(International Bureau : IB) : 연합업무의 수행, 지원, 연락, 통보 및 협의기관으로 기능

14 →④

㉠ 1874년 스위스 베른에서 독일・미국・러시아 등 22개국의 전권대표들이 회합을 하여 스테판이 기초한 조약안을 검토하여 같은 해 10월 9일에 서명함으로써 국제우편 서비스를 관장하는 최초의 국제협약인 '1874 **베른조약**(1874 Treaty of Bern)'이 채택되었다. 이에 따라 일반우편연합(General Postal Union)이 창설되었으며 1875년 7월 1일에 이 조약이 발효되었다. 1878년의 제2차 파리총회에서 만국우편연합(Universal Postal Union)이라 개명되었다.

ⓒ 우리나라는 1897년 제5차 **워싱턴 총회**에 참석하여 가입 신청서 제출하였으며 1900년 1월 1일에 '대한제국(Empire of Korea)' 국호로 정식 가입하였다. 1922년 일본이 '조선'으로 개칭하였으나 1949년 '대한민국(Republic of Korea)' 국호로 회원국 자격을 회복하였다.
ⓒ 아시아・태평양우편연합(APPU : Asian-Pacific Postal Union)은 한국과 필리핀이 공동 제의하여 1961년 1월 23일 **마닐라에서** 한국, 태국, 대만, 필리핀 4개국이 협약에 서명함으로써 창설했다.

15 □□□ → ③

인쇄물은 신속하고 간편하게 검사를 받을 수 있으면서도 그 내용품이 충분히 보호받을 수 있도록 포장하여야 한다.

오답해설

① 우편엽서는 조약에 규정된 조건에 따라 정부가 발행하는 것(관제엽서)과 정부 이외의 사람이 조제하는 것(사제엽서)으로 구분한다. 한편, 관제엽서는 우편요금을 표시하는 증표 인쇄가 가능하지만 **사제엽서는 인쇄할 수는 없다.**
② 항공서간은 원형을 변경하여 사용할 수 없으며 **등기로 발송하는 것은 가능하다.**
④ 소형포장물은 소형으로 무게가 가벼운 상품이나 선물 등 물품을 그 내용으로 하는 것으로서 성질상으로는 그 내용품이 소포우편물과 같은 것이나 일정한 조건에서 간편하게 취급할 수 있도록 통상우편물의 한 종류로 정하였다. 또한 소형포장물의 내부나 외부에 **상품송장(Invoice) 첨부가 가능하다.**

16 □□□ → ②

일반적으로 서장이라 함은 통신문의 성질을 갖는 서류를 말하나 국제우편에 있어서는 그 이외에 ⓐ 서장 이외의 종류로 정해진 조건을 충족시키지 못한 것, 즉 타종에 속하지 않는 우편물, ⓑ **멸실성 생물학적 물질(Perishable biological substance)**이 들어있는 서장 및 방사성 물질이 들어있는 우편물도 포함한다.

17 □□□ → ②

고액물품(10만원 이상) 우편물의 경우 보험가입을 권유한다. 단, 10만원 이상인 물품의 경우 중량이 무거운 접수품은 손해배상액을 살펴본 후 보험 권유한다.

오답해설

① 국제특급우편물의 우편요금은 **원화를 아라비아 숫자로** 기재한다.
③ 세관표지(**CN22, 서류용 주소기표지**) : 내용품명, 개수, 가격 등을 해당 란에 정확히 기재하고 내용품 구분(서류, 인쇄물) 란의 해당 칸에 표시한다.

④ 우리나라와 EMS를 교환하는 **모든 나라로 발송하는 EMS에 대하여 보험취급이 가능하다**(상대국의 보험취급 여부와 관계없이 취급).

18 □□□ → ①

국제소포우편물 운송장 작성시 **발송인으로 하여금 국제소포우편물 기표지(운송장)를 작성하게 하여** 소포우편물 외부에 떨어지지 않도록 부착한다(발송인 작성원칙).

오답해설

② 국제소포우편물 기표지(운송장)는 5연식으로 되어 있으며, 별도의 복사지 없이도 제1면의 기록 내용이 제5면까지 복사됨(2019년 이후부터 2021년 12월 현재까지 제조된 기표지 기준)
 ⓐ 제1면 : 주소, 세관신고서, 부가취급 등 작성
 ⓑ 제2면 : 접수우체국보관용
 ⓒ 제3면 : 발송인보관용
 ⓓ 제4, 5면 : 세관신고서
③ 발송인이 작성 제출한 주소기표지(운송장)에는 도착국가명, 중량, 요금, 접수우체국명/접수일자 등을 접수담당자가 명확히 기재(이 경우 100g 미만의 단수는 100g 단위로 절상)
④ 운송장의 소포우편물 중량과 요금은 고쳐 쓸 수 없으므로 잘못 적지 않도록 각별히 주의해야 한다.

19 □□□ → ②

[배달보장서비스의 배달기한]
ⓐ 배달보장일 계산프로그램 활용하여 계산프로그램에서 안내되는 배달보장일자가 EMS 배달보장서비스 배달기한이 된다.
ⓑ 아시아지역 : 접수 + 2일 이내 배달보장
ⓒ **미국, 호주, 유럽 : 접수 + 3일 이내 배달보장**

20 □□□ → ③

① 운송편별에 따라 선편요금과 항공요금으로 구분한다.
② 우편물종별에 따라 통상우편물, 소포우편물, EMS(국제특급), K-Packet, 한중해상특송의 요금 등으로 구분한다.
④ 구성내용에 따라 국내취급비, 도착국까지의 운송요금과 도착국내에서의 취급비로 구분한다.

제3과목 | 금융상식

01 → ②

수출이 늘어나거나 외국인 관광객이 증가하는 등 경상수지 흑자가 늘어나면 **외화의 공급이 증가하므로 환율은 하락하게 된다**. 실제로 우리나라 경상수지는 2012년 이후 크게 늘어났는데, 지속적인 경상수지 흑자는 환율 하락 요인으로 작용하고 있다.

오답해설
① 외화는 우리나라 기업이 해외로 상품이나 서비스를 수출하거나, 외국으로부터의 자본유입, 외국인에 의한 국내투자, 외국인의 국내여행 등에 의해 국내로 공급(유입)된다.
③ 상품가격이 오르면 화폐가치가 떨어지는 것처럼 환율상승은 우리 돈의 가치가 떨어진다는 것을 의미한다. 즉 환율이 상승하면 원화 가치가 하락하고 환율이 하락하면 원화 가치가 올라간다고 생각할 수 있다. 환율 상승은 우리 돈의 가치가 외화에 비해 상대적으로 떨어진다는 것을 의미하며, 원화 약세, 원화 평가절하라고도 한다.
④ 환율이 상승할 경우에는 우리나라 수출품의 외화로 표시된 가격이 하락하여 수출이 증가함과 동시에 수입품 가격 상승으로 수입이 감소함으로써 경상수지(주로 한 나라의 1년 간 상품 및 서비스의 수출·수입거래에 따른 수지로, 수출이 수입보다 많으면 흑자, 수입이 수출보다 많으면 적자)가 개선된다. 따라서 환율 상승은 수출 증대를 통해 경제성장이나 경기회복에 도움을 줄 수 있다.

02 → ④

차입자가 대출자의 자금을 흡수하는 방법으로서 **본원적 증권만으로는 충분하지 않다**. 즉 재화교환의 경우와 마찬가지로 차입자와 대출자 간에 기간·금액·이율 등 여러 조건이 정확하게 부합되는 경우란 극히 예외적이기 때문이다.

오답해설
① 직접금융(direct finance)이란 자금의 최종적 차입자가 자금의 최종적인 대출자에게 주식이나 사채 등을 직접적으로 발행함으로써 자금을 조달하는 방식을 말한다. 우리나라의 경우를 예로 든다면, 최종적인 차입자인 기업부문(적자경제주체)이 주식·사채 등을 발행하여 최종적인 대출자인 가계부문(흑자경제주체)에 매각함으로써 자금을 직접 조달하는 경우가 이에 해당한다.
② 직접금융은 기업들이 원하는 금액의 자금을 장기로 조달할 수 있는 장점이 있어 장기설비 투자를 위한 자금 조달에 용이하다.
③ 경제주체 중 금융기관 이외의 최종적인 차입자가 발행하는 금융자산을 본원적 증권(primary security)이라고 하며, 주식·사채·어음·채무증서 등이 이에 해당한다.

03 → ③

단리는 단순히 원금에 대한 이자를 계산하는 방법이며 복리는 이자에 대한 이자도 함께 감안하여 계산하는 방법이다. 1,000만 원을 연 5%의 금리로 은행에 3년간 예금할 경우 만기에 받게 되는 이자의 합계액은 다음과 같다.
- 단리방식 : 1년 후(1,000만 원에 5% 발생) 50 + 2년 후(1,000만 원에 5% 발생) 50 + 3년 후(1,000만 원에 5% 발생) 50 = **총 150만 원**
- 복리방식 : 1년 후 50(1,000만 원에 5% 발생) + 2년 후(1,050만 원에 5% 발생) 52.5 + 3년 후(1,102.5만 원에 5% 발생) 55.125 = **총 157.625 ≒ 158만 원**

04 → ④

레버리지는 손익의 규모를 확대시켜 레버리지가 커질수록 그 방향이 양이든 음이든 투자수익률은 가격변동률의 몇 배로 증가함으로써 리스크가 커지게 된다. 이런 이유로 레버리지는 '양날의 칼'에 비유되기도 한다. 주식과 같이 리스크가 높은 투자에서 레버리지를 통해 리스크를 더욱 확대한다는 것은 건전한 투자를 넘어 사실상 투기라고 할 수 있다. 개인은 투자할 때 부채 없이 여유자금으로 하는 것이 원칙이다. 물론 **레버리지를 높이기 위해 사용한 부채에는 이자부담이 수반된다는 점도 기억해야 한다**.

05 → ①

MMF의 최대 장점은 가입 및 환매가 청구 당일에 즉시 이루어지므로 **입출금이 자유로우면서** 실적에 따라 수익이 발생하여 소액 투자는 물론 언제 쓸지 모르는 단기자금을 운용하는 데 유리하다는 점이다.

06 → ③

증권펀드는 투자대상인 주식, 채권에 어떤 비율로 투자하느냐에 따라 주식형, 채권형, 혼합형으로 구분할 수 있다. 자산의 **60% 이상을 주식에 투자하면 주식형 펀드, 채권에 60% 이상 투자하면 채권형 펀드, 주식 및 채권투자 비율이 각각 60% 미만이면 혼합형 펀드**이다.

07 → ④

<u>선물계약은 거래할 기초자산의 가격을 고정시킴으로써 위험을 제거</u>하는 반면, 옵션계약은 미래에 가격이 불리한 방향으로 움직이는 것에 대비한 보호수단을 제공하고 가격이 유리한 방향으로 움직일 때는 이익을 취할 수 있도록 해준다.

오답해설

① 선물거래의 가장 기본적이고 중요한 역할은 가격변동 리스크를 줄이는 헤징(hedging) 기능이다. 즉, 가격변동 리스크를 회피하고 싶은 투자자(hedger)는 선물시장에서 포지션을 취함으로써 미래에 가격이 어떤 방향으로 변하더라도 수익을 일정수준에서 확정시킬 수 있다.
② 선물계약이 장래의 일정시점을 인수·인도일로 하여 일정한 품질과 수량의 어떤 물품 또는 금융상품을 정한 가격에 사고팔기로 약속하는 계약이라면 옵션계약은 장래의 일정시점 또는 일정기간 내에 특정 기초자산을 정한 가격에 팔거나 살 수 있는 권리를 말한다.
③ 선물거래는 현물시장의 유동성 확대에도 기여한다. 선물거래는 현물의 가격변동위험을 헤지할 수 있으므로 그만큼 현물의 투자위험이 감소되는 결과를 가져와 투자자들은 현물시장에서 보다 적극적으로 포지션을 취할 수 있게 된다. 이에 따라 신규투자자들이 증가하고 특히 기관투자가의 적극적인 참여로 현물시장의 유동성이 확대될 수 있다.

08 → ②

보통예금·저축예금은 반환기간이 정하여지지 않아 언제든지 입출금이 자유로우며 <u>질권 설정이 금지되어 있다는 데 그 특징이 있다</u>. 다만 금융회사가 승낙하면 양도는 가능하다.

오답해설

① 어음·수표의 지급 사무처리의 위임을 목적으로 하는 위임계약과 소비임치계약이 혼합된 계약이다. 따라서 당좌거래계약에 있어서 무엇보다 중요한 것은 지급사무에 관하여 위임을 받은 금융회사는 당좌 수표나 어음금의 지급 시 선량한 관리자의 주의의무를 다하여야 한다는 데 있다.
③ 상호부금은 일정한 기간을 정하여 부금을 납입하게 하고 기간의 중도 또는 만료 시에 부금자에게 일정한 금전을 급부할 것을 내용으로 하는 약정으로서, 종래 실무계에서는 거래처가 부금을 납입할 의무를 부담하고 금융회사는 중도 또는 만기 시에 일정한 급부를 하여야 하는 쌍무계약의 성질을 지닌 것으로 보아왔다. 그러나 상호부금의 예금적 성격을 강조하여 정기적금과 동일하게 편무계약으로 보아야 한다는 견해도 현재 유력하게 주장되고 있다.
④ 예금채권에 대한 질권의 효력은 그 예금의 이자에도 미친다.

09 → ④

유류분이란 유증에 의한 경우에 법정상속인 중 직계비속과 배우자는 법정상속의 2분의 1까지, 직계존속과 형제자매는 3분의 1까지 수증자에게 반환을 청구할 수 있는 권리를 말한다. 따라서 수증자의 예금청구에 대하여 상속인이 그 유류분을 주장하여 예금인출의 중지를 요청하는 경우에는 은행은 상속인으로부터 수증자에 대하여 유류분 침해분에 대한 반환을 청구하였음을 증명하는 서면을 징구하고, 수증자에 대하여는 유류분 침해분에 해당하는 금액의 예금반환을 거절하여야 한다.

오답해설

① 상속순위
  · <u>제1순위 : 피상속인의 직계비속 및 피상속인의 배우자</u>
  · 제2순위 : 피상속인의 직계존속 및 피상속인의 배우자
  · 제3순위 : 피상속인의 형제자매
  · 제4순위 : 피상속인의 4촌 이내의 방계혈족
② 같은 순위의 상속인이 여러 사람인 경우에는 최근친을 선순위로 본다. 예컨대 같은 직계비속이라도 아들이 손자보다 선순위로 상속받게 된다. 그리고 같은 순위의 상속인이 두 사람 이상인 경우에는 공동상속을 한다. 공동상속인 간의 상속분은 <u>배우자에게는 1.5, 그 밖의 자녀에게는 1의 비율이다</u>.
③ 상속인이 될 직계비속 또는 형제자매가 상속개시 전에 사망하거나 결격자가 된 경우에 그 직계비속이 있는 때에는, 그 직계비속이 사망하거나 결격된 자의 지위를 순위에 갈음하여 상속권자가 된다. 배우자 상호간에도 대습상속이 인정된다. 예컨대 남편이 사망한 후 남편의 부모가 사망한 경우에 처는 남편의 상속인의 지위를 상속한다. 그러나 배우자가 타인과 재혼한 경우에는 인척관계가 소멸되므로 상속인이 될 수 없다. 때문에 <u>재혼하지 않은 경우 처는 남편의 상속인 지위를 상속할 수 있다</u>.

10 → ②

예금거래기본약관 제21조(약관적용의 순서) ① 우체국과 예금주 사이에 개별적으로 합의한 사항이 약관 조항과 다를 때는 그 <u>합의사항을 약관에 우선하여 적용한다</u>.

오답해설

① 예금계약에 대해서는 당해 예금상품의 약관이 우선적으로 적용되고 그 약관에 규정이 없는 경우에는 예금별 약관, 예금거래기본약관의 내용이 차례로 적용된다.
③ 약관은 계약이므로 약관에 의한 계약이 성립되었다고 하기 위해서는 약관을 계약의 내용으로 하기로 하는 합의가 있어야 한다.
④ 중요한 내용을 고객에게 설명하여야 한다. 중요한 내용이란 계약의 해지·기업의 면책사항·고객의 계약위반시의 책임가중 등 계약체결여부에 영향을 미치는 사항을 말하며, 약관 외에 설명문 예컨대 통장에 인쇄된 예금거래 유의사항에 의해 성실하게 설명한 경우에는 중요내용의 설명의무를 다한 것으로 본다.

11 → ③

건설업에 종사하는 건설근로자를 위한 특화카드는 **하나로 전자카드**이고, 성공파트너 체크카드는 사업자, 법인고객들이 선호하는 사업장 할인 혜택이 강화된 법인 전용 체크카드이다.

오답해설
① 2022년 12월 (판매상품) 기준 우체국 체크카드는 개인 16종, 법인 4종 등 총 20종의 상품이 있으며 고객 중심의 맞춤형 혜택 제공을 추구한다.
② 우체국 우리동네 Plus 체크카드는 지역별 특성을 고려한 특화가맹점에 대한 캐시백을 제공하며, Ⅰ, Ⅱ, Ⅲ 세가지 타입 중 고객 소비성향에 따라 할인혜택 서비스를 선택할 수 있는 카드이다.
④ 우체국 체크카드는 회원이 가입신청서를 작성하여 카드 발급을 요청하면 우체국에서 이를 심사하여 금융단말기에 등록하고, 카드를 교부함으로써 효력이 발생한다. 단, 위탁업체를 통하여 후 발급 받은 경우에는 카드 수령 후 회원 본인이 ARS, 우체국 스마트뱅킹(인터넷뱅킹, 스마트폰뱅킹) 또는 우체국을 방문하여 사용 등록하여야 효력이 발생한다.

12 → ③

농·수협 지역조합, 신용협동조합, 새마을금고는 현재 예금보험공사의 보호대상 금융회사는 아니며, **관련 법률에 따른 자체 기금에 의해 보호된다**.

오답해설
① 예금자보호제도는 다수의 소액예금자를 우선 보호하고 부실 금융회사를 선택한 예금자도 일정 부분 책임을 분담한다는 차원에서 예금의 전액을 보호하지 않고 일정액만을 보호하고 있다. 원금과 소정이자를 합하여 1인당 5천만 원까지만 보호되며 초과금액은 보호되지 않는다.
② 보호대상 금융회사는 은행, 보험회사(생명보험·손해보험회사), 투자매매업자·투자중개업자, 종합금융회사, 상호저축은행이다. 또한 농협은행, 수협은행 및 외국은행 국내지점도 보호대상 금융회사에 해당한다.
④ 정부, 지방자치단체(국·공립학교 포함), 한국은행, 금융감독원, 예금보험공사, 부보금융회사의 예금은 보호대상에서 제외한다.

13 → ④

보험료를 **수지상등의 원칙에 의거하여** 예정사망률(예정위험률), 예정이율, 예정사업비율의 3대 예정률을 기초로 계산하는 방식이다.

오답해설
① 예정이율과 보험료의 관계 : 예정이율이 낮아지면 보험료는 올라가고 예정이율이 높아지면 보험료는 내려간다.
② 예정사업비율과 보험료의 관계 : 예정사업비율이 낮아지면 보험료는 내려가고 예정사업비율이 높아지면 보험료는 올라간다.
③ 순보험료는 장래의 보험금 지급의 재원(財源)이 되는 보험료로 위험보험료와 저축보험료로 분리할 수 있다.
  1) 위험보험료 : 사망보험금, 장해급여금 등 보험사고 발생 시 보험금 지급 재원이 되는 보험료이다.
  2) 저축보험료 : 만기보험금, 중도급부금 등의 지급 재원이 되는 보험료이다.

14 → ②

보험계약자는 보험가입증서(보험증권)을 받은 날부터 15일 이내에 청약을 철회할 수 있다. 다만, 진단계약, 보험기간이 1년 미만인 계약 또는 전문보험계약자가 체결한 계약은 청약을 철회할 수 없으며, 청약일로부터 30일이 초과한 계약도 청약철회가 불가하다.

오답해설
①, ③ 보험계약은 보험계약자의 청약과 보험자의 승낙으로 성립된다. 보험자는 계약자의 청약에 대해 피보험자가 계약에 적합하지 않을 경우 계약을 거절할 수 있으며, 보험자가 계약을 거절할 때에는 보험료를 받은 기간에 대하여 일정 이자를 보험료에 더하여 돌려준다.
④ 민법 제157조(기간의 기산점) 기간을 일, 주, 월, 또는 연으로 정한 때는 기간의 초일은 산입하지 아니한다. 그러나 그 기간이 오전 영시로부터 시작하는 때에는 그러하지 아니하다.

15 → ③

상법 제652조(위험변경증가의 통지와 계약해지) : 1) 보험기간 중에 보험계약자 또는 피보험자가 사고발생의 위험이 현저하게 변경 또는 증가된 사실을 안 때에는 지체없이 보험자에게 통지하여야 한다. 이를 해태한 때에는 **보험자는 그 사실을 안 날로부터 1월 내에 한하여 계약을 해지할 수 있다**.

오답해설
① 상법 제652조(위험변경증가의 통지와 계약해지) : 2) 보험자가 제1항의 위험변경증가의 통지를 받은 때에는 1월 내에 보험료의 증액을 청구하거나 계약을 해지할 수 있다.
② 상법 제657조(보험사고발생의 통지의무) : 1) 보험계약자 또는 피보험자나 보험수익자는 보험사고의 발생을 안 때에는 지체없이 보험자에게 그 통지를 발송하여야 한다. 2) 보험계약자 또는 피보험자나 보험수익자가 제1항의 통지의무를 해태함으로 인하여 손해가 증가된 때에는 보험자는 그 증가된 손해를 보상할 책임이 없다.
④ 계속보험료가 약정되어 있는 시기에 납부되지 아니할 경우 보험자는 '상당한' 기간을 정하여 보험료 납입을 최고하고, 해당 기간내에 보험계약자가 보험료의 납입을 지체한 경우 별도의 해지통보를 통해 계약을 해지할 수 있다.

16 → ④

모집자가 청약시 이러한 의무(3대 기본지키기)를 이행하지 않았을 경우에는 계약자는 취소권을 행사할 수 있다. 이 때, 계약이 성립한 날부터 **3개월 이내에 계약을 취소할 수 있으며**, 체신관서는 이미 납입한 보험료에 보험료를 받은 기간에 대하여 환급금대출이율을 연단위 복리로 계산한 금액을 더하여 지급한다.

오답해설

① 저축성보험(금리확정형보험은 제외) 계약의 경우 계약자가 보험계약 체결권유 단계에서 아래에 해당하는 사항을 설명 받았고, 이를 이해하였음을 전화 등 통신수단을 통하여 청약 후 10일 이내에 확인을 받아야 한다.

② 기존보험계약을 부당하게 소멸시키거나 소멸하게 하는 행위

구분	기존계약 부당소멸 행위
가	기존보험계약이 소멸된 날부터 1개월 이내에 새로운 보험계약을 청약하게 하거나 새로운 보험계약을 청약하게 한 날부터 1개월 이내에 기존보험계약을 소멸하게 하는 행위(다만, 보험계약자가 기존 보험계약 소멸 후 새로운 보험계약 체결 시 손해가 발생할 가능성이 있다는 사실을 알고 있음을 본인의 의사에 따른 행위임이 명백히 증명되는 경우는 제외)
나	기존보험계약이 소멸된 날부터 6개월 이내에 새로운 보험계약을 청약하게 하거나 새로운 보험계약을 청약하게 한 날부터 6개월 이내에 기존보험계약을 소멸하게 하는 경우로서 해당 보험계약자 또는 피보험자에게 기존보험계약과 새로운 보험계약의 아래 6가지 중요한 사항을 비교하여 알리지 아니하는 행위 1. 보험료, 보험기간, 보험료 납입주기 및 납입기간 2. 보험가입금액 및 주요 보장 내용 3. 보험금액 및 환급금액 4. 예정 이자율 중 공시이율 5. 보험 목적 6. 우정관서의 면책사유 및 면책사항

③ 청약심사란 일반적으로 보험사의 "위험의 선택" 업무로서 위험평가의 체계화된 기법을 말한다. 이와 같이 보험사가 위험을 선택하는 것은 발생위험의 개연성이 높은 사람일수록 보험가입에 대한 선호도가 높고 보험에 가입하고자 하는 성향이 높기 때문이다. 보험계약의 선택에 있어 가장 중요한 것은 보험금 지급사유의 발생 가능성을 파악하는 것이다. 따라서 보험판매 과정에서 계약선택의 기준이 되는 신체적 위험, 환경적 위험, 도덕적 위험 등을 주의할 필요가 있다.

17 → ②

제3보험의 경우 생명보험의 약정된 정액보상적 특성과 손해보험의 실손보상적 특성을 모두 가지는 보험을 의미하게 된다. 사람의 신체에 대한 보험의 성격에 따라 분류하면 생명보험이라 할 수 있으나, 비용손해와 의료비 등 실손 부분에 대해 보상한다고 분류하게 되면 손해보험으로 볼 수 있다.

오답해설

① 변액보험 : 계약자가 납입한 보험료를 특별계정을 통하여 기금을 조성한 후 주식, 채권 등에 투자하여 발생한 이익을 보험금 또는 배당으로 지급하는 상품으로 변액종신보험, 변액연금보험, 변액유니버셜보험 등이 있다.

③ 질병보험 : 질병보험이란 암, 성인병 등의 각종 질병으로 인한 진단, 입원, 수술시 보험금을 지급하는 상품을 의미한다. 단, 질병으로 인한 사망은 제외된다. 우리나라에서는 질병보험을 건강보험이라고도 하는 데 그 종류로는 진단보험, 암보험, CI보험, 실손의료보험 등이 있다.

④ 실손의료보험 : 실손의료보험은 피보험자가 질병·상해로 입원(또는 통원) 치료를 하게 될 경우 실제 부담하게 되는 의료비('국민건강보험 급여 항목 중 본인부담액' + '비급여 항목'의 합계액)의 일부를 보험회사가 보상하는 상품이다.

18 → ③

특약 : 다수의 보험계약자들의 다양한 욕구를 모두 충족시키기 위하여 부가하는 것이 특약이며 주계약 외에 별도의 보장을 받기 위해 주계약에 부가하는 계약을 의미한다.

독립성 따라	독립특약	별도의 독립된 상품으로 개발되어 어떤 상품에도 부가될 수 있는 특약
	종속특약	특정상품에만 부가할 목적으로 개발되어 다른 상품에는 부가하지 못하는 특약
필수가입에 여부에 따라	고정부가특약	계약자 선택과 무관하게 주계약에 고정시켜 판매되는 특약
	선택부가특약	계약자가 선택하는 경우에만 부가되는 특약

19 → ①

실세금리 등을 반영한 신공시이율Ⅳ로 적립되며, 시중금리가 하락하더라도 **최저 1.0%** (다만, 가입후 10년 초과시 0.5%)의 금리가 보장된다.

오답해설

② 다양한 목적의 재테크 기회로 활용
- 종신연금형 : 평생 연금수령을 통한 생활비 확보 가능, 조기 사망시 20년 또는 100세까지 안정적인 연금 수령
- 상속연금형 / 확정기간연금형 : 연금개시 후에도 해지 가능하므로 다양한 목적자금으로 활용 가능
- 더블연금형 : 연금개시 후부터 80세 계약해당일 전일까지 암, 뇌출혈, 급성심근경색증, 장기요양상태(2등급 이내) 중 최초 진단시 연금액 두배로 증가

③ 45세 이후부터 연금 지급 : 45세 이후부터 연금을 받을 수 있어 노후를 위한 준비

④ 확정기간연금형의 경우 5년, 10년, 15년, 20년 등 5년을 주기로 연금을 지급한다.

20 → ④

보험계약자는 부활이 가능한 일정 기간 내에 연체된 보험료에 약정이자를 붙여 보험자에게 납부하고 보험계약의 부활을 청구하여야 하며 보험자의 승낙이 있어야 한다.

오답해설
① 부활계약 청구시에도 보험계약자는 중요한 사항에 대하여 <u>고지의무를 부담하여야 한다.</u>
② 보험계약자의 부활청구로부터 보험자가 약정이자를 첨부한 연체보험료를 받은 후 <u>30일이 지나도록 낙부 통지를 하지 않으면</u> 보험자의 승낙이 의제되고 해당 보험계약은 부활한다.(상법 제650조의 2 단서)
③ 보험계약자가 제2회 이후의 계속보험료를 납부하지 아니함으로써 보험계약이 해지되었거나 실효된 경우로서 <u>해지환급금이 지급되지 않았어야 한다.</u>

제4과목 | 컴퓨터 일반(기초영어 포함)

01 → ②

①, ③, ④는 DML, ②은 DDL 명령어이다.

02 → ①

① $(0100)_2 = (0110)_G$
② $(11100111)_2 = (E7)_{16}$
③ $(9)_{10} = (1001)_2$
④ 3bit로 표현 가능한 수 $=2^3=8$ 따라서 0~9를 표현하기 위해서는 최소 4bit가 필요하다.

03 → ④

[알고리즘 설계 기법]
① 분할 정복(Divide and Conquer) : 주어진 문제의 입력을 더 이상 나눌 수 없을 때까지 순환적으로 분할하고 분할된 작은 문제들을 해결한 후 그 해를 결합하여 원래 문제의 해를 구하는 방식
② 탐욕적(Greedy) 알고리즘 : 문제를 해결하기 위해 여러 경우 중 하나를 결정해야 할 때마다 다음을 생각하지 않고 그 순간에 최적이라고 생각되는 것을 선택해 나가는 방식
③ 선형(linear) 알고리즘 : 한정된 자원 상태에서 제약조건들을 일차 방정식(선형)으로 나타내고 최적화를 수행하는 가장 일반적인 방법이다.
④ 백트래킹(Back tracking) : 해를 구할 때까지 모든 가능성을 조사하는 방법으로 진행 도중 더 이상 진행하지 못하고 막히면, 되돌아와서 다른 경로를 선택하는 방법으로 그래프의 DFS(깊이 우선 탐색) 운행 알고리즘이 대표적이다.

04 → ④

1) 캐시 메모리 성능은 적중률이 높을수록 좋다.
2) 적중(hit) 시 캐시 메모리와 함께 메인 메모리의 내용도 갱신하는 것은 write-through 방식이다.
3) 캐시는 용량은 작지만 고속 메모리이고 성능 향상을 위해 지역성을 이용한다.

05 → ②

[보안 프로토콜]
① SSH : 원격 접속 보안 프로토콜
② SSL : 웹 보안 표준 프로토콜
③ IPSec : 네트워크 보안 프로토콜
④ SET : 신용카드 보안 프로토콜

06 → ③

① 개체 무결성 제약 : 기본키 제약
② 참조 무결성 제약 : 외래키 제약
④ 키 무결성 제약 : 하나의 키가 반드시 존재해야 하는 제약

07 → ②

최소비용 신장 트리 : 가장 작은 비용값에서 큰 값을 가진 간선들을 연결해 가면서 사이클이 형성되는 간선을 제외한 후 만들어진 트리로 그 때의 비용합을 구하면 된다.

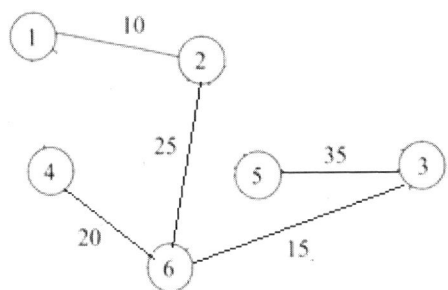

비용합 = 10 + 20 + 25 + 15 + 35 = 105

08 → ①

Selective Repeat ARQ는 오류가 발생한 프레임만 재전송하므로 3번 프레임 하나만 재전송하게 된다.

09 → ②

1) CHOOSE()는 지정한 숫자에 해당하는 값을 표시하는 함수로 3을 지정했으므로 결과는 감
2) COUNT()는 숫자의 개수를 구하는 함수이므로 결과는 3이 표시된다.
3) ROUNDUP(ABS(), -1) : 절대값을 구한 후 10의 자리에서 올림 처리하는 함수
4) INT() : 소수점 아래를 버리고 가장 가까운 정수로 내림한다.

10 → ①

SSD는 태양광을 사용하지 않고 플래시 메모리를 기반으로 하는 비휘발성 메모리를 사용한다.

11 → ③

형상 관리 항목 : 원시코드, 데이터, 개발에 사용된 모든 문서 등

12 → ①

스푸핑(Spoofing) : 다른 사람의 신분을 도용하는 위장공격

13 → ①

이 문제는 페이지 부재 회수를 구하는 문제가 아니라 적중 횟수를 구하는 문제이다.

참조열	1	0	2	2	1	7	6	0
프레임	1	1	1	1	1	1	1	0
		0	0	0	0	7	7	7
			2	2	2	2	6	6
적중(O)	×	×	×	O	O	×	×	×

따라서 적중 횟수는 2회

14 → ②

와이파이(Wi-Fi)는 IEEE 802.11b 표준이다.

15 → ③

[IEEE 754 형식(32 비트)]

부호	지수부	가수부
1bit	8bit	23bit

1) −13.5에서 부호를 제외한 13.5를 이진수로 변환 : 1101.1
2) 1101.1에 대하여 정규화를 수행 : 1.1011×2^3이 된다.
3) 부호 비트는 음수이므로 1
4) 지수부는 3이 되고 바이어스는 127을 더하여 표시한다. 크기는 8비트이고 2진수로 변환하여 더하면 00000011 + 01111111 = 10000010이 된다.

16 → ③

빅 데이터 3V : volume, velocity, variety

17 → ④

① Brooks의 법칙 : 지체되는 프로젝트에 인력을 추가하는 것은 개발을 더 늦춘다는 법칙
② Jackson의 법칙 : 오류 발생은 가장 최근의 오류부터 발생한다는 법칙
③ Moore의 법칙 : 반도체 집적회로의 성능은 24개월마다 2배로 증가한다는 법칙

18 → ④

① 리팩토링 : 소프트웨어의 기능은 유지하면서 코드를 재작성하는 것으로 가독성과 유지보수를 높일 수 있다.
② 라이브러리 : 소프트웨어를 개발하기 쉽게 어떤 기능을 제공하는 도구들
③ 플랫폼 : 다른 서비스들이 내 서비스를 쉽게 활용할 수 있게 해주는 인터넷 기반의 기술 환경
④ 프레임워크 : 특정 프로그램을 개발하기 위한 여러 요소들과 메뉴얼인 룰을 제공하는 프로그램으로 소프트웨어의 기본 구조를 제공한다.

19 → ④

[해설]
④ believe는 목적어를 취하는 타동사로서 뒤에 목적절이 왔는데 이 목적절 안의 say도 목적어를 취하는 동사이다. say 뒤가 목적어가 없는 불완전한 구조이기 때문에 완전한 구조를 이끄는 that이 아닌 what이 와야 한다.
① 'by no means'는 '결코 ~하지 않다'라는 의미이고 to 부정사(to learn)의 의미상 주어도 for+us로 맞게 표현하였다.
② 비교급을 활용한 최상급 표현으로서 '부정어(nothing)+동사((is)+형용사 비교급(more precious)+than'으로 맞게 표현하였다.
③ 'cannot be too+형용사'은 '아무리~해도 지나치지 않는다'라는 의미이고 주절의 주어(children)와 종속절의 주어(crossing의 대상)가 동일해서 종속절에서 주어를 생략하고 표현하였다.

20 → ③

[해석]
오늘날 Lamarck은 어떻게 적응이 진화로 이어지는지에 대한 그의 잘못된 설명 때문에 대부분 부당하게 기억되고 있다. 그는 특정한 신체 부위를 사용하거나 사용하지 않음으로써 생물체는 일정한 특징을 발달한다고 말했다. Lamarck은 이러한 특징이 후손들에게 전해진다고 생각했다. 그는 이러한 생각을 '획득한 특징의 유전'이라고 불렀다. 예를 들면, Lamarck은 캥거루의 강한 뒷다리는 조상들이 그들의 다리를 점프하면서 강화한 뒤 획득한 다리의 힘을 그들의 후손들에게 전달한 결과일지도 모른다고 설명한다. 그러나 획득한 특징은 유전되기 위해서는 특정 유전자의 DNA를 어떻게든 변형해야할 수도 있다. 이런 일이 생긴다는 증거는 없다. 여전히 Lamarck는 생물체는 그들의 환경에 적응할 때 그런 진화가 일어난다고 제안한 것에 주목하는 건 중요하다. 이런 생각은 다윈을 위한 무대를 만드는 데 도움을 주었다.

[해설]
진화와 관련한 Lamarck의 이론을 설명하는 글로 빈칸 뒤에는 캥거루를 제시하면서 구체적으로 설명을 하고 있다. 따라서 ③ 'For example'이 답이다.

[보기해석]
① 그러나
② 그럼에도 불구하고
③ 예를 들면
④ 결과적으로

[어휘]
- adaptation 적응
- evolve 진화하다
- organism 생물체
- characteristic 특징
- offspring 자손
- inheritance 유전
- acquired 획득한
- specific 특정한
- evidence 증거

계리직 공채 대비

최신 기출문제

2022

제1과목 한국사
       (상용한자 포함)
제2과목 우편상식
제3과목 금융상식
제4과목 컴퓨터 일반
       (기초영어 포함)

문제편 + 정답 및 해설

2022년 최신 기출문제

일시 / 시험 시간 80분 / 맞은 개수 / 80

제1과목 | 한국사(상용한자 포함)

01
밑줄 친 ( )의 재위 기간에 있었던 사실로 옳은 것은?

> (　　　) 9년 3월에 사방(四方)의 우역(郵驛)을 비로소 설치하고, 담당 관리에게 명하여 관도(官道)를 수리하게 하였다.
> — 『삼국사기』 —

① 처음으로 수도에 시장을 열어 사방의 물자를 유통시켰다.
② 중앙관서를 22부로 정비하고 수도를 5부로 편제하였다.
③ 우산국으로 불리던 울릉도를 정복하여 영토로 편입하였다.
④ 9주와 5소경을 설치하여 지방행정을 새롭게 정비하였다.

02
삼국시대 고분 중 벽화가 남아 있는 것을 모두 고른 것은?

> ㄱ. 호우총   ㄴ. 쌍영총
> ㄷ. 무용총   ㄹ. 각저총
> ㅁ. 천마총

① ㄱ, ㄴ, ㅁ
② ㄱ, ㄷ, ㄹ
③ ㄴ, ㄷ, ㄹ
④ ㄷ, ㄹ, ㅁ

03
(가)와 (나) 사이 시기 신라에서 있었던 사실로 옳은 것은?

> (가) 당(唐)이 고구려 평양에 안동도호부를 설치하였다.
> (나) 대조영이 동모산에서 진국(震國), 즉 발해를 건국하였다.

① 일반 백성들에게 정전을 지급하였다.
② 관리 채용을 위한 시험제도로 독서삼품과를 실시하였다.
③ 유교 교육을 진흥시키기 위해 국학을 설치하였다.
④ 관료전을 폐지하고 녹읍을 부활하였다.

04
후삼국 통일 과정에 있었던 사건의 순서를 옳게 나열한 것은?

> ㄱ. 완산주에 도읍을 정하고 후백제를 건국하였다.
> ㄴ. 국호를 태봉, 연호를 수덕만세로 정하였다.
> ㄷ. 금성이 함락되고 경애왕이 사망하였다.
> ㄹ. 왕건이 궁예를 몰아내고 즉위하였다.

① ㄱ-ㄴ-ㄷ-ㄹ
② ㄱ-ㄴ-ㄹ-ㄷ
③ ㄴ-ㄱ-ㄹ-ㄷ
④ ㄴ-ㄱ-ㄷ-ㄹ

05

밑줄 친 ( ) 제도를 개혁한 인물들로 옳은 것은?

> 개간된 토지의 넓이를 총괄해서 그 기름지고 메마른 것을 나누어 문무백관에서부터 부병(府兵) 한인(閑人)에게까지 과(科)에 따라 주지 않음이 없었고, 또 그 과에 따라 초채지(땔감을 얻을 수 있는 땅)를 주었는데, 이를 ( ) 제도라 한다.
>
> - 『고려사』 -

① 조준, 정도전
② 정도전, 이색
③ 이색, 정몽주
④ 조준, 이인임

06

다음의 시(詩)를 지은 작자가 생존했던 시기에 있었던 사실로 옳은 것은?

> 오랑캐들이 아무리 완악하다지만 어떻게 이 물을 뛰어 건너랴.
> 저들도 건널 수 없음을 알기에 와서 진 치고 시위만 하네.
> (중 략)
> 저들도 마땅히 저절로 물러가리니 나라가 어찌 갑자기 끝나겠는가.
>
> - 『동국이상국집』 -

① 별무반을 조직하여 여진을 정벌하였다.
② 거란이 보낸 사신을 유배 보냈다.
③ 고려 국왕이 나주로 피난했다.
④ 경찰 업무를 수행하는 야별초를 만들었다.

07

밑줄 친 내용에 해당하는 시기에 신설된 기구를 <보기>에서 모두 고른 것은?

> 문종이 태평한 통치를 펼치니 백성과 만물이 모두 빛났습니다. 그러나 후손들이 혼미하여 권신(權臣)이 정권을 멋대로 하면서 군병을 끌어안고 왕위를 노리게 되었으니 인종 때 이것이 한 번 벌어지자 신하가 정권을 잡는 일이 일어났고, 의종 때에 이르러서는 익숙해져 버렸습니다. <u>이로 말미암아 크고 간악한 권신들이 번갈아 가며 세력을 잡고서 임금을 앞히기를 바둑이나 장기 두듯이 하였으며, 강성한 적들은 번갈아 쳐들어와 백성들을 풀이나 갈대같이 베어 버렸지만</u>, 원종이 위태롭고 의심스러운 상황에서 대란을 평정함으로써 겨우 선조들이 물려준 왕업을 보전할 수 있었습니다.
>
> - 『고려사』 -

┤ 보기 ├
ㄱ. 정방   ㄴ. 교정도감
ㄷ. 도평의사사   ㄹ. 정치도감

① ㄱ, ㄴ
② ㄱ, ㄹ
③ ㄴ, ㄷ
④ ㄷ, ㄹ

08

<보기>의 정책을 시행했던 국왕의 재위 기간에 있었던 일로 옳은 것은?

┤ 보기 ├
- 귀법사를 창건하고 균여를 주지로 임명했다.
- 개경을 황도(皇都)라고 하고, 서경을 서도라고 하였다.

① 전시과 제도를 시행하였다.
② 백관의 사색 공복을 정했다.
③ 광군을 조직하여 거란의 침입에 대비하였다.
④ 왕권을 위협하던 왕규를 제거하였다.

09

〈보기〉는 조선시대 전세(田稅) 수취 제도에 대한 내용이다. 이 제도의 시행으로 나타난 변화상에 대한 설명으로 옳지 않은 것은?

─ 보기 ─
- 1결당 생산량을 300두에서 400두로 상향 조정하였다.
- 생산량의 1/10을 징수하던 것을 1/20로 조정하였다.
- 종래 3등으로 나누던 토지 등급을 6등으로 세분화하였다.

① 토지 등급과 작황 정도에 따라 전세를 차등 징수하였다.
② 이 제도는 전라도부터 시행하여 점차 전국으로 확산되었다.
③ 토지 등급에 따라 면적을 달리하는 이적동세를 실시하였다.
④ 이 제도의 시행으로 농민의 전세 부담이 낮아졌다.

10

조선 전기의 노비에 대한 설명으로 옳은 것은?

① 노와 양녀 사이에 태어난 소생을 모의 신분을 따라 양인으로 삼는 '노비종모법'이 시행되었다.
② 중앙 관청에 소속된 공노비 가운데에는 하급 기술관직에 임용되기도 하였다.
③ 부족한 군역 자원을 확충하기 위해 양인과 함께 노비를 속오군에 편제하였다.
④ 국가에 소속된 공노비의 도망이 속출하자 내·시노비 중 일부를 속량하기도 하였다.

11

밑줄 친 ( ) 기구에 대한 설명으로 옳은 것은?

> 이 제도는 젊고 재능 있는 문신들을 의정부에서 선발하여 (____)에 위탁 교육을 시키고, 40세가 되면 졸업시키는 인재 양성의 장치였다. 교육 과정은 과강(課講)·과제(課製)의 강제(講製)가 주축이었다. 전자는 매달 15일 전과 20일 후에 행해졌고, 후자는 20일 후에 실시되었다. 이 제도는 국왕의 친위 세력을 육성하고자 하는 목적에서 시행되었다고 평가되고 있다.

① 학문 및 정책 연구를 위하여 경복궁 안에 설치되었다.
② 왕명 출납 등 국왕 측근에서 비서실의 기능을 하였다.
③ 정책을 비판하는 삼사의 하나로 국왕의 자문에 응하였다.
④ 창덕궁 후원에 설치되어 수만 권의 서적을 보관하였다.

12

다음의 작품이 제작된 시기의 문학과 예술에 대한 설명으로 옳지 않은 것은?

① 중국의 남종문인화를 우리의 자연에 맞추어 토착화하는 화풍이 발생하였다.
② 『촌담해이』, 『필원잡기』 등 일정한 격식 없이 세상에 떠도는 이야기를 기록한 패설작품이 창작되었다.
③ 서양식 화법이 도입되어 원근법을 사용하거나 인물의 측면을 묘사하는 그림이 등장하였다.
④ 양반 사회를 비판하는 「양반전」, 「허생전」, 「호질」 등의 한문소설이 지어졌다.

13
다음에서 (㉠)과 (㉡)에 들어갈 내용을 바르게 짝지은 것은?

> 조선 전기에 (㉠)이/가 저술한 (㉡)은/는 예로부터 사람들이 감상하고 길러온 꽃과 나무 몇십 종에 대한 재배법과 이용법을 설명하고 있으며, 또한 꽃과 나무의 품격과 그 의미, 상징성을 논하고 있다.

	㉠	㉡
①	강희안	『양화소록』
②	양성지	『농잠서』
③	강희맹	『금양잡록』
④	신속	『농가집성』

14
〈보기〉의 궁궐에 대한 설명으로 옳은 것은?

─| 보기 |─
> 본래 월산대군의 집터였는데, 임진왜란 이후 선조의 임시 거처로 사용되어 정릉동 행궁으로 불리다가 광해군 때에 경운궁으로 개칭되었다. …(중략)… 궁내에 서양식 건물이 여럿 지어진 것이 주목된다. …(중략)… 1945년 광복 후 석조전에서 미소공동위원회가 열려 한반도 문제가 논의되었다. 1963년 1월 18일에 사적 제124호로 지정되었다.

① 도성의 동쪽에 위치하여 동궐이라 불리기도 하였다.
② 전통 정원 조경의 자연미와 인공미가 조화를 이룬 후원이 유명하다.
③ 흥선대원군의 왕권강화에 대한 강력한 의지에 따라 크게 중건되었다.
④ 아관파천 이후 고종이 옮겨와 대한제국을 선포하고 광무개혁을 실시하였다.

15
다음 정책의 결과로 옳지 않은 것은?

> 총독부는 15년 동안 토지개량과 농사개량을 통해 식량 생산을 대폭 늘려 일본으로 더 많은 쌀을 가져가고 조선의 농민생활도 안정시킨다는 계획을 세웠다. 이를 위해 논의 비중을 높이고 저수지와 같은 수리시설을 개선·확충하며, 다수확 품종과 비료 개발을 진행했다.

① 조선인 자작농이 감소하고 소작농이 급증하였다.
② 미(米) 단작화로 경제구조의 파행성이 심화되었다.
③ 전국 토지의 토지대장, 지적도, 등기부가 작성되었다.
④ 식량 부족분을 해결하기 위해 만주산 좁쌀 등이 수입되었다.

16
다음 '시정방침'에 따른 통치가 이루어지던 시기에 일어난 대중운동으로 옳지 않은 것은?

> 총독은 문무관 어느 쪽이라도 임용될 수 있는 길을 열고, 나아가 헌병에 의한 경찰 제도를 바꿔 보통 경찰에 의한 경찰 제도를 채택할 것이다. 그리고 복제를 개정하여 일반 관리, 교원이 제복을 입고 칼을 차던 것을 폐지하고, 조선인의 임용, 대우를 더 많이 고려하고자 한다.
> ― 사이토 마코토, '시정방침' ―

① 전국적 규모의 노동자조직으로서 조선노동공제회가 결성되었다.
② 빈농을 주체로 한 토지혁명을 주장하는 농민조합운동이 일어났다.
③ 대중운동 전국적 조직화의 일환으로 조선청년총동맹이 결성되었다.
④ 백정들이 신분에 대한 불만을 타파하고자 조선형평사를 설립하였다.

17

(가)와 (나) 사이 시기의 사실로 옳은 것은?

(가) 김종필과 오히라 일본 외상의 밀실회담 이후 한일회담은 급격히 진전되었다. 이에 대해서 전 사회적인 한일회담 반대 투쟁이 일어나 서울의 주요 대학 학생들을 중심으로 격렬한 거리시위가 전개되었다.

(나) 한일 양국은 일본 도쿄에서 한일기본조약 조인식을 강행하였다. 하지만 막상 이 과정에서 한일 과거사에 대한 일본의 사죄는 명시되지 않았다.

① 정부는 계엄령을 선포하고 인민혁명당 사건을 조작, 발표하였다.
② 베트남 전쟁에 대한 전투부대 파병동의안이 국회에서 통과되었다.
③ 반공법과 데모규제법 제정을 추진하여 거센 반대운동을 불러왔다.
④ 대통령이 각종 법의 효력을 정지시킬 수 있는 긴급조치가 발동되었다.

18

〈보기〉의 내용을 일어난 시간 순서대로 바르게 나열한 것은?

― 보기 ―

ㄱ. 아름이의 작은 할아버지는 거제도 포로수용소에서 제3국행을 결정하여 아르헨티나로 갔다.
ㄴ. 수지의 할아버지는 미군과 함께 인천에 상륙하여 서울 수복을 위해 진격하였다.
ㄷ. 지연이의 큰 고모부는 흥남 부두에서 가족들과 헤어져 메러디스 빅토리호를 타고 부산으로 향했다.

① ㄱ-ㄴ-ㄷ ② ㄴ-ㄱ-ㄷ
③ ㄴ-ㄷ-ㄱ ④ ㄷ-ㄱ-ㄴ

19

밑줄 친 단어의 한자 표기가 옳지 않은 것은?

① 김 과장은 자산을 효율적으로 운용하여 이윤(利潤)을 남겼다.
② 박 과장은 국장의 격려(激勵)를 받자 업무에 더욱 몰두하였다.
③ 이 과장은 전염병에 감염(感染)되어 확진 판정을 받게 되었다.
④ 최 과장은 사표를 제출하였으나 국장이 수리(受理)하지 않았다.

20

밑줄 친 한자 성어의 사용이 적절하지 않은 것은?

① 그는 온 세상을 덮을 만한 재주를 지니고 있어 蓋世之才라는 평가를 받았다.
② 그는 실로 傍若無人하여 주변 사람을 전혀 의식하지 않고 마음대로 떠들었다.
③ 그가 얼굴이 어두워져 들어온 것으로 볼 때 그 일의 결과는 不問可知였다.
④ 그가 시험에 응시하여 마침내 합격한 것은 衆寡不敵이라고 칭찬할 만했다.

제2과목 | 우편상식

01

우편물의 외부표시(기재) 사항에 대한 설명으로 옳은 것은?

① 통상우편물 요금감액을 받기 위해서는 집배코드별로 구분하여 제출해야 한다.
② 집배코드는 도착집중국 3자리, 배달국 2자리, 집배팀 2자리, 집배구 2자리로 구성되어 있다.
③ 우체국과 협의되지 않은 우편요금 표시인영은 표기할 수 없으나, 개인정보보호 법령에 따른 주민등록번호는 기재할 수 있다.
④ 집배코드란 우편물 구분을 편리하게 할 수 있도록 만든 일종의 코드로서, 문자로 기재된 수취인의 주소 정보를 일정한 기준에 따라 숫자로 변환한 것이다.

02

방문접수소포(우체국소포)에 대한 설명으로 옳은 것은?

① 인터넷우체국을 이용하여 방문접수 신청은 가능하나, 요금수취인 부담(요금 착불) 신청은 불가하다.
② 초소형 특정요금은 월 평균 10,000통 이상 발송업체 중 초소형 물량이 80% 이상인 경우에 적용이 가능하다.
③ 연합체 발송계약이란 계약자가 주계약 우편관서를 지정하여 이용계약을 체결하고 여러 우편관서에서 별도의 계약 없이 계약소포를 발송하는 것이다.
④ 한시적 발송계약은 3개월 이내에 한시적으로 계약소포를 발송하는 것이다.

03

선택등기 서비스에 대한 설명으로 옳은 것은?

① 취급대상은 2kg(특급 취급 시 30kg) 이하 통상우편물이다.
② 전자우편, 익일특급, 계약등기, 발송 후 배달증명 부가취급이 가능하나, 우편함에 배달이 완료된 경우에는 발송 후 배달증명 청구를 할 수 없다.
③ 배달기한은 접수한 다음 날부터 4일 이내이다.
④ 손실 또는 분실일 때 최대 5만 원까지 손해배상을 제공하나, 배달이 완료된 후에 발생한 손실 또는 분실은 손해배상 대상에서 제외한다.

04

선납 라벨 서비스에 대한 설명으로 옳은 것을 모두 고른 것은?

> ㄱ. 사용권장기간 경과로 인쇄 상태가 불량하거나 라벨지 일부 훼손으로 사용이 어려운 경우 동일한 발행번호와 금액으로 재출력이 가능하다.
> ㄴ. 훼손 정도가 심각하여 판매정보의 식별이 불가능한 경우 동일한 발행번호와 금액으로 재출력이 가능하다.
> ㄷ. 우편물 접수 시 우편요금보다 라벨 금액이 많은 경우 잉여 금액에 대해 환불이 가능하다.
> ㄹ. 구매 당일에 한해 판매우체국에서만 환불 처리가 가능하다.

① ㄱ, ㄴ
② ㄱ, ㄹ
③ ㄴ, ㄷ
④ ㄷ, ㄹ

05

내용증명 우편물에 대한 설명으로 옳은 것은?

① 문서 이외의 물건도 그 자체 단독으로 내용증명의 대상이 될 수 있다.
② 내용문서의 크기가 A4 용지 규격보다 큰 것은 발송할 수 없다.
③ 다수인이 연명으로 발송하는 내용문서의 경우 다수 발송인 중 1인의 이름, 주소를 우편물의 봉투에 기록한다.
④ 발송인이 재증명을 청구한 경우 문서 1통마다 재증명 청구 당시 내용증명 취급수수료 전액을 징수한다.

06

국내우편서비스에 대한 설명으로 옳은 것을 모두 고른 것은?

ㄱ. 모사전송(팩스) 우편은 우편취급국을 포함한 모든 우체국에서 신청이 가능하다.
ㄴ. 나만의 우표 홍보형 신청 시에는 기본 이미지 1종 외에 큰 이미지 1종을 무상으로 제공한다.
ㄷ. 고객이 고객맞춤형 엽서를 교환 요청한 때에는 교환금액을 수납한 후 액면 금액에 해당하는 우표, 엽서, 항공서간으로 교환해 준다.
ㄹ. 우체국 축하카드 발송 시 50만 원 한도 내에서 문화상품권을 함께 발송할 수 있다.

① ㄱ, ㄷ
② ㄱ, ㄹ
③ ㄴ, ㄷ
④ ㄴ, ㄹ

07

국내우편 요금별납 및 요금후납 우편물에 대한 설명으로 옳지 않은 것은?

① 관할 지방우정청장이 요금별납 우편물을 접수할 수 있도록 정한 우체국이나 우편취급국에서 이용이 가능하다.
② 요금별납 우편물에는 원칙적으로 우편날짜도장을 찍지 않는다.
③ 최초 요금후납 계약일부터 체납하지 않고 4년간 성실히 납부한 사람은 담보금 50% 면제 대상이다.
④ 모든 요금후납 계약자는 요금후납 계약국 변경 신청 제도를 이용할 수 있다.

08

다음 설명 중 서적우편물로 요금감액을 받을 수 없는 것의 총 개수는?

ㄱ. 표지를 제외한 쪽수가 40쪽이며 책자 형태로 인쇄된 것
ㄴ. 우편엽서, 지로용지가 각각 1장씩 동봉된 것
ㄷ. 본지, 부록을 포함한 우편물 1통의 무게가 1kg인 것
ㄹ. 상품의 선전 및 광고가 전 지면의 20%인 것

① 1개
② 2개
③ 3개
④ 4개

09

우편사서함 사용계약에 대한 설명으로 ( )에 들어갈 말로 옳게 짝지어진 것은?

- 사서함 신청을 받은 우체국장은 국가기관, 지방자치단체, 일일 배달예정물량이 (㉠)통 이상인 다량이용자, 우편물 배달 주소지가 사서함 설치 우체국의 관할구역인 신청자 순서로 우선적으로 계약할 수 있다.
- 최근 3개월간 계속하여 사서함에 배달된 우편물의 총 수량이 월 (㉡)통에 미달한 경우, 사서함 사용계약을 해지할 수 있다.
- 사서함을 운영하고 있는 관서의 우체국장은 연 (㉢)회 이상 운영 실태를 점검하고 사용계약 해지 대상자 등을 정비하여야 한다.

	㉠	㉡	㉢
①	50	30	1
②	100	50	1
③	50	50	2
④	100	30	2

10

우편물 운송용기의 종류와 용도에 대한 설명으로 옳지 않은 것은?

① 우편운반대(평팔레트) : 소포 등 규격화된 우편물 담기와 운반
② 소형우편상자 : 소형통상우편물 담기
③ 대형우편상자 : 얇은 대형통상우편물 담기
④ 특수우편자루 : 부가취급우편물 담기

11

손해배상 및 이용자 실비지급에 대한 설명으로 옳은 것은?

① 설·추석 등 특수한 기간에 우편물이 대량으로 늘어나 늦게 배달되는 경우에도 지연배달로 인한 손해배상 대상이 된다.
② D(우편물 접수일) + 1일 20시 이후 배달된 당일특급 우편물은 국내특급수수료만 손해배상한다.
③ EMS 우편물의 종·추적조사나 손해배상을 청구한 때, 3일 이상 지연 응대한 경우에는 무료발송권(1회 3만원권)을 이용자 실비로 지급한다.
④ 이용자실비를 지급받기 위해서는 사유가 발생한 다음 날부터 15일 이내에 해당 우체국에 신고해야 한다.

12

우편물 운송 용어에 대한 설명으로 옳은 것의 총 개수는?

ㄱ. 감편 : 우편물 감소로 운송편의 톤급을 하향 조정 (예 4.5톤 → 2.5톤)
ㄴ. 거리연장 : 운송구간에 추가로 수수국을 연장하여 운행함
ㄷ. 구간 : 정해진 운송구간을 운송형태별(교환, 수집, 배분 등)로 운행함
ㄹ. 배집 : 우편집중국 등에서 배달할 우편물을 배달국으로 보내는 운송형태

① 1개　　② 2개
③ 3개　　④ 4개

13
우편물 발착업무에 대한 설명으로 옳지 않은 것은?

① 발착업무의 처리과정은 분류·정리, 구분, 발송, 도착 작업으로 구성되어 있다.
② 분류·정리작업은 구분이 완료된 우편물을 보내기 위한 송달증 생성, 체결, 우편물 적재 등의 작업이다.
③ 주소와 우편번호 주위에 다른 문자가 표시된 우편물은 기계구분이 불가능한 우편물이다.
④ 소포우편물을 우편운반차에 적재할 때는 수취인 주소가 기재된 앞면이 위쪽으로 향하도록 적재한다.

14
다음 설명에 해당하는 국제우편 업무 관련 국제연합체는?

- 2002년 아시아·태평양 연안 지역 6개 국가로 결성, 2021년 12월 현재 한국 포함 11개 국가로 구성
- 공동으로 구축한 단일 네트워크 기반 및 'The Power to Deliver'라는 슬로건하에 활동

① Universal Postal Union
② Asian Pacific Postal Union
③ World Logistics Organization
④ Kahala Posts Group

15
국제우편물의 종류별 접수에 관한 설명으로 옳은 것은?

① 우편자루배달인쇄물의 등기취급은 미국, 캐나다 등 북미권역과 유럽, 아시아 등 만국우편연합 회원국가 간 발송에 제한이 없다.
② 시각장애인이나 공인된 시각장애인 기관에서 발송하는 공무를 위한 모든 우편물은 시각장애인용 우편물로 취급 가능하다.
③ 소형포장물은 현실적이고 개인적인 통신문의 서류 동봉이 가능하며, 내용품의 덜락을 방지하기 위하여 단단히 밀봉하여야 한다.
④ 보험소포의 보험가액은 'Insured Value-words 보험가액-문자' 칸과 'Figures 숫자' 칸에 영문과 아라비아 숫자로 원화(KRW) 단위로 기재한다.

16
국제우편물 사전통관정보제공에 대한 설명으로 옳지 않은 것은?

① 우리나라의 HS코드는 10자리이며, 그중 앞자리 6개 숫자는 국제 공통 분류에 해당한다.
② 우편취급국을 포함한 전국 모든 우체국이 적용 대상 관서이다.
③ 대상우편물은 EMS(비서류), 항공소포, 소형포장물, K-Packet으로 한정하며, 포스트넷 입력은 숫자 이외의 문자는 모두 영문으로 입력하여야 한다.
④ 대상국가는 미국, 캐나다, 브라질 등 39개국이다.

17

국제소포우편물 접수 시 기표지(운송장) 작성에 대한 설명으로 옳지 않은 것은?

① 도착국가에서 배달불능 시, 발송인이 우편물을 돌려받지 않길 원할 경우 '□ Treat as abandoned 포기'를 선택하여 ∨ 또는 × 표시한다.
② 항공우편물의 Actual weight 실중량, Volume weight 부피중량, 요금, 접수우체국명/접수일자 등을 접수담당자가 정확하게 기재한다.
③ 중량기재 시 보통소포는 100g 단위로 절상하고, 보험소포는 10g 단위로 절상하여야 한다.
④ 보험소포의 보험가액을 잘못 기재한 경우 1회에 한하여 정정이 가능하나, 이후에 잘못 기재한 경우는 기표지를 새로 작성하여야 한다.

18

국제우편 K-Packet에 대한 설명으로 옳은 것은?

① 「국제우편규정」에 따라 우정사업본부장이 고시한 전자상거래용 국제우편서비스이다.
② EMS와 같은 경쟁서비스이며 고객맞춤형 국제우편서비스로서 평균송달 기간은 5~6일이다.
③ 'L'로 시작하는 우편물번호를 사용하며, 1회 배달 성공률 향상을 위해 해외우정당국과 제휴하여 발송인 서명 없이 배달하기로 약정한 국제우편서비스이다.
④ 제휴(서비스) 국가는 우정사업본부장이 고시하여 정한다.

19

국제우편 스마트 접수에 대한 설명으로 옳지 않은 것은?

① 접수대상 우편물은 EMS, 국제소포, 등기소형포장물이다.
② 국제우편 스마트 접수 우편물에 대해서는 우편물 종별에 관계없이 스마트 접수 요금할인이 5% 적용된다.
③ 국제우편 스마트 접수 우편물 중 대상우편물에 따라 방문(픽업) 접수가 가능한 우편물과 그렇지 못한 우편물이 있다.
④ 국제우편 접수채널의 다양화를 통해 이용고객의 편의 증진 및 접수창구요원의 접수부담 경감에 기여한다.

20

국제회신우표권(IRC)에 대한 설명으로 옳은 것의 총 개수는?

ㄱ. 수취인의 회신요금 부담 없이 외국으로부터 회답을 받는 제도이다.
ㄴ. 만국우편연합 총회가 개최되는 매 4년마다 총회 개최지명으로 발행한다.
ㄷ. 만국우편연합 관리이사회(CA)에서 발행하며 각 회원국에서 판매한다.
ㄹ. 현재 필요한 상태에 있지 않으면서 다량 구매를 요구하는 경우, 판매 제한과 거절 사유에 해당된다.
ㅁ. 국제회신우표권판매 시 교환 개시일 안내를 철저히 해야 한다.
ㅂ. 우리나라에서는 1,450원에 판매하고, 교환은 850원에 해당하는 우표류와 교환한다.

① 3개　　② 4개
③ 5개　　④ 6개

제3과목 | 금융상식

01

금융시장의 기능에 대한 설명으로 옳지 않은 것은?

① 소비 주체인 가계 부문에 적절한 자산운용 및 차입 기회를 제공하여 자신의 시간선호에 맞게 소비 시기를 선택할 수 있게 함으로써 소비자 효용을 증진시킨다.
② 유동성이 높은 금융자산일수록 현금 전환 과정에서의 예상 손실 보상액에 해당하는 유동성 프리미엄도 높다.
③ 차입자의 재무 건전성을 제고하기 위해 시장참가자는 당해 차입자가 발행한 주식 또는 채권 가격 등의 시장 선호를 활용하여 감시 기능을 수행한다.
④ 금융시장이 발달할수록 금융자산 가격에 반영되는 정보의 범위가 확대되고 정보의 전파속도도 빨라지는 것이 일반적이다.

02

〈보기〉에서 장내 파생상품에 대한 설명으로 옳은 것을 모두 고른 것은?

─── 보기 ───
ㄱ. 주가지수옵션 매수자의 이익은 옵션 프리미엄에 한정되고 손실은 무한정인 반면, 매도자의 손실은 옵션 프리미엄에 한정되고 이익은 무한정이다.
ㄴ. 풋옵션의 매도자는 장래의 일정 시점 또는 일정 기간 내에 특정 기초자산을 정해진 가격으로 매도할 수 있는 권리를 가진다.
ㄷ. 옵션 계약에서는 계약이행의 선택권을 갖는 계약자가 의무만을 지는 상대방에게 자신이 유리한 조건을 갖는 데 대한 대가를 지불하고 계약을 체결하게 된다.
ㄹ. 계약 내용이 표준화되어 있고 공식적인 거래소를 통해 매매되는 선물거래에는 헤징(hedging) 기능, 현물시장의 유동성 확대 기여, 장래의 가격정보 제공 기능 등이 있다.

① ㄱ, ㄴ   ② ㄱ, ㄷ
③ ㄴ, ㄹ   ④ ㄷ, ㄹ

03

〈보기〉에서 증권투자 또는 증권분석에 대한 설명으로 옳은 것을 모두 고른 것은?

─── 보기 ───
ㄱ. 무상증자와 주식배당은 주주들의 보유 주식 수가 늘어나고, 주주의 실질 재산에는 변동이 없다는 점에서 유사하다.
ㄴ. 전환사채(CB)나 신주인수권부사채(BW)는 보유자에게 유리한 선택권이 주어지기 때문에 다른 조건이 동일하다면 일반사채에 비해 높은 금리로 발행된다.
ㄷ. 우선주와 채권은 회사경영에 대한 의결권이 없고, 법인이 우선주 배당금 또는 채권 이자 지급 시 비용처리를 할 수 없다는 공통점이 있다.
ㄹ. 이자보상배율이 높으면 이자 비용을 충당하기에 충분한 영업 이익이 있다는 뜻이고 이자보상배율이 1보다 작다면 기업이 심각한 재무적 곤경에 처해 있다고 볼 수 있다.

① ㄱ, ㄷ   ② ㄱ, ㄹ
③ ㄴ, ㄷ   ④ ㄴ, ㄹ

04

현행 상속제도에 대한 설명으로 옳은 것은?

① 상속은 사망한 시점이 아니라 사망한 사실이 가족관계등록부에 기재된 시점에서 개시된다.
② 피상속인에게 어머니, 배우자, 2명의 자녀, 2명의 손자녀가 있을 경우 배우자의 상속분은 1.5/3.5이다.
③ 친양자입양제도에 따라 2008년 1월 1일 이후에 입양된 친양자는 친생부모 및 양부모의 재산을 모두 상속받을 수 있다.
④ 유언의 방식 중 공정증서 또는 자필증서에 의한 경우에는 가정법원의 유언검인심판서를 징구하여 유언의 적법성 여부를 확인하여야 한다.

05

<보기>에서 체크카드에 대한 설명으로 옳은 것을 모두 고른 것은?

―| 보기 |―

ㄱ. 우체국 법인용 체크카드에는 지역화폐카드, Biz플러스 등이 있다.
ㄴ. 우체국 체크카드의 발급대상은 개인카드의 경우 우체국 수시 입출식통장을 보유한 만 12세 이상의 개인이다.
ㄷ. 고객의 신용등급에 따라 소액의 신용공여가 부여된 하이브리드형 카드를 발급받아 이용할 수 있다.
ㄹ. 증권사나 종합금융회사의 MMF를 결제계좌로 하는 체크카드도 발급이 가능하다.

① ㄱ, ㄴ
② ㄱ, ㄹ
③ ㄴ, ㄷ
④ ㄷ, ㄹ

06

우체국금융에 대한 설명으로 옳은 것은?

① 1905년부터 우편저금, 우편환과 우편보험을 실시하였다.
② 1982년 12월 제정된 「우체국예금·보험에 관한 법률」에 의거하여 1983년 1월부터 금융사업이 재개되었다.
③ 우체국의 금융업무에는 우체국예금, 우체국보험, 주택청약저축, 신탁, 펀드판매 등이 있다.
④ 우체국예금의 타인자본에는 예금을 통한 예수부채와 채권의 발행 등을 통한 차입부채가 있다.

07

<보기>에서 우체국 예금상품에 대한 설명으로 옳은 것은 모두 몇 개인가?

―| 보기 |―

ㄱ. 우체국 희망지킴이통장 : 기초생활보장, 기초(노령)연금, 장애인연금, 장애(아동)수당 등의 기초생활 수급권보호를 위한 압류방지전용통장
ㄴ. 이웃사랑정기예금 : 사회 소외계층과 사랑나눔실천자 및 읍·면 단위 지역에 거주하는 농어촌 지역 주민의 경제생활 지원을 위한 공익형 정기예금
ㄷ. 우체국 편리한 e정기예금 : 만 50세 이상 중년층 고객을 위한 우대이율 및 세무, 보험 등 부가서비스를 제공하는 정기예금
ㄹ. 우체국 다드림적금 : 주거래 고객 확보 및 혜택 제공을 목적으로 각종 이체 실적 보유 고객, 우체국예금 우수고객, 장기거래 등 주거래 이용 실적이 많을수록 우대 혜택이 커지는 자유적립식 예금

① 1개
② 2개
③ 3개
④ 4개

08

밑줄 친 ( )에서 제공하는 주요 서비스 내용으로 옳은 것은?

(_____)은/는 우체국 특화서비스인 우편환기반 경조금 송금서비스와 핀테크를 접목시킨 간편결제 및 간편송금 서비스를 제공하는 우체국예금 모바일뱅킹서비스 앱이다.

① 수신자의 휴대전화 번호만 알면 경조금 및 경조카드를 보낼 수 있다.
② 전체 메뉴를 영어모드로 전환하는 서비스를 제공한다.
③ SWIFT, 국제환 서비스로 해외송금이 가능하다.
④ 증명서 신청 및 발급 등 전자문서지갑 기능을 제공한다.

09

금융실명거래 시 실명확인 방법에 대한 설명으로 옳지 않은 것은?

① 금융회사 본부의 비영업부서 근무직원이라도 실명확인 관련 업무를 처리하도록 지시받은 경우에는 실명확인을 할 수 있다.
② 금융회사의 임·직원이 아닌 대출모집인이나 보험모집인 등 업무 수탁자는 실명확인을 할 수 없다.
③ 대리인을 통하여 계좌개설을 할 경우 본인 및 대리인 모두의 실명 확인증표와 본인의 인감증명서가 첨부된 위임장을 제시받아 실명 확인을 하되 본인의 실명확인증표는 사본으로도 가능하다.
④ 재예치 계좌를 개설할 때에는 기존 계좌 개설 당시에 고객으로부터 징구하여 보관 중인 실명확인증표 사본을 재사용할 수 있다.

10

〈보기〉에서 자금세탁방지제도에 대한 설명으로 옳은 것을 모두 고른 것은?

── 보기 ──

ㄱ. 금융감독원은 금융기관 등으로부터 자금세탁관련 의심거래를 수집·분석하여 불법거래, 자금세탁행위 또는 공중협박 자금 조달행위와 관련된다고 판단되는 금융거래 자료를 법 집행기관에 제공한다.
ㄴ. 고객확인제도는 금융회사가 고객과 거래 시 자금세탁행위 등의 우려가 있는 경우 실제 당사자 여부 및 금융거래 목적을 확인하는 제도로, 금융실명제가 포함하지 않고 있는 사항을 보완하는 차원에서 「금융실명거래 및 비밀보장에 관한 법률」을 개정하고 이 제도를 도입하였다.
ㄷ. 고액현금거래보고제도는 1일 거래일 동안 1천만 원 이상의 현금을 입금하거나 출금한 경우 거래자의 신원과 거래일시, 거래금액 등 객관적 사실을 전산으로 자동 보고하는 것이다.
ㄹ. 2010년 6월 30일부터 의심거래보고 기준금액이 2천만 원에서 1천만 원으로 하향 조정되고, 2013년 8월 13일부터 의심거래보고 기준금액이 삭제됨에 따라 의심거래보고 건수는 크게 증가되고 있는 추세이다.

① ㄱ, ㄴ ② ㄱ, ㄹ
③ ㄴ, ㄹ ④ ㄷ, ㄹ

11

〈보기〉에서 생명보험계약 관계자에 대한 설명으로 옳은 것을 모두 고른 것은?

── 보기 ──

ㄱ. 보험계약자와 피보험자는 1인 또는 다수 모두 가능하다.
ㄴ. 피보험자와 보험계약자가 각각 다른 사람일 경우 '타인을 위한 보험'이라고 한다.
ㄷ. 보험계약자가 보험계약 시 보험수익자를 지정하지 않은 경우 생존보험금 발생 시 보험수익자는 피보험자이다.
ㄹ. 보험중개사는 독립적으로 보험계약 체결을 중개하는 자로 계약체결권, 고지수령권, 보험료 수령권에 대한 권한이 없다.

① ㄱ, ㄴ ② ㄱ, ㄹ
③ ㄴ, ㄷ ④ ㄷ, ㄹ

12

우체국보험적립금에 대한 설명으로 옳지 않은 것은?

① 과학기술정보통신부장관이 운용·관리한다.
② 보험계약자를 위한 대출제도 운영에 사용된다.
③ 「우체국예금·보험에 관한 법률」에 근거를 두고 있다.
④ 순보험료, 운용수익 및 회계의 세입·세출 결산상 잉여금으로 조성한다.

13

〈보기〉에서 월적립식 저축성보험의 보험차익 비과세 요건에 대한 설명으로 옳은 것은 모두 몇 개인가?

─ 보기 ─

ㄱ. 최초 납입일로부터 납입기간이 5년 이상인 월적립식 보험계약
ㄴ. 최초로 보험료를 납입한 날부터 만기일 또는 중도해지일까지의 기간이 10년 이상
ㄷ. 2017년 4월 1일 이후 가입한 보험계약에 한하여 보험계약자 1명당 매월 납입하는 보험료 합계액이 250만 원 이하
ㄹ. 최초 납입일로부터 매월 납입하는 기본보험료가 균등(최초 계약 기본보험료의 1배 이내로 기본보험료를 증액하는 경우 포함)하고 기본보험료의 선납기간이 6개월 이내

① 1개 ② 2개
③ 3개 ④ 4개

14

우체국 보험상품별 보장개시일에 대한 설명으로 옳은 것은?

① 무배당 우체국당뇨안심보험 2109의 당뇨보장개시일은 계약일(부활일)부터 그날을 포함하여 180일이 지난 날의 다음날이다.
② 무배당 우체국치매간병보험 2109의 치매보장개시일은 질병으로 인하여 치매상태가 발생한 경우, 계약일(부활일)부터 그날을 포함하여 1년이 지난 날의 다음날이다.
③ 무배당 우리가족암보험 2109의 피보험자 나이가 10세인 경우, 암보장개시일은 계약일(부활일)부터 그날을 포함하여 90일이 지난 날의 다음날이다.
④ 무배당 우체국요양보험 2109의 장기요양상태 보장개시일은 재해를 직접적인 원인으로 장기요양상태가 발생한 경우, 계약일(부활일)부터 그날을 포함하여 180일이 지난 날의 다음날이다.

15

우체국 연금보험상품에 대한 설명으로 옳은 것은?

① 무배당 우체국연금저축보험(이전형) 2109는 기본보험료가 일시납일 경우에는 납입한도액이 없다.
② 어깨동무연금보험 2109는 장애인전용연금보험으로 55세부터 연금 수령이 가능하다.
③ 무배당 우체국연금보험 2109는 연간 400만 원 한도 내에서 납입한 보험료에 대해 세액공제 혜택을 제공한다.
④ 우체국연금저축보험 2109는 계약일 이후 1개월이 지난 후부터 연금 개시 나이 계약해당일까지 보험료 추가납입이 가능하다.

16

무배당 우체국급여실손의료비보험(갱신형) 2109에 대한 설명으로 옳은 것은?

① 보장내용 변경주기는 3년이며, 종신까지 재가입이 가능하다.
② 최초계약 가입나이는 0세부터 60세까지이며, 임신 23주 이내의 태아도 가입이 가능하다.
③ 갱신 직전 '무사고 할인판정기간' 동안 보험금 지급 실적이 없는 경우, 갱신일부터 차기 보험기간 1년 동안 보험료의 5%를 할인해 준다.
④ 비급여실손의료비특약의 갱신보험료는 갱신 직전 '요율상대도 판정기간' 동안의 비급여특약에 따른 보험금 지급 실적을 고려하여 영업보험료에 할인·할증요율을 적용한다.

17

〈보기〉에서 우체국보험 청약서비스에 대한 설명으로 옳은 것을 모두 고른 것은?

─── 보기 ───
ㄱ. 보험계약자가 성인인 계약에 한해서 태블릿청약 이용이 가능하다.
ㄴ. 타인계약 또는 미성년자(만 19세 미만자) 계약도 전자청약이 가능하다.
ㄷ. 전자청약과 태블릿청약을 이용하는 고객에게는 제2회 이후 보험료 자동이체 시 0.5%의 할인이 적용된다.
ㄹ. 전자청약은 가입설계서를 발행한 계약으로 전자청약 전환을 신청한 계약에 한하며, 가입설계일로부터 10일(비영업일 제외) 이내에만 가능하다.

① ㄱ, ㄷ ② ㄱ, ㄹ
③ ㄴ, ㄷ ④ ㄴ, ㄹ

18

우체국보험 환급금대출에 대한 설명으로 옳은 것은?

① 보험계약자는 계약상태의 유효 또는 실효 여부에 관계없이 대출받을 수 있다.
② 무배당 파워적립보험 2109는 해약환급금의 최대 80% 이내에서 1만 원 단위로 대출이 가능하다.
③ 즉시연금보험 및 우체국연금보험 1종은 해약환급금의 최대 85% 이내에서 1만 원 단위로 대출이 가능하다.
④ 무배당 우체국하나로OK보험 2109는 해약환급금의 최대 95% 이내에서 1천 원 단위로 대출이 가능하다.

19

〈보기〉에서 우체국보험 보험료 납입에 대한 설명으로 옳은 것은 모두 몇 개인가?

─── 보기 ───
ㄱ. 보험료의 납입기간에 따라 전기납, 단기납, 일시납으로 분류된다.
ㄴ. 보험료 자동이체 약정은 유지 중인 계약에 한해서 처리가 가능하며, 보험계약자 본인에게만 신청·변경 권한이 있다.
ㄷ. 계속보험료 실시간이체는 자동이체 약정 여부에 관계없이 처리가 가능하며, 계약상태가 정상인 계약만 가능하다.
ㄹ. 보험료의 자동대출납입기간은 최초 자동대출납입일부터 1년을 한도로 하며, 그 이후의 기간은 보험계약자의 별도 의사표시가 없으면 자동 연장된다.

① 1개 ② 2개
③ 3개 ④ 4개

20

보험계약에 대한 설명으로 옳은 것은?

① 고지의무자는 보험계약자, 피보험자 및 보험수익자이다.
② 보험계약자는 보험가입증서(보험증권)를 받은 날부터 30일 이내에 청약을 철회할 수 있다.
③ 보험자는 계약을 체결한 날부터 2년이 지난 경우에는 고지의무 위반으로 인한 계약해지를 할 수 없다.
④ 보험자는 보험계약이 성립하고 보험계약자가 보험료의 전부 또는 최초의 보험료를 지급한 때에는 지체없이 보험가입증서(보험 증권)를 작성하여 보험계약자에게 교부하여야 한다.

제4과목 컴퓨터 일반(기초영어 포함)

01

다음 가중치 그래프에서 최소 비용 신장 트리(minimum cost spanning tree)의 가중치 합은?

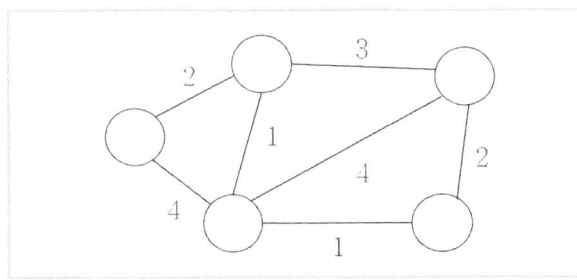

① 4　　② 6
③ 13　　④ 17

02

다음은 정렬 알고리즘을 이용해 초기 단계의 데이터를 완료 단계의 데이터로 정렬하는 과정을 보여준다. 이 과정에 사용된 정렬 알고리즘으로 적절한 것은?

단계	데이터					
초기	534	821	436	773	348	512
1	821	512	773	534	436	348
2	512	821	534	436	348	773
완료	348	436	512	534	773	821

① 기수(radix) 정렬
② 버블(bubble) 정렬
③ 삽입(insertion) 정렬
④ 선택(selection) 정렬

03

노드의 수가 60개인 이진 트리의 최대 높이에서 최소 높이를 뺀 값은?

① 53　　② 54
③ 55　　④ 56

04

〈보기〉에서 TCP에 대한 설명으로 옳은 것을 모두 고른 것은?

| 보기 |

ㄱ. RTT(Round Trip Time) 측정이 필요하다.
ㄴ. 하나의 TCP 연결로 양방향 데이터 전달이 가능하다.
ㄷ. 라우터 혼잡을 피하기 위해 흐름 제어(flow control)를 수행한다.
ㄹ. TCP 헤더(옵션 제외)에 데이터의 길이 정보를 나타내는 길이 필드(length field)가 존재한다.
ㅁ. 순서(sequence) 번호와 확인(acknowledgement) 번호를 사용한다.

① ㄱ, ㄷ　　② ㄱ, ㄴ, ㄹ
③ ㄱ, ㄴ, ㅁ　　④ ㄴ, ㄷ, ㅁ

05

이메일 서비스에서 사용되는 프로토콜로 적절하지 않은 것은?

① DNS
② HTTP
③ RTP
④ TCP

06

운영체제 유형에 대한 〈보기〉의 설명 중 옳은 것의 총 개수는?

―| 보기 |―

ㄱ. 다중 프로그래밍 시스템은 CPU가 유휴 상태가 될 때, CPU 작업을 필요로 하는 여러 작업 중 한 작업이 CPU를 사용할 수 있도록 한다.
ㄴ. 다중 처리 시스템에서는 CPU 사이의 연결, 상호작업, 역할분담 등이 고려되어야 한다.
ㄷ. 시분할 시스템은 CPU가 비선점 스케줄링 방식으로 여러 개의 작업을 교대로 수행한다.
ㄹ. 실시간 처리 시스템은 작업 실행에 대한 시간제약 조건이 있으므로 선점 스케줄링 방식을 이용한다.
ㅁ. 다중 프로그래밍 시스템의 목적은 CPU 활용의 극대화에 있으며, 시분할 시스템은 응답시간의 최소화에 목적이 있다.

① 1개
② 2개
③ 3개
④ 4개

07

가상 메모리에 대한 〈보기〉의 설명 중 옳은 것을 모두 고른 것은?

―| 보기 |―

ㄱ. 인위적 연속성이란 프로세스의 가상주소 공간상의 연속적인 주소가 실제 기억장치에서도 연속성이 보장되어야 함을 의미한다.
ㄴ. 다중프로그래밍 정도가 높은 경우, 프로세스가 프로그램 수행시간보다 페이지 교환시간에 더 많은 시간을 소요하고 있다면 스레싱(thrashing) 현상이 발생한 것이다.
ㄷ. 프로세스를 실행하는 동안 일부 페이지만 집중적으로 참조하는 경우를 지역성(locality)이라 하며, 배열 순회는 공간 지역성의 예이다.
ㄹ. 프로세스가 자주 참조하는 페이지의 집합을 작업 집합(working set)이라 하며, 작업 집합은 최초 한번 결정되면 그 이후부터는 변하지 않는다.

① ㄱ, ㄴ
② ㄱ, ㄹ
③ ㄴ, ㄷ
④ ㄴ, ㄷ, ㄹ

08

운영체제상의 프로세스(process)에 관한 설명으로 옳지 않은 것은?

① 프로세스의 영역 중 스택 영역은 동적 메모리 할당에 활용된다.
② 디스패치(dispatch)는 CPU 스케줄러가 준비 상태의 프로세스 중 하나를 골라 실행 상태로 바꾸는 작업을 말한다.
③ 프로세스 제어 블록(process control block)은 프로세스 식별자, 메모리 관련 정보, 프로세스가 사용했던 중간값을 포함한다.
④ 문맥교환(context switching)은 CPU를 점유하고 있는 프로세스를 CPU에서 내보내고 새로운 프로세스를 받아들이는 작업이다.

09

조직의 내부나 외부에 분산된 여러 데이터 소스로부터 필요로 하는 데이터를 검색하여 수동 혹은 자동으로 수집하는 과정과 관련된 기술에 해당하지 않는 것은?

① ETL(Extraction, Transformation, Loading)
② 로그 수집기
③ 맵리듀스(MapReduce)
④ 크롤링(crawling)

10

기계학습(machine learning)에 대한 설명으로 옳지 않은 것은?

① 강화학습은 기계가 환경과 상호작용하면서 시행착오 과정에서의 보상을 통해 학습을 수행한다.
② 기계학습 모델의 성능 기준으로 사용되는 F1 점수(score)는 정밀도(precision)와 검출률(recall)을 동시에 고려한 조화평균 값이다.
③ 치매 환자의 뇌 영상 분류를 위해서 기존에 잘 만들어진 영상 분류 모델에 새로운 종류의 뇌 영상 데이터를 확장하여 학습시키는 방법은 전이학습(transfer learning)의 예이다.
④ 비지도학습은 라벨(label) 정보를 포함하고 있는 훈련 데이터를 사용하며, 주가나 환율 변화, 유가 예측 등의 회귀(regression) 문제에 적용된다.

11

다음 E-R 다이어그램을 관계형 스키마로 올바르게 변환한 것은? (단, 속성명의 밑줄은 해당 속성이 기본키임을 의미한다.)

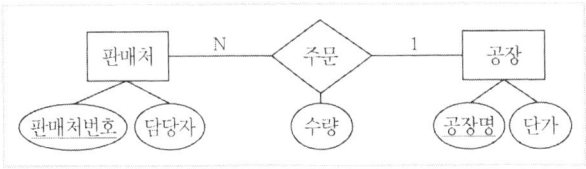

① 판매처(판매처번호, 담당자)
　공장(공장명, 단가, 판매처번호, 수량)
② 판매처(판매처번호, 담당자, 공장명, 수량)
　공장(공장명, 단가)
③ 판매처(판매처번호, 담당자)
　주문(판매처번호, 수량)
　공장(공장명, 단가)
④ 판매처(판매처번호, 담당자)
　주문(공장명, 수량)
　공장(공장명, 단가)

12

데이터베이스상의 병행제어를 위한 로킹(locking) 기법에 대한 〈보기〉의 설명 중 옳은 것의 총 개수는?

―― 보기 ――
ㄱ. 로크(lock)는 하나의 트랜잭션이 데이터를 접근하는 동안 다른 트랜잭션이 그 데이터를 접근할 수 없도록 제어하는 데 쓰인다.
ㄴ. 트랜잭션이 로크한 데이터에 대해서는 해당 트랜잭션이 종료되기 전에 해당 데이터에 대한 언로크(unlock)를 실행하여야 한다.
ㄷ. 로킹의 단위가 작아질수록 로크의 수가 많아서 관리가 복잡해지지만 병행성 수준은 높아지는 장점이 있다.
ㄹ. 2단계 로킹 규약을 적용하면 트랜잭션의 직렬 가능성을 보장할 수 있어서 교착상태 발생을 예방할 수 있다.

① 1개　　　　　　② 2개
③ 3개　　　　　　④ 4개

13

기능점수에 대한 〈보기〉의 설명 중 옳은 것의 총 개수는?

─┤ 보기 ├─
ㄱ. 소프트웨어가 사용자에게 제공하는 기능의 수를 수치로 정량화하여 소프트웨어의 규모를 산정하는 데 주로 사용한다.
ㄴ. 트랜잭션의 기능을 측정하기 위한 기준으로 내부입력, 내부출력, 내부조회가 있다.
ㄷ. 응용 패키지의 규모 산정, 소프트웨어의 품질 및 생산성 분석, 소프트웨어 개발과 유지보수를 위한 비용 및 소요자원 산정 등에 사용할 수 있다.
ㄹ. 기능점수 산출 시 적용되는 조정 인자는 시스템의 특성을 반영하지 않는다.

① 1개 ② 2개
③ 3개 ④ 4개

14

소프트웨어 테스트에 대한 설명으로 옳지 않은 것은?

① 통합 테스트는 단위 테스트가 끝난 모듈들을 통합하여 모듈 간의 인터페이스 관련 오류가 있는지를 찾는 검사이다.
② 테스트의 목적은 소프트웨어 요구사항의 만족도 및 예상 결과와 실제 결과의 차이점을 파악함으로써 소프트웨어의 오류를 찾아내는 것이다.
③ 화이트 박스 테스트는 프로그램 원시 코드의 논리적 구조를 체계적으로 점검하며, 프로그램 구조에 의거하여 검사한다.
④ 블랙 박스 테스트에는 기초경로(basic path), 조건기준(condition coverage), 루프(loop) 검사, 논리위주(logic driven) 검사 등이 있다.

15

컴퓨터 메모리 용량이 8K×32Bit라 하면, MAR(Memory Address Register)과 MBR(Memory Buffer Register)은 각각 몇 비트인가?

① MAR: 8   MBR: 32
② MAR: 32   MBR: 8
③ MAR: 13   MBR: 8
④ MAR: 13   MBR: 32

16

RAID(Redundant Array of Inexpensive Disks)에 대한 설명으로 옳지 않은 것은?

① RAID 1은 디스크 미러링(disk mirroring) 방식으로, 디스크 오류 시 데이터 복구가 가능하지만 디스크 용량의 효율성이 떨어진다.
② RAID 3은 데이터를 비트 또는 바이트 단위로 여러 디스크에 분할 저장하는 방식으로, 디스크 접근 속도가 향상되지는 않지만 쓰기 동작 시 시간 지연이 발생하지 않는다.
③ RAID 4는 데이터를 블록 단위로 여러 디스크에 분할 저장하는 방식으로, 오류의 검출 및 정정을 위해 별도의 패리티 비트를 사용한다.
④ RAID 5는 패리티 블록들을 여러 디스크에 분산 저장하는 방식으로, 단일 오류 검출 및 정정이 가능하다.

17

다음 워크시트의 [A6]셀과 [A7]셀에 아래와 같이 입력하였다. [A6]과 [A7]의 결과값을 순서대로 바르게 나타낸 것은?

[A6] 셀 : =HLOOKUP(11, B1:D5, 3)
[A7] 셀 : =VLOOKUP("나", A2:D5, 4, TRUE)

	A	B	C	D
1		10	20	30
2	가	10원	50원	90원
3	나	20원	60원	100원
4	다	30원	70원	110원
5	라	40원	80원	120원

① 20원, 100원
② 20원, 120원
③ 60원, 100원
④ 60원, 120원

18

프로그래밍 언어 번역 프로그램에 대한 설명으로 옳지 않은 것은?

① 인터프리터(interpreter)는 고급언어로 작성된 원시 프로그램을 함수 단위로 읽어 기계어로 번역하는 프로그램이다.
② 컴파일러(compiler)는 고급언어로 작성된 원시 프로그램을 기계어나 어셈블리어로 된 목적 프로그램으로 바꾸는 프로그램이다.
③ 어셈블러(assembler)는 어셈블리어로 작성된 원시 프로그램을 기계어로 번역하는 프로그램이다.
④ 프리프로세서(preprocessor)는 컴파일러가 컴파일을 수행하기 전에 원시 프로그램의 내용을 변경하는 것이다.

19

다음 글에서 밑줄 친 부분이 문법상 옳지 않은 것은?

The major source of anger is frustration. If one wants to go somewhere, perform some act, or ① obtain something and is prevented, we say that person is frustrated. One of the basic tenets ② is that frustration tends to arouse aggressive feelings. The behavioral effects of frustration were demonstrated in a classic study. Children were shown a room full of attractive toys but were not allowed to enter it. They stood outside looking at the toys, wanting to play with them, but were unable to reach them. After they had waited for some time, they were allowed to play with them. Other children were given the toys without first ③ being prevented from playing with them. The children who had been frustrated smashed the toys on the floor, threw them against the wall, and generally behaved very ④ destructive.

20

다음 글의 빈칸 (A), (B)에 들어갈 말로 가장 적절한 것은?

Related to the question of revealing persuasive intent is the question of whether a speaker should state conclusions clearly or leave them implied for the audience to discover. Intuitively, we recognize that individuals may more readily embrace their own conclusions than they do those offered by others. For example, psychiatrists prefer to let their patients discover the causes of their mental condition for themselves rather than tell them (A) _____. Consequently, speakers may think it wise to merely imply their claims and let listeners draw their own conclusions, especially when source credibility is not high. Such a strategy is dangerous, however, particularly if the audience lacks intelligence or is highly opinionated, because they may draw an incorrect conclusion or distort the speaker's point. The safer approach is to state conclusions (B) _____.

	(A)	(B)
①	directly	explicitly
②	directly	implicitly
③	indirectly	explicitly
④	indirectly	explicitly

2022년 정답 및 해설

맞은 개수 / 80

빠른 정답

제1과목 한국사 (상용한자 포함)	01	02	03	04	05	06	07	08	09	10
	①	③	③	②	①	④	①	②	③	②
	11	12	13	14	15	16	17	18	19	20
	④	②	①	④	③	②	①	③	①	④

제2과목 우편상식	01	02	03	04	05	06	07	08	09	10
	①	④	②	②	③	③	③	②	④	③
	11	12	13	14	15	16	17	18	19	20
	③	①	②	④	④	③	④	③	②	②

제3과목 금융상식	01	02	03	04	05	06	07	08	09	10
	②	④	②	②	③	②	②	①	④	④
	11	12	13	14	15	16	17	18	19	20
	②	③	③	②	①	②	①	③	①	④

제4과목 컴퓨터 일반 (기초영어 포함)	01	02	03	04	05	06	07	08	09	10
	②	①	③	③	③	④	③	①	③	④
	11	12	13	14	15	16	17	18	19	20
	②	③	②	④	④	②	①	①	④	①

제1과목 | 한국사(상용한자 포함)

01 → ①

제시문은 '사방(四方)의 우역(郵驛)을 비로소 설치'했다는 내용을 통해 신라 소지왕 대의 내용임을 알 수 있다.
① 신라 소지왕은 동경(경주)에 시사(시장)를 설치하여 사방의 물자를 유통시켰다.

오답해설
② 백제 성왕, ③ 신라 지증왕, ④ 신라 신문왕에 대한 내용이다.

02 → ③

ㄴ. 고구려의 굴식돌방무덤으로, 인물행렬도, 묘주부부 생활도, 사신도 등이 그려진 벽화가 남아 있다.
ㄷ. 고구려의 굴식돌방무덤으로, 무용도, 수렵도, 접객도 등이 그려진 벽화가 남아 있다.
ㄹ. 고구려의 굴식돌방무덤으로, 각저도, 귀족부부 생활도 등이 그려진 벽화가 남아 있다.

오답해설
ㄱ·ㅁ. 신라의 돌무지덧널무덤이다. 신라의 돌무지덧널무덤에는 벽화가 없다.

03 → ③

(가)는 고구려가 멸망한 668년, (나)는 698년의 일이다.
③ 신라 신문왕은 682년 국학을 설립하였다.

오답해설
① 신라 성덕왕 대(722), ② 신라 원성왕 대(788), ④ 신라 경덕왕 대(757)의 일이다.

04 → ②

ㄱ. 900년 → ㄴ. 911년 → ㄹ. 918년 → ㄷ. 927년의 일이다.

05 → ①

제시문의 괄호에 들어갈 제도는 고려의 '전시과'이다. 고려의 토지 제도인 전시과 체제는 무신정변 이후 붕괴되었다. 이후 고려 말 공양왕 대에 이르러 조준, 정도전 등 급진파 사대부에 의해 과전법이 제정되었다.

오답해설
② 이색은 온건파 사대부에 해당한다.
③ 이색과 정몽주는 온건파 사대부이다.
④ 이인임은 과전법 제정 이전인 우왕 때 제거된 인물이다.

06 → ④

제시문은 이규보의 『동국이상국집』의 일부 내용이다. 이규보는 최씨 무신정권기 때의 인물이다.
④ 야별초는 최우가 조직한 군사 집단으로, 이후 삼별초로 확대·개편되었다.

오답해설
① 별무반은 무신정권기 이전인 고려 숙종 때(1104) 여진족을 정벌하기 위해 윤관의 건의로 창설되었다.
② 고려 태조 때 발생한 만부교 사건(942)에 대한 내용이다.
③ 거란의 2차 침입(1010) 당시 고려 현종은 나주로 피난하였다.

07 → ①

제시문에서 밑줄 친 내용 앞 문장에서 '의종 때에 이르러서는'의 내용을 통해 무신정권기임을 유추할 수 있다. 무신정변은 의종 24년(1170)에 일어난 무신들의 반란이다.
ㄱ. 정방은 최우가 설치한 인사 기구, ㄴ. 교정도감은 최충헌이 설치한 국정 총괄 기구이다.

오답해설

ㄷ. 도평의사사는 원 간섭기인 충렬왕 때 도병마사가 확대·개편된 기구이다.
ㄹ. 정치도감은 원 간섭기인 충목왕 때 설치되었다.

08 → ②

제시문에서 '귀법사를 창건', '균여를 주지로 임명', '개경을 황도(皇都)', '서경을 서도'라는 내용을 통해 고려 광종에 대한 내용임을 알 수 있다.
② 광종은 문무 관료의 위계질서 확립을 위해 백관의 공복을 제정하였다.

오답해설

① 경종, ③ 정종, ④ 혜종 때의 일이다.

09 → ③

제시문은 세종 때 시행된 공법에 대한 내용이다.
③ 이적동세는 고려 후기부터 실시되었다.

오답해설

① 세종 때 시행된 전분6등법, 연분9등법에 대한 내용이다.
② 세종 때 시행된 공법은 전라도에서 먼저 시행되어 경기도 → 충청도 → 경상도 → 황해도 → 강원도 → 평안도 → 함경도 순으로 진행되었다.
④ 공법의 시행으로 농민의 전세 부담은 1/10(토지 1결당 30두)에서 1/20(토지 1결당 4~20두)로 낮아졌다.

10 → ②

공노비는 상인, 수공업자, 서얼 등과 마찬가지로 유외잡직이라 하여 하급기술관직을 얻을 수 있었다.

오답해설

① 노비종모법은 조선 후기 영조 때 법제화되었다.
③ 속오군은 조선 후기에 편성된 지방군이다.
④ 공노비는 조선 후기 순조 때(1801) 해방되었다.

11 → ④

제시문은 정조 때 실시한 초계문신제에 대한 내용으로 규장각에서 실시되었다. 그러므로 괄호 안에 들어갈 기구는 '규장각'이다.
④ 규장각은 정조 때 창덕궁 후원에 왕실 도서관의 기능을 가진 기구로 세워졌다.

오답해설

① 집현전, ② 승정원, ③ 홍문관에 대한 내용이다.

12 → ②

제시된 그림은 조선 후기 김홍도의 풍속화이다.
② 『촌담해이』는 조선 전기 문신 강희맹이, 『필원잡기』는 조선 전기 서거정이 서술한 작품이다. 패설작품은 조선 전기에 유행한 사설 문학으로, 『촌담해이』, 『필원잡기』를 포함하여 서거정의 『동인시화』, 성현의 『용재총화』 등이 대표적이다.

오답해설

① 조선 후기에 유행한 진경산수화에 대한 내용이다.
③ 조선 후기인 18세기에는 원근법, 명암법 등 서양식 화법이 도입되었다.
④ 『양반전』, 『허생전』, 『호질』 등의 한문소설은 조선 후기 실학자인 박지원의 작품들이다.

13 → ①

제시문에서 '조선 전기', '꽃과 나무 몇십 종에 대한 재배법과 이용법을 설명' 등의 내용을 통해 강희안이 화초재배법을 저술한 『양화소록』에 대한 내용임을 유추할 수 있다.

14 → ④

제시문에서 '월산대군의 집터', '정릉동 행궁', '경운궁으로 개칭', '석조전' 등의 내용을 통해 경운궁(덕수궁)에 대한 내용임을 알 수 있다.
④ 고종은 아관파천 이후 경운궁으로 환궁하여 대한제국을 선포하고 광무개혁을 실시하였다.

오답해설

① 창덕궁과 창경궁, ② 창덕궁, ③ 경복궁에 대한 내용이다.

15 → ③

제시문은 1920년대에 실시된 산미 증식 계획에 대한 내용이다.
③ 1910~1918년에 실시된 토지 조사 사업에 대한 내용이다.

16 → ②

제시문의 '시정방침'에 따라 통치가 이루어지던 시기는 1920년대인 '문화 통치' 시기이다.
② 혁명적 농민조합은 1930년대에 결성되었다.

오답해설

① 조선노동공제회 결성(1920), ③ 조선청년총동맹 결성(1924), ④ 조선형평사 설립(1923)은 모두 1920년대에 이루어졌다.

17 → ①

제시문의 (가)는 김종필·오히라 메모(1962), (나)는 한일기본조약(1965. 6.)에 대한 내용이다.
① 6·3 시위(1964)에 대한 내용이다.

오답해설

② 1965년 8월, ③ 1961년에 해당한다.
④ 긴급조치는 1974년을 시작으로, 1975년까지 아홉 차례에 걸쳐 발동되었다.

18 → ③

ㄴ. 인천 상륙 작전(1950. 9.) → ㄷ. 흥남 철수(1950. 12.) → ㄱ. 이승만 정부의 반공 포로 석방(1953)의 순서이다.

19 → ①

① 이윤(利閏) → 이윤(利潤)

20 → ④

④ 중과부적(衆寡不敵)은 '무리가 적으면 대적할 수 없다'는 의미로, 적은 수효로 많은 수효를 대적하지 못한다는 뜻이다. 해당 내용은 이루기 힘든 일을 노력 끝에 성공하였다는 내용이므로 마부위침(磨斧爲針)이나 마부작침(磨斧作針)이 적절하다.

제 2 과목 | 우편상식

01 → ①

우편물에는 집배코드를 기재할 수 있으며, 통상우편물 감액을 받기 위해서는 집배코드별로 구분하여 제출하여야 한다.

오답해설

② 집배코드는 총 9자리로 도착집중국 2자리, 배달국 3자리, 집배팀 2자리, 집배구 2자리로 구성되어 있다.
③ 우편물의 외부표시(기재) 금지사항은 다음과 같다.
  ㉠ 우체국과 협의되지 않은 우편요금 표시인영은 표시할 수 없다.
  ㉡ 공공의 안녕질서나 미풍양속을 저해하는 것으로 인정되는 사항은 기재할 수 없다.
    ⓐ 인간의 존엄성, 국가 안전, 사회 공공질서를 해치는 내용
    ⓑ 폭력, 마약 등 반사회적·반인륜적인 행태를 조장하는 내용
    ⓒ 건전한 성도덕을 해치는 음란하고 퇴폐적 내용
    ⓓ 청소년의 정신적, 신체적 건강에 해를 끼칠 우려가 있는 내용
  ㉢ 개인정보보호 법령에 따른 주민등록번호 등 고유식별정보는 기재할 수 없다.
  ㉣ 그 밖에 우편법령이나 다른 법령에서 금지하는 사항
④ 우편번호는 우편물 구분을 편리하게 할 수 있도록 만든 일종의 코드로서, 문자로 기재된 수취인의 주소정보를 일정한 기준에 따라 숫자로 변환한 것이다. 집배코드는 우편물의 구분·운송·배달에 필요한 구분정보를 가독성이 높은 단순한 문자와 숫자로 표기한 것이다.

02 → ④

계약소포에는 연간계약, 한시적 발송계약, 요금수취인 지불소포(착불소포), 반품우편물, 맞교환우편물, 초소형 소포 등이 있다. 이중 한시적 발송계약은 각종 행사 등 3개월 이내에 한시적으로 계약소포를 발송하는 것이다.

오답해설

① 방문접수소포는 우체국에 전화하거나 인터넷우체국을 통하여 신청할 수 있는데, <u>요금수취인부담(요금 착불)도 가능</u>하다.
② 계약소포의 계약요금에는 규격·물량단계별 요금, 평균요금, 초소형 특정 요금이 있다. 이 중 초소형 특정 요금은 초소형 계약소포에 대하여 규격·물량 단계별 요금 및 평균요금을 적용하지 않고 본부장 또는 지방우정청장 승인으로 적용하는 요금이다. 단, 초소형 특정 요금은 월 평균 10,000통 이상 발송업체 중 <u>초소형 물량이 90% 이상인 경우에 적용 가능</u>하다.
③ 연간계약에는 일반계약, 연합체 발송계약, 다수지 발송계약, 반품계약이 있다. 이 중 연합체 발송계약은 상가나 시장 또는 농장 등을 중심으로 일정한 장소에 유사사업을 목적으로 연합되어 있는 법인, 임의단체의 회원들이 1개의 우편관서와 계약을 체결하고 한 장소에 집하하여 계약소포를 발송하는 것이다. <u>계약자(계약업체)가 주계약 우편관서를 지정하여 택배 이용계약을 체결하고 여러 우편관서에서 별도의 계약 없이 계약소포를 이용·발송하는 것은 다수지 발송계약</u>이다.

03 ☐☐☐ → ②

선택등기의 부가취급 서비스에는 전자우편, 익일특급, 발송 후 배달증명, 계약등기가 있다. 다만, 발송 후 배달증명은 수령인의 수령사실 확인 후 배달완료된 경우(무인우편함 포함)에 한해 청구가 가능하고, <u>우편함에 배달완료된 경우에는 청구가 불가하다.</u>

오답해설

① 선택등기 서비스의 취급대상은 <u>6kg까지 통상우편물</u>(특급 취급 시 30kg 가능)이다.
③ 선택등기 서비스의 배달기한은 접수한 다음 날부터 <u>3일 이내</u>이다.
④ 손실, 분실에 한하여 최대 <u>10만원까지</u> 손해배상을 제공하며, 배달완료(우편함 등) 후에 발생된 손실, 분실은 손해배상 대상에서 제외한다.

04 ☐☐☐ → ②

ㄱ. 사용권장기간 경과로 인쇄상태가 불량하거나 라벨지 일부 훼손 등으로 사용이 어려운 경우 동일한 발행번호와 금액으로 재출력(교환) 가능하다.
ㄹ. 우표류 판매취소 프로세스를 적용하여 선납라벨 구매 고객이 취소를 요청하는 경우 <u>구매 당일</u>에 한해 <u>판매우체국에서만</u> 환불 처리가 가능하다.

오답해설

ㄴ. 선납라벨 훼손 정도가 심각하여 판매정보(발행번호, 바코드 등)의 <u>식별이 불가능한 경우에는 재출력(교환)이 불가</u>하다.
ㄷ. 우편물 접수 시 우편요금보다 라벨금액이 많은 경우 <u>잉여금액에 대한 환불은 불가</u>하다.

05 ☐☐☐ → ③

내용증명 우편물이 다수인의 연명으로 발송하는 내용문서인 경우에는 그 발송인들 중 1인의 이름, 주소만을 우편물의 봉투에 기록한다.

오답해설

① 내용증명의 대상은 <u>문서에 한정</u>하며 문서 이외의 물건(예 우표류, 유가증권, 사진, 설계도 등)은 그 자체 단독으로 내용증명의 취급대상이 될 수 없다. 또한 내용문서의 원본과 관계없는 물건을 함께 봉입할 수 없다.
② 내용문서의 크기가 <u>A4 용지 규격보다 큰 것은 (발송 가능하며, 이 같은 경우) A4 용지의 크기로 접어서 총 매수를 계산</u>한다.
④ 재증명 취급수수료는 <u>재증명 당시 내용증명 취급수수료의 반액을 재증명 문서 1통마다 각각 징수</u>하며, 10원 미만의 금액이 발생할 경우에는 절사한다.

06 ☐☐☐ → ③

ㄴ. 나만의 우표 기본형 이용 시 이미지 1종이 기본이며, 홍보형 및 시트형은 기본 종수(1종) 외에 큰 이미지 1종을 무상으로 제공한다.
ㄷ. 고객이 고객맞춤형 엽서의 교환을 요청한 때에는 훼손엽서로 규정하여 교환금액(현행 10원)을 수납한 후 액면금액에 해당하는 우표, 엽서, 항공서간으로 교환해 준다.

오답해설

ㄱ. 모사전송(팩스) 우편은 <u>우정사업본부장이 지정 고시하는 우체국에서만 취급</u>할 수 있다. 우편취급국은 제외되며, 군부대 내에 소재하는 우체국은 우정사업본부장이 지정·고시하는 우체국만 가능하다.
ㄹ. 우체국 축하카드를 발송할 때에는 상품권 동봉서비스를 통해 경조카드와 함께 <u>20만원 한도</u> 내에서 문화상품권을 함께 발송할 수 있다.

07 → ③

요금후납 계약을 위한 담보금에 대하여 최초 계약한 날부터 체납하지 않고 **2년간 성실히 납부한 사람은 1/2 면제 대상**이 되고, 최초 후납계약일부터 체납하지 않고 **4년간 성실히 납부한 사람은 전액 면제 대상**이다. 전액 면제 대상은 다음과 같다.

- 국가, 지방자치단체, 공공기관, 「은행법」에 따른 금융기관과 특별법에 따라 설립된 공공기관
- **최초 후납계약일부터 체납하지 않고 4년간 성실히 납부한 사람**
- 우체국장이 신청자의 재무상태 등을 조사하여 건실하다고 판단한 사람
- 1개월간 납부하는 요금이 100만 원 이하인 사람
- 신용카드사 회원으로 등록하고, 그 카드로 우편요금을 결제하는 사람
- 우체국소포 및 국제특급(EMS) 계약자 면제
  - 우편관서 물류창고 입점업체로서 담보금 수준의 물품을 담보로 제공하는 사람
  - 최근 2년간 체납하지 않은 사람
  - 신용보증 및 신용조사 전문기관의 신용평가 결과가 B등급 이상인 사람

오답해설

① 요금별납은 관할 지방우정청장이 별납우편물을 접수할 수 있도록 정한 우체국이나 우편취급국에서 이용이 가능하다. 요금후납은 우편물을 발송할 우체국 또는 배달할 우체국에서 이용할 수 있으며, 우편취급국은 총괄우체국장의 사전 승인을 받은 후 이용 가능하다.
② 요금별납 우편물에는 원칙적으로 우편날짜도장을 찍지 않는다.
④ 요금후납 계약국 변경 신청 제도는 계약자가 다른 우체국으로 요금후납 계약국을 변경하는 제도이며, 신청 대상은 모든 우편요금후납 계약이다.

08 → ②

서적우편물 중 감액대상 우편물은 표지를 제외한 쪽수가 48쪽 이상인 책자의 형태로 인쇄·제본되어 발행인·출판사 또는 인쇄소의 명칭 중 어느 하나와 쪽수가 각각 표시되어 발행된 종류와 규격이 같은 서적으로서 우편요금 감액요건을 갖춰 접수하는 요금별납 또는 요금후납 일반우편물이다.

ㄱ. 표지를 제외한 **쪽수가 48쪽 이상인 책자에 해당하지 않으므로 요금감액을 받을 수 없다**.
ㄹ. 상품의 **선전 및 광고가 전 지면의 10%를 초과하는 것은 감액대상에서 제외**한다.

오답해설

ㄴ. 우편엽서, 빈 봉투, 지로용지, 발행인(발송인) 명함은 각각 1장만 동봉이 가능하고, 이를 본지 및 부록과 함께 제본할 때는 수량의 제한이 없다.
ㄷ. 본지, 부록 등을 포함한 우편물 1통의 총 무게는 1,200g을 초과할 수 없으며, 본지 외 내용물(부록, 기타 동봉물)의 무게는 본지의 무게를 초과해서는 안 된다.

09 → ④

- 우편사서함이란 신청인이 우체국장과 계약을 하여 우체국에 설치된 우편함에서 우편물을 직접 찾아가는 서비스이다. 사서함 신청을 받은 우체국장은 국가기관, 지방자치단체, **일일 배달예정물량이 100통 이상인 다량이용자**, 우편물 배달 주소지가 사서함 설치 우체국의 관할구역인 신청자 순서로 우선적으로 계약할 수 있다.
- 사서함 사용계약 우체국장은 ㉠ 사서함에 배달된 우편물을 정당한 사유 없이 30일 이상 수령하지 않을 경우, ㉡ 최근 3개월간 계속하여 사서함에 배달된 우편물의 **총 수량이 월 30통에 미달한 경우**, ㉢ 우편 관계 법령을 위반한 때, ㉣ 공공의 질서나 선량한 풍속에 반하여 사서함을 사용한 때에는 사서함 사용계약을 해지할 수 있다.
- 사서함을 운영하고 있는 관서의 우체국장은 **연 2회 이상 운영 실태를 점검**하고 사용계약 해지 대상자 등을 정비하여야 한다.

10 → ③

대형우편상자는 **두꺼운 대형통상우편물 담기**에 사용된다.

오답해설

① 우편운반차(롤팔레트)는 통상·소포우편물, 우편상자, 우편자루의 담기와 운반에 사용되고, **우편운반대(평팔레트)는 소포 등 규격화된 우편물 담기와 운반에 사용되며**, 상자운반차(트롤리)는 우편상자(소형, 중형, 대형) 담기와 운반에 사용된다.
② **소형상자에는 소형통상우편물을 담고**, 중형상자에는 얇은 대형통상우편물을 담는다.
④ 일반자루에는 일반우편물(통상·소포)을 담고, **특수자루에는 부가취급우편물을 담으며**, 특급자루에는 국내특급우편물(익일특급우편물 제외)을 담는다.

11 → ③

EMS에 대한 이용자 실비지급은 종·추적조사나 손해배상을 청구한 때 **3일 이상 지연 응대한 경우 무료발송권(1회 3만원권)**, 한 발송인에게 월 2회 이상 손실이나 분실이 생긴 때(보험가입여부와 무관)에는 무료발송권(1회 10kg까지)을 지급한다.

오답해설

① 설·추석 등 특수한 기간에 우편물이 대량으로 늘어나 늦게 배달되는 경우, 우편번호 잘못 표시, 수취인 부재 등 발송인이나 수취인의 책임으로 지연배달된 경우, 천재지변 등 불가항력적인 이유로 지연배달 되는 경우는 지연배달로 보지 않는다.
② 당일특급 우편물을 손실 또는 분실한 경우에는 최고 10만원을 손해배상하고, D+1일 0시~20시까지 지연 배달된 경우에는 국내특급수수료를 손해배상하며, D+1일 20시 이후에 지연배달된 경우에는 우편요금과 국내특급수수료를 손해배상한다.
④ 이용자실비를 지급받기 위해서는 사유가 발생한 날부터 15일 이내에 해당 우체국에 신고해야 한다.

12 → ①

ㄴ. 거리연장은 운송구간에 추가로 수수국을 연장하여 운행하는 것이고, 거리감축은 정기운송편 수수국의 일부 구간을 운행하지 않는 것이다.

오답해설

ㄱ. 감편은 우편물의 발송량이 적어 정기편을 운행하지 않는 것이고, 우편물의 감소로 운송편의 톤급을 하향 조정하는 것은 '감차'이다.
ㄷ. 구간은 최초 발송국에서 최종 도착국까지의 운송경로를 의미하고, 정해진 운송구간을 운송형태별(교환, 수집, 배분 등)로 운행하는 것은 '편'이다.
ㄹ. 배집은 배분과 수집이 통합된 운송형태이며, 우편집중국 등에서 배달할 우편물을 배달국으로 보내는 운송형태는 '배분'이다.

13 → ②

구분이 완료된 우편물을 보내기 위한 송달증 생성, 체결, 우편물 적재 등의 작업은 발송작업에 해당한다.

오답해설

① 발착업무의 작업내용은 분류·정리작업, 구분작업, 발송작업, 도착작업으로 구분된다.
③ 기계구분 불가능우편물은 다음과 같다.
   ㉠ 주소와 우편번호 미기재 및 기재위치가 부적정한 우편물
   ㉡ 주소와 우편번호를 각종 흘림체로 수기 기재한 우편물
   ㉢ **주소와 우편번호 주위에 다른 문자가 표시된 우편물**
   ㉣ 주소와 우편번호 숫자 선명도가 낮은 우편물
   ㉤ 우편물 표면이 균일하지 아니한 우편물(도장, 동전, 병 덮개 등을 넣은 우편물)
   ㉥ 봉투색상이 짙은 우편물
   ㉦ 봉투의 끝부분이 접혀 있거나 봉함되지 아니한 우편물
   ㉧ 스테이플러, 핀 등으로 봉투를 봉함한 우편물
   ㉨ 내용물의 글씨가 봉투에 비치는 우편물
   ㉩ 둥근소포, 쌀자루 및 취약소포 등

④ 소포우편물을 우편운반차(팔레트)에 적재할 때는 수취인 주소가 기재된 앞면이 위쪽으로 향하도록 적재한다.

14 → ④

카할라 우정연합(Kahala Posts Group)은 아시아·태평양 연안 지역내 6개 우정당국(한국, 미국, 일본, 중국, 호주, 홍콩)이 국제특송시장에서의 주도권 확보 및 국제특급우편(EMS) 경쟁력 향상을 목적으로 2002년 6월에 결성하여 회원국을 유럽까지 확대하고 있다(스페인, 영국, 프랑스, 태국, 캐나다). 사무국은 홍콩에 소재하고 있으며, 회원국은 11개국이 가입되어 있다.

15 → ④

보험소포의 보험가액은 발송인이 'Insured Value-words 보험가액-문자'란과 'Figures 숫자'란에 영문과 아라비아 숫자로 원화(KRW) 단위로 기재(접수담당자가 '보험가액-문자' 작성 등에 도움을 주는 것이 바람직함)한다.

오답해설

① 우편자루배달인쇄물(M bag)의 접수 시 등기취급의 경우에는 도착국가가 등기로 발송 가능한 나라인지를 국제우편요금, 발송 조건표, 우편물류시스템을 이용하여 확인(미국, 캐나다 등기 취급불가, 2021.12. 현재)하여야 한다.
② 시각장애인용 우편물(Items for the blind)은 시각장애인이나 공인된 시각장애인기관에서 발송하거나 수신하는 경우에 해당하며, 녹음물, 서장, 시각장애인용 활자를 표시된 금속판을 포함한다.
③ 소형포장물에는 현실적이고 개인적인 통신문과 같은 성질의 그 밖의 서류를 동봉할 수 있다. 다만, 그러한 서류는 해당 소형포장물의 발송인이 아닌 다른 발송인이 작성하거나 다른 수취인 앞으로 주소를 쓸 수 없다. 소형포장물을 봉할 때에 특별 조건이 필요한 것은 아니나, 내용품 검사를 위하여 이를 쉽게 열어볼 수 있도록 하여야 한다.

16 → ③

사전 통관정보 제공 대상 우편물은 EMS(비서류), 소포(항공, 선편), 소형포장물, K-packet 등이며, 포스트넷(시스템)에 입력할 때에는 숫자 이외의 문자는 모두 영문으로 입력한다.

오답해설

① HS코드는 6자리까지는 국제적으로 공통으로 사용하는 코드이며, 7자리부터는 각 나라에서 6자리 소호의 범위 내에서 이를 세분화하여 10자리까지 사용한다. 우리나라에서는 10자리(EU는 8, 일본은 9자리 사용)까지 사용하며 이를 HSK(HS of Korea)라 지칭한다.

② 사전 통관정보 제공의 대상 관서는 우편취급국을 포함한 전국 우체국이다.
④ 사전 통관정보 제공의 대상국가는 카할라우정연합, EU, 브라질 등 39개국('21.12.현재)이다. 미국, 영국, 캐나다, 호주, 중국, 일본, 태국, 홍콩, 브라질, 그리스, 네덜란드, 덴마크, 독일, 라트비아, 루마니아, 룩셈부르크, 리투아니아, 몰타, 벨기에, 불가리아, 사이프러스, 스웨덴, 스페인, 슬로바키아, 슬로베니아, 아일랜드, 에스토니아, 오스트리아, 이탈리아, 체코, 크로아티아, 포르투갈, 폴란드, 프랑스, 핀란드, 헝가리, 사우디아라비아, 아랍에미리트, 인도네시아가 대상국가이다.

17 □□□ → ④

보험소포의 보험가액을 잘못 기재한 경우 **지우거나 수정하지 말고(정정 불가) 주소기표지(운송장)를 다시 작성**하도록 발송인에게 요구한다.

오답해설

① 도착국가 우체국 소포우편물 배달시도 시 배달불능의 경우 '포기'와 '반송'을 발송인이 우편물 접수 시 선택하도록 한다. 발송인이 반송받기를 원하지 않은 경우 '□ Treat as abandoned 포기'를 선택하여 ∨ 또는 × 표시한다.
② 발송인이 작성 제출한 주소기표지(운송장)에는 도착국가명, 중량, 요금, 접수우체국명/접수일자 등을 접수담당자가 명확히 기재한다. 실제중량(Actual weight)과 부피중량(Volume weight)을 기록한 후 두 가지 중량 중 높은 쪽의 중량에 해당하는 요금을 적용한다(선편소포는 부피중량 적용대상이 아님).
③ 보통소포는 100g 미만의 단수는 100g 단위로 절상하여 기록한다(예 중량이 5kg 740g인 경우 5,800g으로 기록). 한편, 보험소포우편물의 중량은 10g 단위로 표시, 10g 미만의 단수는 10g 단위로 절상하여 기록한다(예 중량이 7kg 542g인 경우 7,550g으로 기록).

18 □□□ → ④

K-Packet 제휴(서비스)국가는 우정사업본부장이 고시로 정한다. 현재 제휴 국가(지역)는 한국 포함 21개로 중국, 홍콩, 일본, 태국, 대만, 베트남, 싱가포르, 말레이시아, 인도네시아, 필리핀, 호주, 뉴질랜드, 독일, 스페인, 프랑스, 영국, 러시아, 미국, 캐나다, 브라질이다.

오답해설

① K-Packet은 「국제우편규정」 제3조, 제9조에 따라 **과학기술정보통신부장관이 고시**한 전자상거래용 국제우편서비스이다.
② EMS와 같은 경쟁서비스이며 고객맞춤형 국제우편 서비스로서 **평균 송달기간은 7~10일**이다.

③ 온라인으로 판매되는 소형물품(2kg 이하)의 해외배송에 적합한 서비스로 'L'로 시작하는 우편물번호를 사용하며, 1회 배달 성공률 향상을 위해 해외우정당국과 제휴하여 **수취인 서명 없이** 배달하기로 약정한 국제우편서비스이다.

19 □□□ → ②

국제우편 스마트 접수의 대상우편물은 EMS(EMS프리미엄), 국제소포(항공·선편), 등기소형포장물(항공)이며, **EMS(EMS프리미엄)과 등기소형포장물 요금할인 5%가 적용되며, 국제소포의 경우 요금할인이 적용되지 않는다.**

오답해설

① 국제우편 스마트 접수의 대상우편물은 EMS(EMS프리미엄), 국제소포(항공·선편), 등기소형포장물(항공)이다.
③ EMS(EMS프리미엄)는 우체국 창구접수 및 방문접수 모두 가능하지만, **국제소포 및 등기소형포장물은 방문접수가 불가**하다.
④ 국제우편 스마트 접수의 기대효과는 다음과 같다.
  ㉠ **접수채널 다양화를 통한 이용고객의 편의증진**
  ㉡ 주소기표지 조제비용 절감에 따른 경영 수지 기여
  ㉢ 발송과 관련된 각종 기록을 DB로 저장함에 따라 향후 고객분석 및 국제우편 마케팅에 활용
  ㉣ **우체국 국제우편 접수직원의 접수부담 경감**

20 □□□ → ②

맞는 내용은 ㄱ, ㄴ, ㄹ, ㅂ 네 개다.
ㄱ. 국제회신우표권(IRC)은 수취인에게 회신요금의 부담을 지우지 아니하고 외국으로부터 회답을 받는데 편리한 제도이다.
ㄴ. 국제회신우표권은 UPU 총회가 개최되는 매 4년마다 총회 개최지명으로 국제회신우표권을 발행하며(4년마다 디자인 변경) 국제회신우표권의 유효기간은 앞면 우측과 뒷면 하단에 표시한다.
ㄹ. 현재 필요한 상태에 있지 않으면서 한꺼번에 다량 구매를 요구하는 경우, 외국에 서적대금 지불수단 등으로 사용하려는 경우, 외국의 우표를 다량 구입할 수단으로 다량 구매를 요청하는 경우는 판매 제한과 거절 사유에 해당한다.
ㅂ. 우리나라에서는 1매당 1,450원에 판매하며, 외국에서 판매한 국제회신우표권은 우리나라에서 외국으로 발송되는 항공보통서장의 4지역 20g 요금(850원)에 해당하는 우표류와 교환한다.

오답해설

ㄷ. 만국우편연합 **국제사무국에서 발행**하며 각 회원국에서 판매하며, 국제회신우표권 1장은 그 나라에서 외국으로 발송되는 항공보통서장 최저요금의 우표와 교환한다.
ㅁ. 국제회신우표권 판매 시 **교환 마감일(유효기간) 안내를 철저히** 하여야 한다.

제3과목 금융상식

01 → ②

유동성은 금융자산의 환금성을 말한다. 투자자는 환금성이 떨어지는 금융자산을 매입할 경우에는 동 자산을 현금으로 전환하는 데 따른 손실을 예상하여 일정한 보상, 즉 유동성 프리미엄((liquidity premium)을 요구하게 된다. **금융시장이 발달하면 금융자산의 환금성이 높아지고 유동성 프리미엄이 낮아짐**으로써 자금수요자의 차입비용이 줄어들게 된다.

오답해설
① 금융시장의 소비자 효용 증진 기능에 관한 내용이다.
③ 금융시장의 시장규율 기능에 관한 내용이다.
④ 금융시장의 정보 수집에 드는 비용과 시간 경감 기능에 관한 내용이다.

02 → ④

ㄷ. 옵션계약은 장래의 일정시점 또는 일정기간 내에 특정 기초자산을 정한 가격에 팔거나 살 수 있는 권리를 말한다. 옵션계약에서는 계약이행의 선택권을 갖는 계약자가 의무만을 지는 상대방에게 자신이 유리한 조건을 갖는데 대한 대가를 지불하고 계약을 체결하게 된다.
ㄹ. 선물계약(futures contracts)은 장래의 일정 시점을 인수·인도일로 하여 일정한 품질과 수량의 어떤 물품 또는 금융상품을 사전에 정한 가격에 사고팔기로 약속하는 계약이다. 선물거래의 기능으로는 가격변동 리스크를 줄이는 헤징, 현물시장의 유동성 확대, 장래의 가격정보 제공, 새로운 투자수단의 제공 등을 꼽을 수 있다.

오답해설
ㄱ. 주가지수옵션(stock index option)은 주가지수 자체가 기초자산이 되는 옵션을 말한다. 주가지수옵션의 **매수자 손실은 프리미엄에 한정되지만 이익은 무한정이고, 매도자 이익은 프리미엄에 한정되나 손실은 무한정**이다.
ㄴ. 풋옵션(put option)은 기초자산을 매도하기로 한 측이 옵션보유자가 되는 경우로, 풋옵션의 **매입자**는 장래의 일정시점 또는 일정기간 내에 특정 기초자산을 정해진 가격으로 매도할 수 있는 권리를 가진다.

03 → ②

ㄱ. 무상증자는 주금 납입 없이 이사회 결의로 준비금이나 자산재평가적립금 등을 자본에 전입하고 전입액 만큼 발행한 신주를 기존주주에게 보유 주식수에 비례하여 무상으로 교부하는 것으로, 회사와 주주의 실질재산에는 변동이 없다. 그리고 주식배당은 현금 대신 주식으로 배당을 실시하여 이익을 자본으로 전입하는 것을 의미하는 것으로, 주식배당 시 주주들의 보유 주식 수는 늘어나지만 실제 주주의 부(富)에는 변동이 없다.
ㄹ. 이자보상배율은 부채에서 발생하는 이자비용을 같은 기간의 영업이익에 의해 얼마만큼 커버할 수 있는지를 살펴보는 지표이다. 이자보상배율이 높으면 이자비용을 커버하기에 충분한 영업이익이 있다는 뜻이고 이자보상배율이 1보다 작다면 영업이익으로 이자비용도 감당하지 못한다는 의미로 기업이 심각한 재무적 곤경에 처해 있다고 볼 수 있다.

오답해설
ㄴ. 전환사채는 순수한 회사채의 형태로 발행되지만 일정 기간이 경과된 후 보유자의 청구에 의하여 발행회사의 주식으로 전환될 수 있는 권리가 붙어 있는 사채이다. 전환사채는 보유자가 자신에게 유리할 때만 전환권을 행사하여 추가적인 수익을 꾀할 수 있는 선택권이 주어지기 때문에 다른 조건이 동일하다면 **일반사채에 비해 낮은 금리로 발행**된다. 그리고 신주인수권부사채란 채권자에게 일정기간이 경과한 후에 일정한 가격(행사가격)으로 발행회사의 일정 수의 신주를 인수할 수 있는 권리, 즉 신주인수권이 부여된 사채이다. 신주인수권부사채 역시 보유자에게 유리한 선택권이 주어지기 때문에 다른 조건이 같다면 **일반사채에 비해 낮은 금리로 발행**된다.
ㄷ. 우선주는 배당이나 잔여재산분배에 있어서 사채권자보다는 우선순위가 낮으나 보통주 주주보다는 우선권이 있는 주식을 말한다. 반면, 채권은 정부, 지방자치단체, 공공기관, 특수법인 또는 주식회사가 불특정 다수의 투자자를 대상으로 비교적 장기에 걸쳐 대규모 자금을 조달할 목적으로 발행하는 일종의 차용증서인 유가증권이다. 법인이 채권의 이자를 지급하는 경우에는 비용처리를 할 수 있지만, **우선주 배당금을 지급하는 경우에는 법인의 비용처리가 불가**하다.

04 → ②

피상속인에게 어머니, 배우자, 2명의 자녀, 2명의 손자녀가 있는 경우 법정상속의 1순위인 2명의 자녀와 배우자가 공동상속한다. 2명의 자녀는 균등분할상속하지만, 배우자는 5할을 가산한다. 따라서 자녀들이 각각 1을 상속받는다면 배우자는 1.5를 상속받게 되므로 배우자의 상속분은 전체 상속분 1+1+1.5=3.5 중에서 1.5(1.5/3.5)가 된다.

오답해설
① 상속은 **사망한 시점에서 개시**되며 사망한 사실이 가족관계등록부에 기재된 시점에서 개시되는 것은 아니다.
③ 양자는 법정혈족이므로 친생부모 및 양부모의 예금도 상속하지만, 2008.1.1.부터 시행된 친양자 입양제도에 따라 입양된 **친양자는 친생부모와의 친족관계 및 상속관계가 모두 종료되므로 생가부모의 예금을 상속하지는 못한다.**
④ 유언상속의 경우에는 유언서의 내용을 확인하되 **자필증서·녹음·비밀증서에 의한 경우에는 법원의 유언검인심판을 받은 유언검인심판서를 징구**하여야 한다.

05 → ③

ㄴ. 우체국 체크카드의 발급대상은 일반 개인카드의 경우 우체국 수시 입출식통장을 보유한 만 12세 이상의 개인이고, 하이브리드 체크카드의 경우는 만 18세 이상(만 18세 미성년자의 경우 소액신용이 불가하고 후불교통기능만 가능)이다.

ㄷ. 하이브리드 카드는 체크·신용결제 방식이 혼합된 겸용카드로서 고객의 신용등급에 따라 소액의 신용공여가 부여된다. 하이브리드 체크카드는 계좌 잔액 범위 내에서는 체크카드로 결제되고, 계좌 잔액이 부족한 상태에서 잔액을 초과하여 승인 신청이 되면 신청금액 전액이 신용카드로 결제되는데, 부여 가능 최대 신용한도는 30만 원이다. 그리고 하이브리드 신용카드는 회원이 지정한 일정금액 이하의 거래는 체크카드로 결제되고, 초과 거래는 신용카드로 결제된다.

오답해설

ㄱ. 우체국 법인용 체크카드에는 성공파트너, e-나라도움(법인형), 정부구매, Biz플러스 등이 있다. <u>지역화폐카드는 지역상권 활성화를 위해 지역화폐를 우체국 체크카드로 사용할 수 있도록 한 카드로 개인용 체크카드에 해당</u>한다.

ㄹ. 체크카드는 은행 또는 카드사가 제휴한 은행에 입출금이 자유로운 통장을 소지한 개인 및 기업회원을 대상으로 발급 가능하며, 최근에는 <u>증권사나 종금사의 CMA를 결제계좌로 하는 체크카드의 발급도 활발</u>하다.

06 → ②

우체국금융은 우편사업의 부대업무로 운영되며 과도한 국가재정 목적의 활용으로 인한 적자 누적과 우편사업 겸업에 따른 전문성 부재 논란이 이어지며 사업을 중단하고 1977년 농업협동조합으로 이관하였다가, 이후 우편사업의 재정지원과 금융의 대중화 실현을 위하여 1982년 12월 제정된 「우체국예금·보험에 관한 법률」에 의거 1983년 1월부터 금융사업의 재개와 함께 현재의 국영금융기관으로서의 역할을 수행하고 있다.

오답해설

① 우체국금융은 <u>1905년 우편저금과 우편환, 1929년 우편보험을 실시</u>한 이후 전국 각지에 고루 분포되어 있는 우체국을 금융창구로 활용하여 국민들에게 각종 금융서비스를 제공하고 있다.
③ 우체국의 금융 업무는 「우정사업운영에 관한 특례법」에서 고시하는 <u>우체국예금, 우체국보험, 우편환·대체, 외국환업무, 체크카드, 펀드판매, 전자금융서비스 등</u>이 있다
④ 금융기관의 건전성 관리를 기준으로 볼 때 우체국예금은 일반은행과 달리 타인자본에는 예금을 통한 예수부채만 있고, 은행채의 발행 등을 통한 차입 혹은 금융기관 등으로부터의 차입을 통한 <u>차입부채는 없다</u>.

07 → ②

ㄴ. 이웃사랑정기예금은 국민기초생활수급자, 장애인, 한부모가족, 소년소녀가정, 조손가정, 다문화가정 등 사회 소외계층과 장기기증희망등록자, 골수기증희망등록자, 헌혈자, 입양자 등 사랑나눔 실천자 및 농어촌 지역(읍·면 단위 지역 거주자) 주민의 경제생활 지원을 위한 공익형 정기예금이다.

ㄹ. 우체국 다드림적금은 주거래 고객 확보 및 혜택 제공을 목적으로 각종 이체 실적 보유 고객, 우체국예금 우수고객, 장기거래 등 주거래 이용 실적이 많을수록 우대 혜택이 커지는 자유적립식 예금이다.

오답해설

ㄱ. 우체국 희망지킴이통장은 산업재해 보험급여 수급권자의 보험급여에 한해 입금이 가능하며, 관련 법령에 따라 압류 대상에서 제외하는 「압류방지 전용 통장」이다. 저소득층 생활안정 및 경제활동 지원 도모를 목적으로 기초생활보장, 기초(노령)연금, 장애인연금, 장애(아동)수당 등의 기초생활 수급권 보호를 위한 「압류방지 전용 통장」으로 관련 법령에 따라 압류방지 수급금에 한해 입금이 가능한 예금상품은 '<u>우체국 행복지킴이통장</u>'이다.

ㄷ. 우체국 편리한 e정기예금은 보너스입금, 비상금 출금, 자동 재예치, 만기 자동해지 서비스로 편리한 목돈 활용이 가능한 디지털정기예금이다. 여유자금 추가입금과 긴급자금 분할해지가 가능한 정기예금으로 만 50세 이상 중년층 고객을 위한 우대이율 및 세무, 보험 등 부가서비스를 제공하는 예금상품은 '<u>시니어 싱글벙글 정기예금</u>'이다.

08 → ①

포스트페이는 우체국 특화서비스인 우편환기반 경조금 송금서비스와 핀테크를 접목시킨 간편결제 및 간편송금 서비스를 제공하는 우체국예금 모바일뱅킹 서비스 앱이다. 포스트페이 앱을 통해 현금 또는 카드 없이 스마트폰만으로 지불 결제를 진행하고, 휴대전화번호만 알면 경조카드와 함께 경조금을 보낼 수 있다. 또한, 간편송금 및 우체국 체크카드와 모바일카드 발급 등 다양한 생활 금융서비스의 이용이 가능하다.

오답해설

② 외국인 이용편의를 위해 '전체 메뉴의 영어모드 전환 서비스' 등을 제공하는 우체국금융 모바일 어플리케이션은 '<u>우체국 미니앱</u>'이다.
③ 환율조회, 환전신청, SWIFT, 국제환 등 해외송금 서비스를 제공하는 우체국금융 모바일 어플리케이션은 '<u>우체국 미니앱</u>'이다.
④ 증명서신청 및 발급, 내증명서, 보낸내역 등 전자문서지갑 서비스를 제공하는 우체국금융 모바일 어플리케이션은 '<u>스마트뱅킹</u>'이다.

09 → ④

④ 계좌개설시(신규 및 재예치)마다 실명확인증표 원본(동시에 다수의 계좌를 개설하는 경우 기 실명확인된 실명확인증표 재사용 가능)에 의하여 실명을 확인하여 거래원장, 거래신청서, 계약서 등에 "실명확인필"을 표시하고 확인자가 날인 또는 서명하여야 한다.

오답해설

①② 실명확인자는 실제로 고객의 실명을 확인한 금융회사의 직원이다. 실명확인자는 실명확인업무에 대한 권한·의무가 주어진 영업점(본부의 영업부서 포함) 직원(계약직, 시간제 근무자, 도급직 포함)이며 후선부서 직원(본부 직원, 서무원, 청원경찰 등)은 실명확인할 수 없으나 본부 부서 근무직원이 실명확인 관련 업무를 처리하도록 지시 또는 명령받은 경우는 실명확인을 할 수 있다. 금융회사 등의 임원 및 직원이 아닌 업무수탁자(대출모집인, 카드모집인, 보험모집인, 공제모집인 등) 등은 실명확인을 할 수 없다.

③ 대리인을 통하여 계좌개설을 할 경우 인감증명서를 징구하여야 한다. 본인 및 대리인 모두의 실명확인증표와 본인의 인감증명서가 첨부된 위임장을 제시받아 실명 확인을 하는데, 이 경우 본인의 실명확인증표는 사본으로도 가능하다.

10 → ④

ㄷ. 고액현금거래보고제도(Currency Transaction Reporting System, CTR)는 일정금액 이상의 현금거래를 KoFIU에 보고토록 한 제도이다. 1일 거래일 동안 1천만 원 이상의 현금을 입금하거나 출금한 경우 거래자의 신원과 거래일시, 거래금액 등 객관적 사실을 전산으로 자동 보고토록 하고 있다.

ㄹ. 의심거래보고제도(Suspicious Transaction Report, STR)란, 금융거래(카지노에서의 칩 교환 포함)와 관련하여 수수한 재산이 불법재산이라고 의심되는 합당한 근거가 있거나 금융거래의 상대방이 자금세탁행위를 하고 있다고 의심되는 합당한 근거가 있는 경우 이를 금융정보분석원장에게 보고토록 한 제도이다. 의심거래보고건수는 2010년 6월 30일부터 의심거래보고 기준금액이 2천만 원에서 1천만 원으로 하향 조정되고, 2013년 8월 13일부터 의심거래보고 기준금액이 삭제됨에 따라 크게 증가되고 있는 추세이다.

오답해설

ㄱ. 우리나라의 자금세탁방지기구는 「특정금융거래정보의 보고 및 이용에 관한 법률」에 의거하여 설립된 금융정보분석원(Korea Financial Intelligence Unit, KoFIU)이다. **금융정보분석원**은 금융기관 등으로부터 자금세탁관련 의심거래를 수집·분석하여 불법거래, 자금세탁행위 또는 공중협박자금조달행위와 관련된다고 판단되는 금융거래 자료를 법 집행기관(검찰청·경찰청·국세청·관세청·금융위·중앙선관위 등) 제공하는 업무를 주 업무로 하고, 금융기관 등의 의심거래 보고업무에 대한 감독 및 검사, 외국의 FIU와의 협조 및 정보교류 등을 담당하고 있다.

ㄴ. 고객확인제도란(CDD; Customer Due Diligence), 금융회사가 고객과 거래시 고객의 성명과 실지명의 이외에 주소, 연락처 등을 추가로 확인하고, 자금세탁행위 등의 우려가 있는 경우 실제 당사자 여부 및 금융거래 목적을 확인하는 제도이다. 우리나라는 금융실명제를 토대로 하되 금융실명제가 포함하지 않고 있는 사항을 보완하는 차원에서 **특정금융정보법**에 근거를 두고 2006년 1월 18일부터 이 제도를 도입하였다. 2010년 7월 새롭게 제정·시행된 「자금세탁방지 및 공중협박자금조달금지 업무규정(FIU고시)」에서는 고객확인제도의 이행사항을 상세하게 규정하고 있다.

11 → ②

생명보험계약 관계자에는 보험자, 보험계약자, 피보험자, 보험수익자, 모집 보조자 등이 포함된다. 모집 보조자는 계약자와 보험자간의 계약 체결을 위해 중간에서 도와주는 보험설계사, 보험대리점, 보험중개사 등을 말한다.

ㄱ. 보험계약자의 자격에는 제한이 없어 자연인·법인 또는 1인·다수 등 상관없이 보험계약자가 될 수 있다. 피보험자의 경우에도 1인 또는 다수이든 상관이 없다.

ㄹ. 보험중개사는 독립적으로 보험계약 체결을 중개하는 자로, 보험대리점과 달리 계약체결권, 고지수령권, 보험료 수령권에 대한 권한이 없다.

오답해설

ㄴ. 생명보험에서 피보험자와 보험계약자가 동일할 경우 '자기의 생명보험', 양자가 각각 다른 사람일 경우 '타인의 생명보험'이라고 한다. 한편, **보험수익자와 보험계약자가 동일한 경우 '자기를 위한 보험', 양자가 각각 다른 사람일 경우 '타인을 위한 보험'**이라 한다.

ㄷ. 계약자가 보험계약 시 보험수익자를 지정하지 않은 경우 보험사고에 따라 보험수익자가 결정된다. 사망보험금은 피보험자의 상속인, **생존보험금은 보험계약자**, 장해·입원·수술·통원급부금 등은 피보험자가 보험수익자가 된다.

12 → ③

「우체국보험특별회계법」 제4조(우체국보험적립금의 조성 등)는 '보험금·환급금 등 보험급여를 지급하기 위한 책임준비금에 충당하기 위하여 세입·세출 외에 따로 우체국보험적립금(이하 "적립금"이라 한다)을 둔다.'고 규정하고 있다.

오답해설

① 「우체국보험특별회계법」 제5조(적립금의 운용)는 '적립금은 과학기술정보통신부장관이 운용·관리한다.'고 규정하고 있다.
② 우체국보험적립금은 금융기관에의 예탁, 「자본시장과 금융투자업에 관한 법률」에 따른 증권의 매매 및 대여, 국가 및 지방자치단체와 과학기술정보통신부령으로 정하는 공공기관에 대한 대출, 보험계약자에 대한 대출, 대통령령으로 정하는 업무용 부동산의 취득·처분 및 임대, 「자본시장과 금융투자업에 관한 법률」 제5조에 따른 파생상품의 거래, 「벤처기업육성에 관한 특별조치법」 제2조제1항에 따른 벤처기업에의 투자, 재정자금에의 예탁, 「자본시장과 금융투자업에 관한 법률」 제355조에 따른 자금중개회사를 통한 금융기관에의 대여, 그 밖에 대통령령으로 정하는 적립금 증식 등을 대상으로 운용된다.
④ 적립금 순보험료(보험료 중 부가보험료를 제외한 보험료를 말한다), 적립금 운용수익금, 회계의 세입·세출 결산에 따른 잉여금 등으로 조성(우체국보험특별회계법 제4조 제2항)하며, 보험금과 환급금 등 보험급여는 적립금에서 지출(우체국보험특별회계법 제4조 제3항)한다.

13 ○○○ → ③

(월적립식 저축성 보험) 최초 보험료 납입 시점부터 만기일 또는 중도해지일까지 기간이 10년 이상으로 아래 각 요건을 모두 충족하는 계약에 대해 보험차익을 비과세한다.

- 최초 납입일로부터 납입기간이 5년 이상인 월적립식 보험계약
- 최초 납입일로부터 매월 납입 기본보험료가 균등(최초 계약 기본보험료의 1배 이내로 기본보험료를 증액하는 경우 포함)하고 기본보험료 선납기간이 6개월 이내
- 계약자 1명당 매월 납입 보험료 합계액이 150만원 이하('17년 4월 1일부터 가입한 보험계약에 한해 적용)
- 월적립식 보험료 합계액은 만기 환급금액이 납입보험료를 초과하지 않는 보험계약으로 아래 조건을 충족하는 순수보장성보험은 제외한다.
  - 저축을 목적으로 하지 않고 피보험자의 사망·질병·부상 등 신체상의 상해나 자산의 멸실·손괴만을 보장하는 보험계약
  - 만기 또는 보험 계약기간 중 특정 시점에서의 생존을 보험사건으로 보험금을 지급하지 않는 보험계약

14 ○○○ → ②

무배당 우체국치매간병보험 2109 주계약의 치매보장개시일은 계약일(부활일)부터 그 날을 포함하여 1년이 지난 날의 다음날로 한다. 다만, 질병으로 인한 "경도치매상태", "중등도치매상태" 및 "중증치매상태"가 없는 상태에서 재해로 인한 뇌의 손상을 직접적인 원인으로 "경도치매상태", "중등도치매상태" 및 "중증치매상태"가 발생한 경우 치매보장개시일은 계약일(부활일)로 한다.

오답해설

① 무배당 우체국당뇨안심보험 2109의 당뇨보장개시일은 계약일(부활일)부터 그날을 포함하여 1년이 지난 날의 다음날로 한다.
③ 무배당 우리가족암보험 2109 주계약의 암보장개시일은 계약일(부활일)부터 그 날을 포함하여 90일이 지난 날의 다음날로 한다. 다만, 피보험자 나이가 15세 미만인 경우 암보장개시일은 계약일(부활일)로 한다.
④ 무배당 우체국요양보험 2109 주계약의 장기요양상태 보장개시일은 계약일(부활일)부터 그 날을 포함하여 180일이 지난 날의 다음날로 한다. 단, 재해를 직접적인 원인으로 장기요양상태가 발생한 경우 장기요양상태 보장개시일은 계약일(부활일)로 한다.

15 ○○○ → ①

무배당 우체국연금저축보험(이전형) 2109는 기본보험료는 다음 표와 같다.

	납입한도액	
일시납	한도 없음	
월납	10년납 미만	10만원 ~ 75만원(1천원 단위)
	10년납 이상	5만원 ~ 75만원(1천원 단위)

오답해설

② 어깨동무연금보험 2109는 장애인 부모의 부양능력 약화 위험 및 장애아동을 고려하여 20세부터 연금수급이 가능하다.
③ 무배당 우체국연금보험 2109는 관련 세법에서 정하는 요건에 부합하는 경우 이자소득 비과세 및 금융소득종합과세에서 제외한다. 한편, 우체국연금저축보험 2109는 관련 세법이 정한 바에 따라 납입한 보험료에 대하여 세액공제 [연간 600만원 한도로 납입금액의 12% 세액공제(종합소득금액이 4천 500만원(근로소득만 있는 경우에는 총급여액 5천 500만원) 이하인 경우 납입금액의 15% 세액공제)] 혜택을 제공한다.
④ 우체국연금저축보험 2109는 추가납입보험료는 계약일 이후 1개월이 지난 후부터 (연금개시나이-1)세 계약해당일까지 납입 가능하다. 추가납입보험료의 연간 납입한도는 연간 총 기본보험료의 2배 이내이며, 추가납입보험료의 최고한도는 기본보험료 총액(기본보험료×12×기본보험료 납입기간)의 2배로 한다.

16 → ②

부담 없는 가격의 의료비 전문보험인 무배당 우체국급여실손의료비보험(갱신형) 2109의 최초계약 가입나이는 0~60세까지이며, 임신 23주 이내의 태아도 가입이 가능하다.

오답해설
① 무배당 우체국급여실손의료비보험(갱신형) 2109의 보장내용 변경주기는 5년이며, 재가입 종료 나이는 종신이다.
③ 무배당 우체국급여실손의료비보험(갱신형) 2109는 갱신(또는 재가입) 직전 '무사고 할인판정기간' 동안 보험금 지급 실적[급여 의료비 중 본인부담금 및 4대 중증질환(암, 뇌혈관질환, 심장질환, 희귀난치성질환)으로 인한 비급여의료비에 대한 보험금은 제외]이 없는 계약을 대상으로 갱신일(또는 재가입일)부터 차기 보험기간 1년 동안 보험료의 **10%**를 할인한다.
④ 비급여실손의료비특약의 갱신보험료는 갱신 직전 '요율상대도 판정기간' 동안의 비급여특약에 따른 보험금 지급 실적을 고려하여 보험료 갱신시 **순보험료(비급여특약의 순보험료 총액을 대상)**에 요율 상대도(할인·할증요율)를 적용한다.

17 → ①

ㄱ. 태블릿청약서비스는 고객상담을 통해 가입 설계한 내용을 기초로 모집자의 태블릿 PC를 통해 전자서명·고지의무사항 체크 등 필수정보를 입력하고, 제 1회보험료 입금까지 One-Stop으로 편리하게 보험계약을 체결할 수 있는 서비스이다. 태블릿청약서비스가 이용 가능한 계약은 계약자가 성인이어야 한다.
ㄷ. 전자청약과 태블릿청약서비스를 이용하는 고객에게는 제2회 이후 보험료 자동이체시 0.5%의 할인이 적용된다.

오답해설
ㄴ. **타인계약(계약자와 피보험자가 다른 경우 또는 피보험자와 수익자가 다른 경우), 미성년자 계약 등은 전자청약이 불가**하다.
ㄹ. 전자청약이 가능한 계약은 가입설계서를 발행한 계약으로 전자청약 전환을 신청한 계약에 한하며, 가입설계일로부터 10일(**비영업일 포함**) 이내에 한하여 전자청약을 할 수 있다.

18 → ③

③ 연금 보험을 포함한 저축성 보험은 해약환급금의 최대 95% 이내(즉시연금보험 및 우체국연금보험 1종은 최대 85% 이내)에서 1만 원 단위로 대출이 가능하다. 한편, 보장성 보험은 해약환급금의 최대 85% 이내(실손보험 및 교육보험은 최대 80% 이내)에서 1만 원 단위로 대출이 가능하다.

오답해설
① 대출자격은 **유효한 보험계약을 보유하고 있는 우체국보험 계약자**로 한다.
② 저축성보험은 해약환급금의 **최대 95% 이내**에서 1만 원 단위로 환급금 대출을 받을 수 있다.
④ 보장성보험은 해약환급금의 **최대 85% 이내**에서 1만 원 단위로 환급금 대출을 받을 수 있다.

19 → ①

보험료는 보험계약자가 보험약관에서 정한 보장을 받는 대가로서 체신관서에 납입하는 금액이다. 우체국보험은 고객의 보험료 납입편의를 위해 납입기간, 납입주기, 납입방법 및 할인제도 등을 다양하게 운영하고 있다.
ㄷ. 계속보험료 실시간이체는 고객요청 시 즉시 계약자의 계좌 또는 보험료 자동이체 계좌에서 현금을 인출하여 보험료를 납부하는 제도로 자동이체 약정여부에 관계없이 처리가 가능하며, 계약상태가 정상인 계약만 가능하다.

오답해설
ㄱ. 보험계약자는 제2회분 이후의 보험료를 약정한 납입방법으로 해당보험료의 납입 해당월의 납입기일까지 납입하여야 하는데, 보험료의 납입기간에 따라 **전기납, 단기납으로 분류**된다. 한편, 보험료의 납입주기는 연납, 6월납, 3월납, 월납, 일시납으로 나뉜다.
ㄴ. 자동이체 약정은 유지 중인 계약에 한해서 처리가 가능하며, 관계법령〈전자금융거래법 제15조(추심이체의 출금 동의)〉에 따라 **예금주 본인에게만 신청·변경 권한**이 있다.
ㄹ. 보험료의 자동대출납입기간은 최초 자동대출납입일부터 1년을 한도로 하며 그 이후의 기간에 대한 보험료의 자동대출 납입을 위해서는 **재신청**을 하여야 한다.

20 → ④

보험계약이 성립하면 보험자는 지체없이 보험증권을 작성하여 교부할 의무가 있다. 보험자는 보험계약이 성립한 때에는 지체없이 보험증권을 작성하여 보험계약자에게 교부하여야 한다. 그러나 보험계약자가 보험료의 전부 또는 최초의 보험료를 지급하지 아니한 때에는 그러하지 아니하다. 한편, 보험계약자는 보험자에 대해 보험증권의 교부청구권을 가지게 된다.

오답해설

① 고지의무자란 보험계약법상 고지할 의무를 부담하는 보험계약자, 피보험자 및 이들의 대리인이다. 그러나 보험수익자는 고지의 의무가 부여되지 않는다.
② 보험계약자는 보험가입증서(보험증권)을 받은 날부터 15일 이내에 청약을 철회할 수 있다. 다만, 진단계약, 보험기간이 1년 미만인 계약 또는 전문보험계약자가 체결한 계약은 청약을 철회할 수 없으며, 청약일로부터 30일이 초과한 계약도 청약철회가 불가하다.(일자 계산은 초일 불산입을 적용하므로 1일 보험가입증서를 받은 경우 16일까지 청약철회가 가능하다)
③ 계약자 또는 피보험자가 고의 또는 중대한 과실로 인하여 보험금 지급사유 발생에 영향을 미치는 고지의무를 위반한 때에는 보험금 지급사유 발생여부와 관계없이 보험자는 계약을 해지할 수 있다. 이 경우 보험자는 해약환급금을 지급한다. 다만, 고지의무(계약전알릴의무)위반에 대해서 해지할 수 없는 경우는 다음과 같다.

> ① 보험자가 계약 당시에 고지의무 위반사실을 알았거나 과실로 알지 못한 경우
> ② 보험자가 고지의무 위반사실을 안 날로부터 1개월 이상 지났거나 보장개시일부터 보험금 지급사유가 발생하지 않고 2년 이상 지났을 때
> ③ **계약을 체결한 날부터 3년이 지났을 때**
> ④ 보험을 모집한 자(이하 "모집자 등"이라 함)가 계약자 또는 피보험자에게 고지할 기회를 주지 않았거나 계약자 또는 피보험자가 사실대로 고지하는 것을 방해한 경우, 계약자 또는 피보험자에게 사실대로 고지하지 않게 하였거나 부실한 고지를 권유했을 때(다만, 모집자 등의 행위가 없었다 하더라도 계약자 또는 피보험자가 사실대로 고지하지 않거나 부실한 고지를 했다고 인정되는 경우에는 계약을 해지하거나 보장을 제한할 수 있음)

제 4 과목 | 컴퓨터 일반(기초영어 포함)

01 → ②

1) 최소 비용 신장 트리는 그래프의 각 노드를 한 번씩 탐색하면서 가중치의 합이 최소가 되는 트리로 노드 간 사이클을 허용하지 않는다.
2) 가중치가 작은 값을 시작으로 간선을 연결하는 Kruscal 방식을 이용하면 최소 비용 신장 트리를 쉽게 구할 수 있다.
3) 먼저 그래프의 형태를 그려놓고 가장 가중치가 작은 간선을 연결하면서 사이클 여부를 판단하고 다음 작은 값도 같은 방법으로 반복해서 구한다. 아래 그림을 참조하여 구해보면 가중치 3, 4 간선은 사이클이 형성되므로 제외한다.

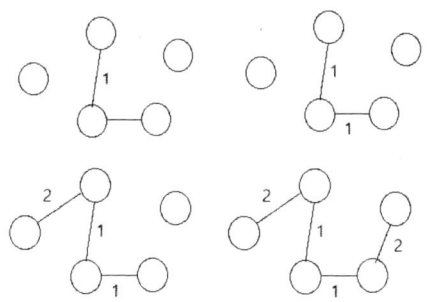

따라서 가중치 합 = 1+1+2+2 = 6

02 → ①

1) 초기값에서 1단계 정렬된 값들 중 1의 자리값을 살펴보면 정렬되어 있음을 확인
   8<u>2</u>1, 5<u>1</u>2, 7<u>7</u>3, 5<u>3</u>4, 4<u>3</u>6, 3<u>4</u>8
2) 1단계에서 2단계 정렬된 값들 중 10의 자리값을 살펴보면 정렬되어 있음을 확인
   5<u>1</u>2, 8<u>2</u>1, 5<u>3</u>4, 4<u>3</u>6, 3<u>4</u>8, 7<u>7</u>3
3) 2단계에서 완료단계의 정렬된 값들 중 100의 자리값을 살펴보면 정렬되어 있음을 확인
   <u>3</u>48, <u>4</u>36, <u>5</u>12, <u>5</u>34, <u>7</u>73, <u>8</u>21

위와 같이 각 자리수를 기준으로 비교하여 정렬하는 방식이 기수(radix) 정렬이다.

03 → ②

1) 60개 노드의 최대 높이는 위에서 아래로 각 노드를 하나씩 연결하여 구성하는 것으로 최대 높이는 60이다.
2) 60개 노드의 최소 높이는 루트 노드를 기준으로 왼쪽, 오른쪽으로 계속 하위 서브트리를 만들어 구성하는 정이진트리나 완전이진트리를 구성할 때의 높이가 된다. 60개 노드로 구성 가능한 트리의 높이를 h라 한다면 $2^h - 1 \geq 60$ 에서 $2^h \geq 61$이 되고 이를 만족하는 h=6이 된다.

따라서 최대높이−최소높이=60−6=54이다.

04 → ③

ㄱ. RTT 측정 : 1개 이상의 TCP 세그먼트들이 보내지면, 한 번만 확인응답이 이루어지며, 그 왕복시간을 측정한다. (O)
ㄴ. TCP는 양방향(전이중) 전달이 가능하다. (O)
ㄷ. 흐름 제어는 라우터 혼잡을 피하는 것이 아니라 트래픽 양을 조절하는 기능이다.
ㄹ. TCP 헤더에는 데이터 길이 필드는 존재하지 않는다.
ㅁ. 순서(sequence) 번호와 확인(acknowledgement) 번호를 사용한다. (O)

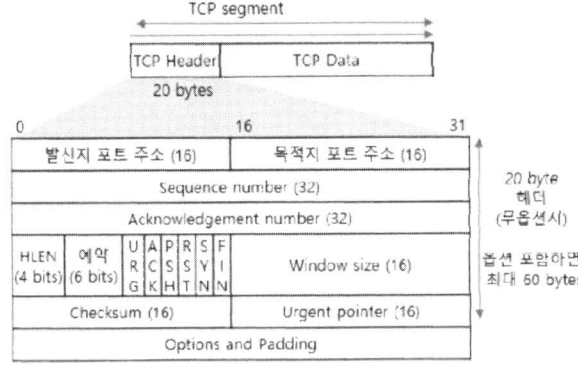

05 → ③

1) 이메일 서비스는 DNS의 MX레코드를 참조하여 메일서버 주소를 확인한다.
2) HTTP 프로토콜로 인터넷을 이용한 이메일 서비스도 가능하다.
3) 이메일 서비스는 연결형, 신뢰성 서비스를 제공하는 TCP를 이용해 전달된다.
4) RTP는 오디오, 비디오 등 실시간 데이터를 전송하는 프로토콜로 메일 서비스와는 관계없다.

06 → ④

ㄱ. 다중 프로그래밍은 작업 수행 중 CPU가 유휴 상태일 때 다른 작업이 CPU를 사용하도록 한다. (O)
ㄴ. 다중 처리 시스템은 여러 CPU를 사용하므로 CPU 사이의 연결, 상호작업, 역할 분담 등이 고려되어야 한다. (O)
ㄷ. 시분할 시스템은 선점 스케줄링 방식이다.
ㄹ. 실시간 처리 시스템은 시간제약이 있고 선점 스케줄링 방식이다. (O)
ㅁ. 다중 프로그래밍은 CPU 활용의 극대화, 시분할 시스템은 응답시간의 최소화에 목적이 있다. (O)

07 → ③

ㄱ. 인위적 연속성이란 가상공간의 연속주소가 실제 기억공간에서는 연속적일 필요가 없다는 것을 의미한다.
ㄴ. 프로그램 수행시간보다 교환시간이 더 소요될 때 스레싱은 발생한다. (O)
ㄷ. 지역성은 프로세스 실행 시 일부 페이지만 집중적으로 참조하는 특성으로 시간 지역성은 루핑, 카운팅 등이, 공간 지역성은 배열 순회, 인접 변수선언 등이 있다. (O)
ㄹ. 작업 집합(working set)을 구성하는 페이지 집합은 고정적이 아니라 일정 시간마다 변하는 가변적 특성을 갖는다.

08 → ①

[프로세스 실행 시 메모리 구조]

코드(code) 영역	코드(text), 함수 등이 배치
데이터(data) 영역	전역변수, 정적변수
힙(heap) 영역	동적 메모리 할당
스택(stack) 영역	지역변수, 매개변수, 복귀주소

09 → ③

1) ETL(추출, 변환, 적재)은 데이터웨어하우스에서 데이터 수집 방법을 의미하고, 로그 수집기는 시스템 로그를 수집하며, 크롤링은 인터넷에서 필요한 자료를 추출하는 기술이다.
2) 맵리듀스는 빅데이터 처리를 위한 병렬 처리기술로 데이터 수집과는 관련이 없다.

10 → ④

1) 기계학습(machine learning) : 훈련 데이터를 기반으로 모형을 만들고 그 모형을 이용하여 예측하거나 의사결정에 활용할 수 있도록 한다.
2) 기계학습의 분류
  ① 지도학습
    ㉠ 정답이 있는 데이터를 활용해 데이터를 학습시키는 것이다.
    ㉡ 입력값이 주어지면 입력값에 대한 라벨(Label)을 주어 학습시키며 대표적으로 분류, 회귀 등이 있다.
  ② 비지도학습 : 정답 라벨이 없는 데이터를 비슷한 특징끼리 군집화하여 새로운 데이터에 대한 결과를 예측하는 방법이다. 대표적으로 클러스터링이 있다.
  ③ 강화학습 : 현재의 데이터를 학습하여 어떤 액션을 취하고 결과에 대해 보상을 받는 학습이다.
※ F1 점수(score)는 기계학습 모델의 성능 기준으로 정밀도(precision)와 검출률(recall)을 동시에 고려한 조화평균값이다.

11 □□□ → ②

ER 다이그램을 이용해 관계형 스키마로 변환 시 1 : N 관계에서는 1쪽의 기본키를 N쪽 개체의 외래키로 추가한다. 따라서 1쪽의 공장 개체의 기본키 공장명을, N쪽의 판매처 개체의 외래키로 추가한다. 또한 원래 존재하던 주문 관계의 속성 수량 또한 N쪽에 포함시킨다.
1) 판매처(**판매처번호**, 담당자, 공장명, 수량)
2) 공장(**공장명**, 단가)

12 □□□ → ③

ㄱ. 로크(lock)는 트랜잭션의 병행제어에 쓰인다. (○)
ㄴ. 해당 트랜잭션 종료 전에 다른 트랜잭션을 위해 unlock 연산을 실행해야 한다. (○)
ㄷ. 로킹 단위가 작을수록 로크의 수가 많아져 관리는 복잡해지지만 작은 단위로 제어가 가능하므로 병행성 수준은 높아진다. (○)
ㄹ. 2단계 로킹 규약 적용 시 직렬 가능성(= 병행성)은 보장되지만 교착 상태가 발생한다.

13 □□□ → ②

ㄱ. 기능점수는 소프트웨어 기능의 수를 정량화하여 소프트웨어 규모 산정 및 비용 추정 시 사용한다. (○)
ㄴ. 트랜잭션의 기능을 측정하기 위한 기준으로 외부입력, 외부출력, 외부조회가 있다.
ㄷ. 기능점수는 응용 패키지 규모, 비용 및 소요자원 산정에 사용된다. (○)
ㄹ. 기능점수 산출 시 적용되는 조정인자는 시스템의 특성을 반영한다.

14 □□□ → ④

기초 경로, 조건 기준, 루프 검사, 논리 위주 검사는 화이트 박스 테스트에 해당된다.

15 □□□ → ④

메모리 용량 = 주소 수 × 워드크기 = 8K × 32Bit에서 주소 수는 8K개, 워드크기는 32비트임을 확인
1) 주소 수는 MAR의 크기와 관련 있다. MAR크기가 k Bit라면 주소 수는 2^k개다. 따라서 주소 수 8K = $2^3 \cdot 2^{10} = 2^{13}$에서 MAR크기는 13bit이다.
2) 워드크기는 MBR의 크기와 동일하다. 워드크기가 32Bit이므로 MBR크기도 32Bit이다.

16 □□□ → ②

RAID 3에서 별도의 패리티 디스크를 이용해 오류 검사를 수행하지만 쓰기 동작 시 패리티 비트를 변경해야 하므로 시간 지연이 발생한다.

17 □□□ → ①

1) [A6] 셀 : =HLOOKUP(11, B1:D5, 3)은 행 참조 함수로 [B1:D5] 범위에서 11과 근사한 값 100이 위치하는 열에서 3번째 행의 값 20원을 참조한다.
2) [A7] 셀 : ==VLOOKUP("나", A2:D5, 4, TRUE)은 열 참조 함수로 [A2:D5] 범위에서 "나"와 일치하는 값의 행에서 4번째 열값을 참조하면 100원이 된다.

18 □□□ → ①

인터프리터는 고급언어로 작성된 원시 프로그램을 행 단위로 읽어 직접 실행하는 프로그램이다.

19 □□□ → ④

[해석]
분노의 주요원인은 좌절감이다. 어떤 사람이 어디론가 가고 싶거나 어떤 행동을 하고 싶고 어떤 걸 갖고 싶지만 방해받게 되면 그 사람은 좌절감을 느낀다고 말할 수 있다. 그 기본 원리 중의 하나는 좌절감은 공격적인 감정을 불러일으키곤 한다는 것이다. 좌절감의 행동적인 결과는 오래된 연구에서 입증되었다. 어린이들에게 눈길을 끄는 장난감이 가득 있는 방을 보여줬지만 그 방에 들어가는 걸 허용하지 않았다. 그 아이들은 밖에서 장난감을 보며 밖에 서 있고 장난감을 가지고 놀기 원하지만 그것에 닿을 수 없었다. 그들이 조금 기다린 뒤에 장난감을 가지고 놀 수 있었다. 다른 아이들은 장난감을 갖고 노는 것을 방해받지 않으면서 장난감을 얻게 되었다. 좌절감을 느낀 아이들은 장난감을 바닥에 내동댕이치면서 벽을 향해 던졌고 대체로 아주 파괴적인 행동을 하였다.

[해설]
④ 동사(behave)를 수식하는 건 부사이므로 형용사 destructive를 destructively로 고쳐야 한다.
① wants to go~, perform~, 로 연결되고 있으므로 동사원형 obtain은 적절하다.
② 주어가 단수 one이니 단수동사 is는 적절하다.
③ 전치사(without) 뒤에는 (동)명사가 오므로 being은 적절하다.

[어휘]
- source 근원, 원인
- frustration 좌절감
- tenet 원칙, 교리
- arouse 불러일으키다

- aggressive 공격적인
- smash 때려 부수다

20 → ①

[해석]

설득력 있는 의도를 드러내는 질문과 관련된 것은 연설자가 판단을 명확히 언급해야 하는지 아니면 청중이 발견하도록 판단을 암시된 채로 남겨두어야 하는지에 대한 질문이다. 직감적으로 우리 개개인은 그들이 내린 판단을 다른 이들에 의해 제시되는 것보다 점차적으로 그들 스스로 이해하려고 한다. 예를 들면, 정신과 의사는 환자들이 그들의 정신질환의 원인을 (A) **직접적으로** 환자들에게 말하는 것보다 환자들 스스로 알기를 선호한다. 결론적으로 연설자들은 그들의 주장을 암시해서 청중들 스스로 판단하는 것이 현명하다고 생각할지 모른다. 출처의 신뢰성이 높지 않은 경우는 특히나 더욱 그렇다. 특히나 청중들이 지식이 낮거나 고집이 세다면 그들이 부정확한 판단을 내리거나 연설자의 요점을 왜곡할 수 있기 때문에 그러한 전략은 위험하다. 판단을 내리는 더 안전한 접근법은 (B) **명확하게** 제시하는 것이다.

[해설]

(A) 문장은 비교급으로 (A) 앞에서는 정신과 의사들은 환자들이 질환의 원인을 스스로 알기를 원한다는 내용이 있으므로 이와 비교할 수 있는 내용이 들어가야 자연스럽기 때문에 directly(직접적으로)가 적절하다.

(B) 앞에서는 지식이 부족하고 고집이 센 청중들은 잘못된 판단을 할 수 있다는 내용이기 때문에 빈칸이 있는 문장에서는 이에 관한 결론이 들어와야 하므로 explicitly(명확하게)가 적절하다. 그러므로 정답은 ①이다.

[어휘]

- persuasive 설득력 있는
- intent 의도
- conclusion 판단
- intuitively 직감적으로
- readily 점점
- embrace 이해(수용)하다
- psychiatrist 정신과 의사
- credibility 신뢰도
- opinionated 고집 센
- distort 왜곡하다
- directly 직접적으로
- explicitly 명확하게
- implicitly 암시적으로
- indirectly 간접적으로